Ejercicios de todas las asignaturas

Dirección editorial
Tomás García Cerezo

Editor responsable
Sergio Ávila Figueroa

Redacción
Ana Luisa Esquivel Santos, Rosamary Ruiz González, Sergio Ávila Figueroa

Diseño y formación
Estudio Creativos

Corrección
Estudio Creativos

Ilustración
Rodrigo Sáinz González, © 2020 Shutterstock, Inc.

Diseño de portada
Ediciones Larousse, S.A. de C.V., con la colaboración de Rubén Vite Maya

Ilustración de portada
© 2020 Shutterstock, Inc.

Coordinación de edición técnica
Héctor Rafael Garduño Lamadrid

Coordinación de salida y preprensa
Jesús Salas Pérez, Marco Antonio Vergara Salgado, Federico Medina Ordóñez

ISBN: 978-607-21-2348-9

Libro Integrado 3 Primaria

Primera edición, febrero 2020

Impreso en México – *Printed in Mexico*

Presentación

Este libro fue creado con el propósito de apoyar el proceso de aprendizaje de los estudiantes que cursan la educación primaria.

El principal objetivo de la educación es potenciar al máximo las capacidades, habilidades e inteligencia de los alumnos en el proceso de enseñanza, por lo cual, al desarrollar los contenidos del libro, se siguieron los nuevos planes y programas del actual modelo educativo que buscan que los niños de México reciban una educación de calidad que les permita ser individuos responsables, independientes y comprometidos con su país.

Por ser un libro integrado aborda todas las asignaturas del grado. En cada una se presentan textos informativos con breves explicaciones de los temas, así como ejercicios y actividades que permiten encontrar sentido a lo que se aprende y vincularlo con la realidad mediante las oportunidades de aprendizaje que se encuentran en la familia, la comunidad y la escuela.

Se incluyen también hojas de repaso, que apoyan la repetición y afianzan lo aprendido.

Adicionalmente, en este grado se incluyeron ejercicios para la práctica de la correcta caligrafía.

Para promover la convivencia se presentan actividades y ejercicios que se deben trabajar en equipo o con algún compañero o familiar, integrando de esta manera al alumno dentro de su comunidad, escuela y familia.

Se tuvo especial cuidado en brindar a los alumnos ejercicios que les permitan de manera amena y dinámica profundizar y practicar los temas vistos en la escuela.

Finalmente, por ser el maestro la principal guía educativa durante la etapa escolar primaria, se le da gran importancia a la supervisión y asesoramiento de los profesores en cada ejercicio y actividad que se presentan. Para facilitar la revisión del trabajo se puso al final del libro una sección con las respuestas de todos los ejercicios.

Esperamos que este **Libro Integrado** sea de gran ayuda para todos y forme parte de la vida escolar y del crecimiento de los alumnos. En Larousse estamos comprometidos en brindar herramientas útiles para mejorar la calidad de la educación en nuestro país.

Este libro pertenece a ____________________

Escuela ____________________

Salón ____________________

Maestra (o) ____________________

En los siguientes recuadros escribe un pensamiento cuando haya terminado cada mes. Por ejemplo, puedes decir cuál fue el tema que más te gustó aprender, qué fue lo mejor que te pasó, etcétera. Así, al final del curso, tendrás un registro de las cosas positivas del año, para que las recuerdes y conserves tu libro.

Agosto	Septiembre	Octubre

Noviembre	Diciembre	Enero

Febrero	Marzo	Abril

Mayo	Junio	Julio

Conoce tu libro

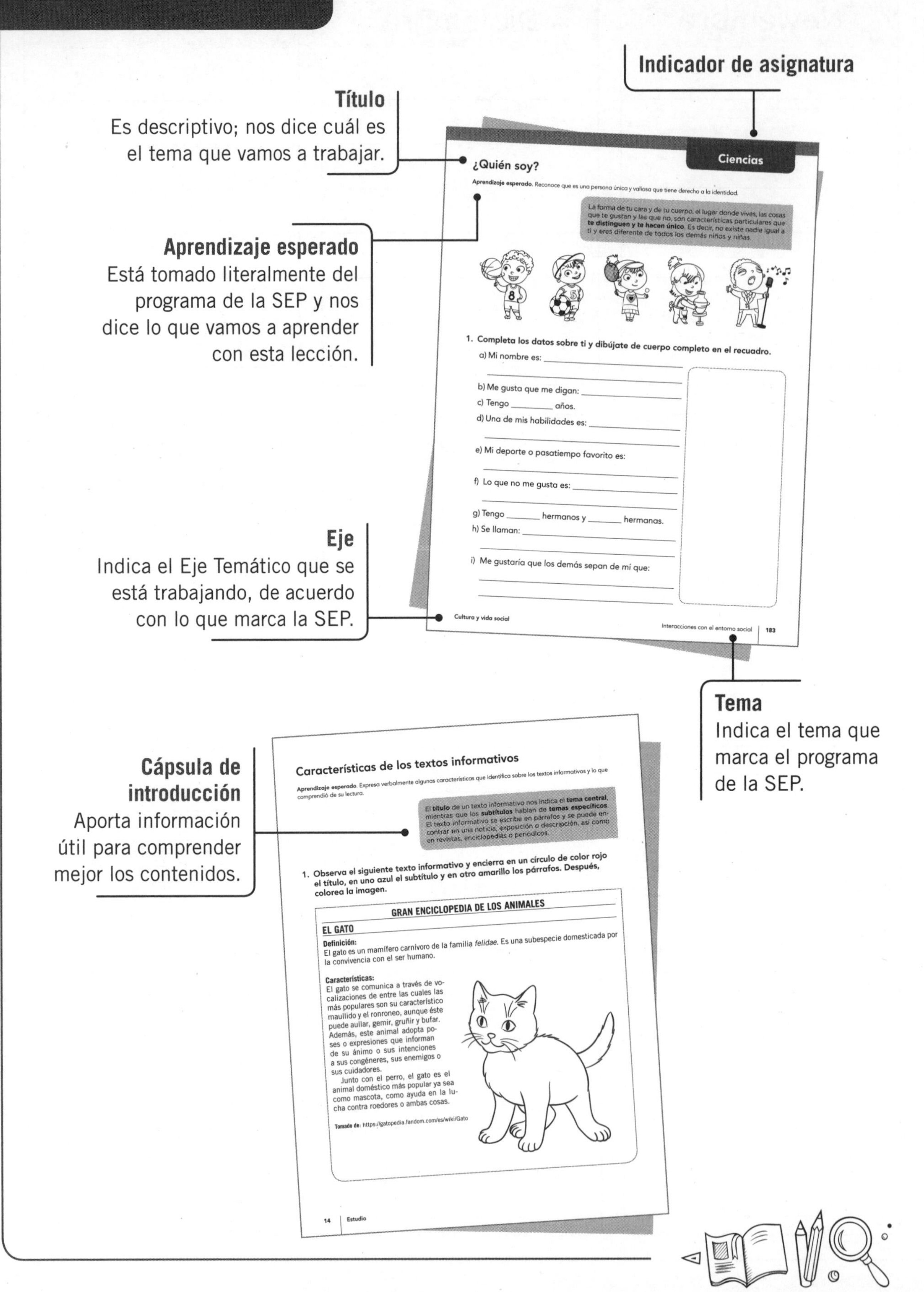

Sección de Repaso

En todas las asignaturas se incluyen momentos de repaso que obligan a los alumnos a volver sobre lo visto anteriormente para reforzar el aprendizaje.

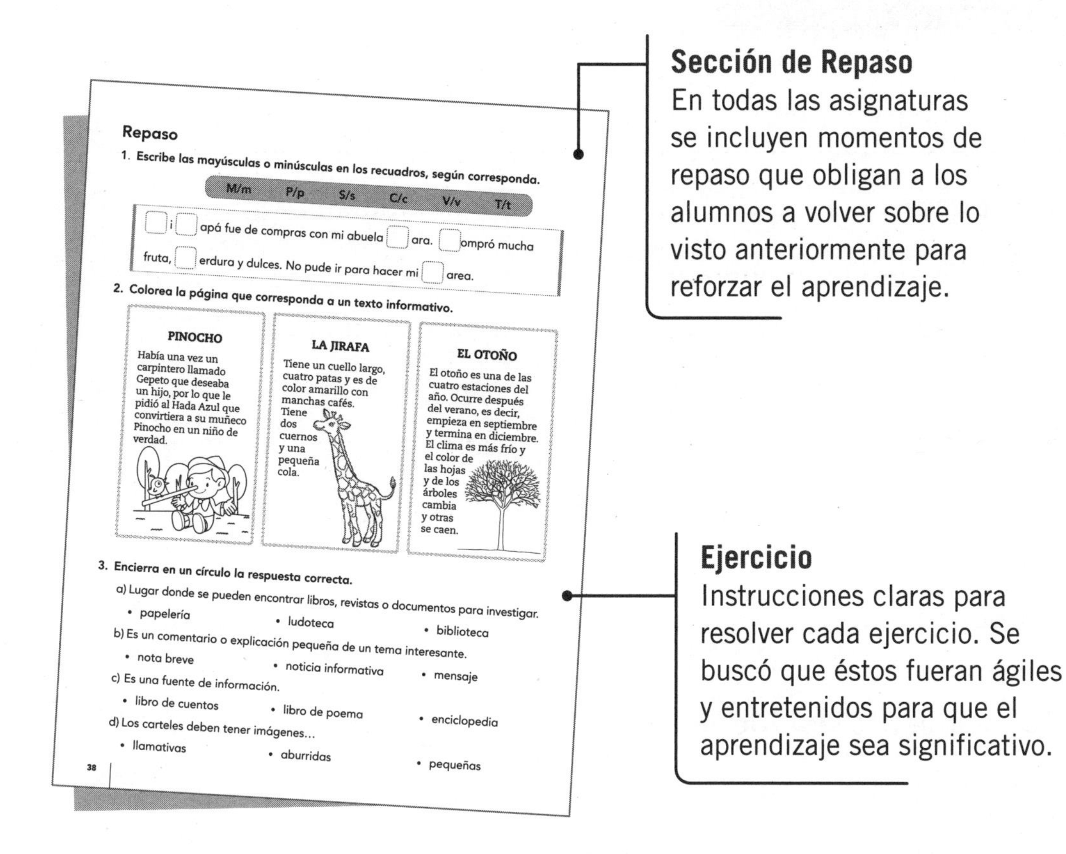

Repaso

1. Escribe las mayúsculas o minúsculas en los recuadros, según corresponda.

M/m P/p S/s C/c V/v T/t

☐i☐apá fue de compras con mi abuela ☐ara. ☐ompró mucha fruta, ☐erdura y dulces. No pude ir para hacer mi ☐area.

2. Colorea la página que corresponda a un texto informativo.

PINOCHO
Había una vez un carpintero llamado Gepeto que deseaba un hijo, por lo que le pidió al Hada Azul que convirtiera a su muñeco Pinocho en un niño de verdad.

LA JIRAFA
Tiene un cuello largo, cuatro patas y es de color amarillo con manchas cafés. Tiene dos cuernos y una pequeña cola.

EL OTOÑO
El otoño es una de las cuatro estaciones del año. Ocurre después del verano, es decir, empieza en septiembre y termina en diciembre. El clima es más frío y el color de las hojas y de los árboles cambia y otras se caen.

3. Encierra en un círculo la respuesta correcta.

a) Lugar donde se pueden encontrar libros, revistas o documentos para investigar.
- papelería
- ludoteca
- biblioteca

b) Es un comentario o explicación pequeña de un tema interesante.
- nota breve
- noticia informativa
- mensaje

c) Es una fuente de información.
- libro de cuentos
- libro de poema
- enciclopedia

d) Los carteles deben tener imágenes...
- llamativas
- aburridas
- pequeñas

Ejercicio

Instrucciones claras para resolver cada ejercicio. Se buscó que éstos fueran ágiles y entretenidos para que el aprendizaje sea significativo.

Sección de Respuestas

Busca facilitar la comprobación de los resultados por parte de los docentes y los padres de familia.

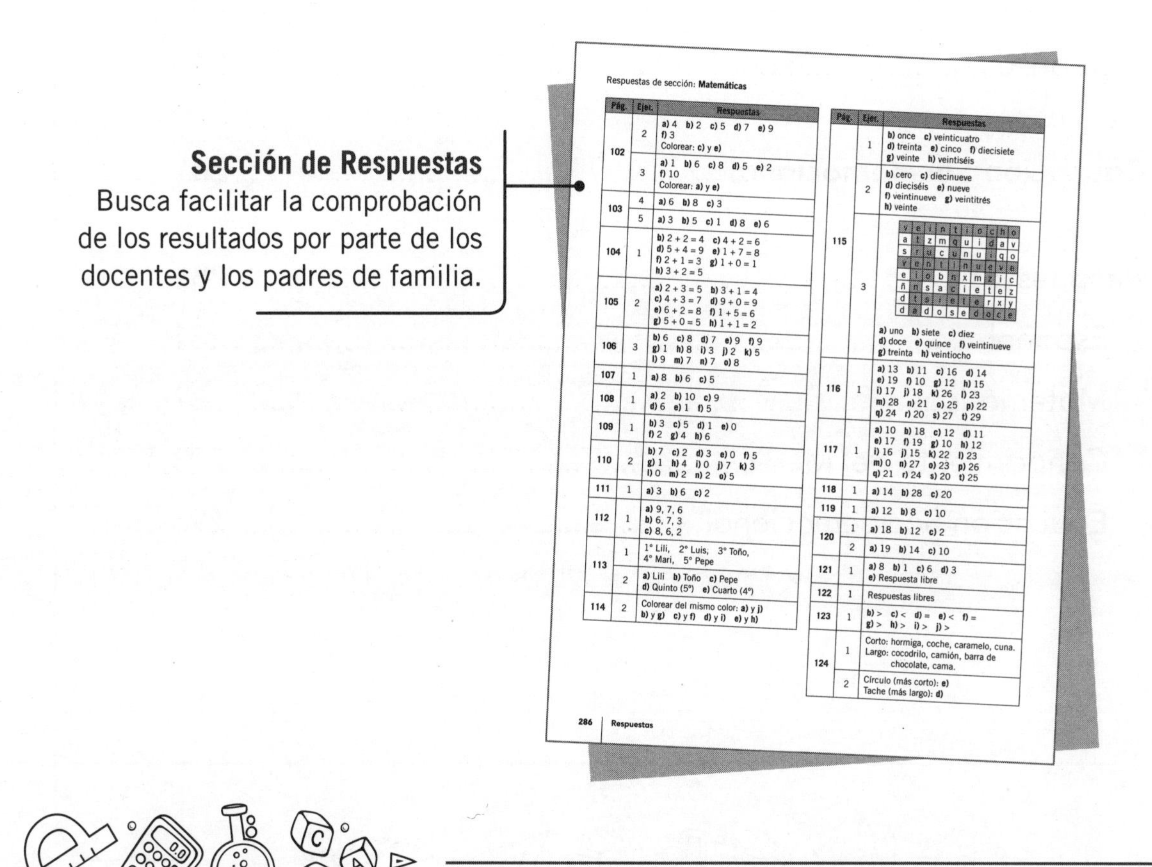

Respuestas de sección: **Matemáticas**

Pág.	Ejer.	Respuestas
102	2	a) 4 b) 2 c) 5 d) 7 e) 9 f) 3 Colorear: c) y e)
	3	a) 1 b) 6 c) 8 d) 5 e) 2 f) 10 Colorear: a) y e)
103	4	a) 6 b) 8 c) 3
	5	a) 3 b) 5 c) 1 d) 8 e) 6
104	1	b) 2 + 2 = 4 c) 4 + 2 = 6 d) 5 + 4 = 9 e) 1 + 7 = 8 f) 2 + 1 = 3 g) 1 + 0 = 1 h) 3 + 2 = 5
105	2	a) 2 + 3 = 5 b) 3 + 1 = 4 c) 4 + 3 = 7 d) 9 + 0 = 9 e) 6 + 2 = 8 f) 1 + 5 = 6 g) 5 + 0 = 5 h) 1 + 1 = 2
106	3	b) 6 c) 8 d) 7 e) 9 f) 9 g) 1 h) 8 i) 3 j) 2 k) 5 l) 9 m) 7 n) 7 o) 8
107	1	a) 8 b) 6 c) 5
108	1	a) 2 b) 10 c) 9 d) 6 e) 1 f) 5
109	1	b) 3 c) 5 d) 1 e) 0 f) 2 g) 4 h) 6
110	2	b) 7 c) 2 d) 3 e) 0 f) 5 g) 1 h) 4 i) 0 j) 7 k) 3 l) 0 m) 2 n) 2 o) 5
111	1	a) 3 b) 6 c) 2
112	1	a) 9, 7, 6 b) 6, 7, 3 c) 8, 6, 2
113	1	1° Lili, 2° Luis, 3° Toño, 4° Mari, 5° Pepe
	2	a) Lili b) Toño c) Pepe d) Quinto (5°) e) Cuarto (4°)
114	2	Colorear del mismo color: a) y j) b) y g) c) y f) d) y i) e) y h)

Pág.	Ejer.	Respuestas
115	1	b) once c) veinticuatro d) treinta e) cinco f) diecisiete g) veinte h) veintiséis
	2	b) cero c) diecinueve d) dieciséis e) nueve f) veintinueve g) veintitrés h) veinte
	3	a) uno b) siete c) diez d) doce e) quince f) veintinueve g) treinta h) veintiocho
116	1	a) 13 b) 11 c) 16 d) 14 e) 19 f) 10 g) 12 h) 15 i) 17 j) 18 k) 26 l) 23 m) 28 n) 21 o) 25 p) 22 q) 24 r) 20 s) 27 t) 29
117	1	a) 10 b) 18 c) 12 d) 11 e) 17 f) 19 g) 10 h) 12 i) 16 j) 15 k) 22 l) 23 m) 0 n) 27 o) 23 p) 26 q) 21 r) 24 s) 20 t) 25
118	1	a) 14 b) 28 c) 20
119	1	a) 12 b) 8 c) 10
120	1	a) 18 b) 12 c) 2
	2	a) 19 b) 14 c) 10
121	1	a) 8 b) 1 c) 6 d) 3 e) Respuesta libre
122	1	Respuestas libres
123	1	b) > c) < d) = e) < f) = g) > h) > i) > j) >
124	1	Corto: hormiga, coche, caramelo, cuna. Largo: cocodrilo, camión, barra de chocolate, cama.
	2	Círculo (más corto): e) Tache (más largo): d)

Contenido

En la biblioteca

Aprendizajes esperados. Recuerda qué es y para qué sirve una biblioteca. Distingue la manera de organizar una biblioteca, las herramientas que se utilizan para ello y las normas de convivencia que se deben seguir dentro de ella.

Recuerda que:

Una **biblioteca** es un lugar donde podemos encontrar **libros** o cualquier tipo de **documento** que contenga **información** como publicaciones, revistas, enciclopedias, catálogos, etc.

Para **organizar los libros** se utiliza el **orden alfabético** por autor, por título o por tema y éstos se guardan en **estantes** o **libreros**.

Las bibliotecas **prestan los libros** para consultarlos y leerlos por lo que tienen una persona encargada de la biblioteca o **bibliotecario**. Además, para regular la **convivencia**, las bibliotecas tienen un **reglamento**.

1. Observa la imagen de la biblioteca y realiza lo que se te indica.

a) Colorea de azul los estantes, de verde los libros y de amarillo el reglamento de la biblioteca.

b) Marca con una ✘ al encargado de la biblioteca.

c) ¿Cómo están organizados los libros: por autor, tema o título?

____

2. Escribe el número que le corresponde a cada imagen de acuerdo con las reglas de la biblioteca que se describen en la caja.

1) Registrarse con el encargado.	4) Guardar silencio.
2) Cuidar los libros.	5) No comer en la biblioteca.
3) Poner los libros en su lugar.	6) Regresar los libros.

a) _______

b) _______

c) _______

d) _______

e) _______

f) _______

3. Fíjate en los tipos de bibliotecas que existen y encierra en un círculo las que conoces.

a)

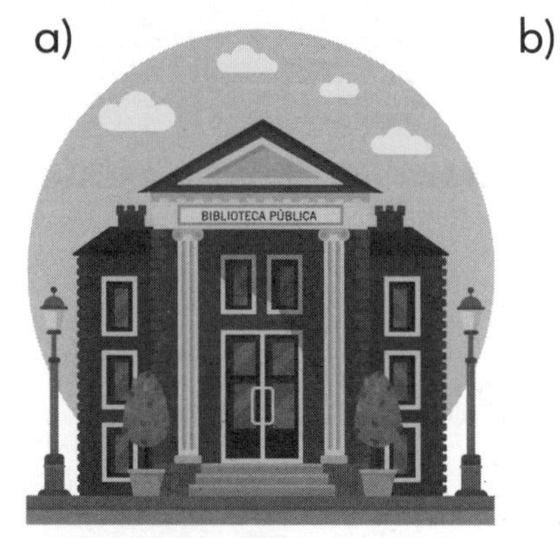

b)

c)

¿Cómo lo encuentro?

Aprendizajes esperados. Identifica la utilidad del orden alfabético.

1. Recuerda el orden alfabético. Escribe la letra mayúscula que debe ir antes y después de cada letra. Guíate con el ejemplo.

a)	Q	**R**	S	g)	______	**A**	B
b)	______	**G**	______	h)	______	**D**	______
c)	______	**X**	______	i)	______	**H**	______
d)	______	**O**	______	j)	______	**K**	______
e)	______	**Q**	______	k)	______	**M**	______
f)	______	**Z**	______	l)	______	**B**	______

2. Ordena alfabéticamente los nombres de estos niños y cópialos en el lugar que deben tener.

Zaíra Ramiro Lourdes Jesús Estela Teresa

a) Estela b) ______________ c) ______________

d) ______________ e) ______________ f) ______________

3. Ordena alfabéticamente esta lista. Primero hazlo usando el nombre y luego el apellido y anótalas en la caja correspondiente.

Alfonso Tinajero Alma López Alejandro Sánchez
América Montoya Adriana Cáceres Alejandra Arteaga

Por nombre

Por apellido

Escuchando y compartiendo

Aprendizajes esperados. Escucha con atención un texto leído por su maestro. Comparte las ideas que recupera del texto escuchado. Elabora preguntas específicas sobre partes del texto que no comprende o de información que desea ampliar.

1. Pide a tu profesor que lea en voz alta el siguiente texto y escúchalo con atención. Después, trabaja con uno de tus compañeros y realicen lo que se pide.

EL SABIO EMPAPADO

En la ciudad de Siracusa vivió un rey llamado Herón II. Un día, mandó a hacerse una corona de oro puro, un capricho que, como podrás imaginarte, le costó muy caro. Sin embargo, Herón II era muy desconfiado y al recibir su corona comenzó a sospechar si en verdad estaba hecha de oro y no de una mezcla o material de imitación.

—¡Es posible que ese condenado orfebre me haya engañado para cobrarme de más! —pensó el monarca, furioso. Como no se le ocurrió ninguna manera de comprobar cuál era el material de la corona, mandó llamar al sabio más inteligente de la ciudad, que era un hombre llamado Arquímedes.

—Arquímedes —le dijo—, te ordeno que encuentres una manera de verificar si esta corona es en verdad de oro puro, o si es de algún otro material. Si lo logras, te recompensaré generosamente... pero si fallas, te enviaré al calabozo. Tienes hasta el próximo lunes.

—Haré lo que pueda, su majestad —respondió el sabio. Luego tomó la corona de manos del rey, hizo una reverencia y salió del palacio.

Se le ocurrió comparar el peso de la corona con el de un objeto de oro puro para comprobar si pesaban lo mismo; sin embargo, para que esto resultara, los dos objetos debían tener exactamente el mismo volumen. Y ¿cómo medir el volumen exacto de la corona? Si la corona tuviera forma de cubo o de caja, para obtener su volumen, sólo tendría que multiplicar el ancho por el largo por lo profundo; pero la corona tenía una forma caprichosa con curvas y adornos por lo que medir su volumen con exactitud parecía imposible.

Por ello, Arquímedes se quedó muy atribulado, meditando sobre ello y sin una respuesta.

Al llegar el lunes, día en que se cumplía el plazo fijado por el rey, en lugar de afligirse, el sabio Arquímedes decidió bañarse en la tina.

—Si voy a ir al calabozo —pensó—, más vale que vaya bien limpio.

En su distracción, el sabio llenó la tina hasta el borde y por ello mientras metía su cuerpo, el agua se desbordaba en el piso del baño. Al ver esto, Arquímedes tuvo una idea luminosa.

Sin secarse ni vestirse, salió a la calle dando brincos de alegría y gritando "¡Eureka!" que significa "¡Lo encontré!".

Arquímedes descubrió que, al hundirse en agua, un cuerpo desplaza una cantidad de líquido exactamente igual a su volumen.

Lo que tenía que hacer era encontrar una pieza de oro que, al sumergirla en la tina, desbordara exactamente la misma cantidad de agua que la corona; es decir, que tuviera el mismo volumen, para así poder comparar su peso. Utilizó lingotes de distintos tamaños, hasta dar con el correcto.

Comparó el peso de los objetos con el lingote de oro puro, pero éste resultó ser un poco más pesado; por lo tanto, la corona era de algún otro material menos denso que el oro. Cuando un objeto tiene el mismo volumen que otro y pesa más, tiene una densidad mayor.

Arquímedes fue con Herón II y le contó su hallazgo. Éste se enojó con el orfebre y no le pagó nada por la corona de oro falso, mientras que al sabio lo recompensó nombrándolo científico oficial de la ciudad.

Con este descubrimiento, Arquímedes logró pasar a la historia del pensamiento humano.

1. **Subraya la opción que explica el propósito de este tipo de texto.**

   a) Coleccionar ideas populares de un lugar específico.

   b) Presentar la opinión de un autor acerca de un tema.

   c) Informar de manera específica sobre un tema.

2. **En la siguiente lista marca con una ✗ las características que presenta el texto.**

   a) Se divide en párrafos. ( )

   b) Se divide en estrofas, compuestas por varios versos. ( )

   c) Tiene ilustraciones que lo complementan. ( )

   d) Presenta tablas y esquemas para dar más información. ( )

   e) Utiliza palabras técnicas específicas del tema. ( )

   f) Está escrito en un lenguaje preciso y claro. ( )

   g) Tiene comentarios y opiniones de personajes importantes. ( )

3. **Localiza y subraya las ideas principales del texto y compártelas con tu compañero.**

4. **En la siguiente lista marca con una ✗ los enunciados que consideres son las ideas principales de la primera página del texto.**

   a) El rey Herón II vivió en la ciudad de Siracusa hace unos dos mil quinientos años. ( )

   b) El rey era tacaño y vanidoso. ( )

   c) El rey mandó hacerse una corona de oro puro.

   d) El capricho le salió muy caro. ( )

   e) El rey le ordenó a Arquímedes que verificara si la corona era de oro puro. ( )

   f) Arquímedes hizo una reverencia y salió del palacio. ( )

Expreso lo que pienso

Aprendizajes esperados. Elabora preguntas específicas sobre partes del texto que no comprende o de información que desea ampliar. Expresa lo que piensa acerca del texto.

1. **Escribe sobre las líneas tres preguntas sobre algunas partes del texto "El sabio empapado" que no hayas entendido o sobre información que desees ampliar; investígalas y escribe las respuestas.**

   Preguntas:

   a) ______________________________

   b) ______________________________

   c) ______________________________

   Respuestas:

   a) ______________________________

   ____

   b) ______________________________

   ____

   c) ______________________________

   ____

2. **Responde las siguientes preguntas y después coméntalas con tus compañeros.**

   a) ¿Te gustó el texto "El sabio empapado"? ______________________________

   b) ¿Por qué? ______________________________

   ____

   c) ¿Qué piensas acerca de la desconfianza del rey hacia el sabio?

   ____

   ____

   d) ¿Qué opinas de la actitud de Arquímedes de no preocuparse por no tener la solución para el rey y meterse a bañar? ______________________________

   ____

   ____

Los textos informativos

Aprendizajes esperados. Explora textos informativos y analiza su función y su contenido. Emplea la escritura convencional de palabras y signos correctamente. Formula preguntas sobre un tema de interés. Comprende el contenido general de un texto informativo.

El **texto informativo** tiene como función **dar a conocer** de manera breve **hechos y circunstancias reales** y de actualidad sobre un tema en particular de **forma objetiva y clara**. Es muy importante utilizar ejemplos, **fuentes de información** y los **signos de puntuación** de manera adecuada, tales como: las comas, los puntos, los acentos, y los conectores para explicar las consecuencias, la finalidad, las causas, etc.

1. Revisa esta información. Escribe las letras, sílabas, mayúsculas y puntos que hagan falta.

__as hormigas son devoradoras de plantas y recolectoras de alimento. ___ero no se lo comen, lo usan para re______ducir al hongo del que sí se alimentan. __l hormi______ro se instala en el suelo, tiene canales y es profundo, en ese lugar pueden vivir hasta dos mi______ones de hormigas obreras y una reina. Hay hormigas exploradoras, son las que van por la comida. Las hormigas centinela se colocan en lugares es______tégicos para avisar cuando hay peli______. ______as hormigas soldado son ______ndes y salen en cuanto el __ormi______ero se ve atacado. Las o______reras mastican lo que va ______egando hasta convertirlo en una pasta que sirve de alimento para el hongo.

2. Explica con tus palabras lo que entendiste sobre el texto.

____

____

____

3. Imagina que quieres seguir investigando sobre las hormigas. Escribe en el siguiente espacio tres preguntas que harías para conocer más del tema.

a) ______________________________

b) ______________________________

c) ______________________________

Buscando información

Aprendizajes esperados. Localiza información para responder preguntas específicas. Hace inferencias sobre el vocabulario. Identifica la función de diversas partes de los portadores de texto como la portada y el índice.

1. **Lee las siguientes preguntas y marca con una ✗ las fuentes de información que podrías utilizar de acuerdo con su índice o su portada.**

   1) ¿Dónde viven los osos negros?

   2) ¿Cuánto pesa un oso negro?

   3) ¿De qué se alimentan los osos negros?

   4) ¿Cuál es el nombre científico del oso negro?

2. **Revisa los textos de las páginas 12 y 13 donde encontrarás unas palabras subrayadas. Escríbelas en la primera columna de la tabla y en la segunda lo que crees que significan. Después, busca su significado en el diccionario y compáralos. Escribe ✔ si acertaste o ✗ si no.**

Palabra	Lo que creo que significa	Acerté

Índices, títulos y subtítulos para localizar información

Aprendizaje esperado. Utiliza elementos como títulos y subtítulos, palabras relevantes e ilustraciones, entre otros, como claves para localizar la información rápidamente.

Cuando **buscamos información** para saber de manera rápida si un libro, texto o documento nos será útil en nuestra investigación, primero debemos leer el **título**, el cual nos indica el contenido general del escrito.

Después, es necesario leer el **índice** que consiste en la lista de los **capítulos, títulos y subtítulos** en los que se divide un libro e indica la página en la que se encuentra cada uno de ellos.

El capítulo señala el contenido y puede dividirse en títulos y éstos, a su vez, en subtítulos, los cuales nos ayudan a conocer la información que puede proporcionar esa fuente.

1. Relaciona las siguientes ilustraciones con sus títulos.

a) Vida marina

b) La granja

c) Las aves

d) Grandes ciudades

2. Observa y lee el siguiente índice y realiza lo que se pide.

INDICE

a) Escribe los títulos de los capítulos 1 y 3.

____

b) Escribe los subtítulos del capítulo 4.

____

c) ¿En qué página debes buscar los números ordinales y los romanos?

____

3. Une los siguientes subtítulos con el texto que les corresponde.

a) El oso vive en los bosques y las zonas de arbustos. También se adapta a climas y medios variados buscando tanto las ciénagas como los bosques subtropicales.

b) Los osos son omnívoros, es decir, su dieta está basada de plantas como pasto, raíces, miel, fruta, bayas y semillas; aunque, en ocasiones, comen peces pequeños, mamíferos o insectos.

c) Los osos negros hibernan durante un período de 5 a 7 meses al año. Durante este tiempo, no comen ni beben agua, y tampoco hacen sus necesidades; es decir, sólo duermen.

hibernación

hábitat

alimentación

Las palabras también tienen familia

Aprendizaje esperado. Encuentra patrones ortográficos en palabras derivadas de una misma familia léxica.

Una **familia léxica** está formada por una palabra primitiva y varias derivadas.

1. Observa la ilustración y completa la tabla.

Palabra primitiva	Palabras derivadas
Pan	__________ __________

2. Encierra en un círculo las palabras derivadas. Fíjate en el ejemplo.

a) pluma • penacho • plumero • plumaje

b) accidente • accidentar • accidentado • acción

c) libro • librero • libélula • librería

3. Presta atención a la ortografía de las palabras y subraya sólo las palabras derivadas de *perro*.

a) pluma b) pero c) perrote d) pez e) peras

f) para g) perros h) pera i) perrito j) presa

k) perrera l) perrita m) perrero n) perrilla o) perrazo

4. Observa el ejemplo y escribe las palabras que faltan.

Palabra primitiva	Palabras derivadas	
mosco	mosquito	mosquitero
blanco		
luz		

5. **Lee la siguiente noticia.**

DESHIELO POLAR AFECTA A CACHORROS DE OSOS POLARES

Enviada especial: Joselín Paz

Los osos polares, obligados a nadar distancias más largas debido al desielo, pueden perder a sus cachoritos, así lo reveló la Oficina Geológica Nacional (OGN).

La OGN colocó coyares con GPS a los osos; así se observó que estos animales tuvieron que nadar grandes distansias entre 2004 y 2009 para encontrar alimento, y que este largo trayecto hizo que perdieran a varios de sus kachorros.

Las eladas y las bajas temperaturas hacían que el hielo marino estuviera relativamente cerca de las costas de Alaska. Los osos lo usan para cazar a las focas anilladas, su presa principal. Ahora, con el calentamiento global, el hielo marino se ha alejado y eso complica la alimentación de los osos polares.

Tomado de: http://www.elimparcial.com/EdicionEnLinea/Notas/VidayEstilo/20072011/529991.aspx, consultada el 26 de julio de 2011.

6. **Subraya las palabras mal escritas en la noticia y escríbelas corregidas en la columna que corresponda. Guíate por la palabra raíz.**

hielo	distancia	cachorro	collar
deshielo			

7. **Observa la palabra raíz y completa con palabras de la misma familia.**

Palabra raíz	
radio	El guión ______________ organiza el desarrollo de programas de radio.
cerrar	La policía ______________ el área con un cordón de plástico grueso.
flor	Hay un ____________ que diseña hermosos arreglos ____________ florales.

Resaltar lo más importante

Aprendizajes esperados. Localiza un texto en el que se describen procesos naturales. Decide, con ayuda del profesor, cuál es la información relevante según el propósito del estudio o búsqueda. Registra y escribe con sus palabras las ideas relevantes de un texto leído.

1. Coloca estas palabras en los renglones, en el orden en que están escritas. Conocerás la maravillosa metamorfosis de una mariposa monarca.

cuatro días | Luego | una semana | Cinco
termina | Después | Dos semanas | Finalmente

LA OFRENDA

La mariposa monarca pone sus huevecillos en una jugosa planta de algodoncillo. A los ______________ las larvas salen y se comen su cascarón. ______________, en ______________, cada larva es ya una oruga con cabeza, tórax y abdomen. El animalito come y come de manera voraz. ______________ veces cambia de piel y ______________ de crecer. ______________ de una semana más, sólo le toma dos horas tejer algo parecido a un cojincito de seda. Se pega a un tallo, cuelga con la cabeza hacia abajo, en forma de J y se forma una funda dura llamada crisálida. ______________ más tarde, sale convertida en una bella mariposa monarca. ______________, abre sus alas al sol para que se sequen.

Adaptado de: Llewelllyn, Claire, Así nace una mariposa. Altea, México, pp. 1-25.

2. Subraya las ideas más importantes y escríbelas con tus palabras en el siguiente espacio.

____

____

____

Hacer visible la información

Aprendizajes esperados. Conoce la función y las características de los diagramas. Recupera la información registrada para cumplir diversos propósitos: profundizar en el tema, escribir un texto o preparar una exposición.

Recordemos que un **diagrama** es un dibujo o una representación gráfica que sirve para organizar datos y resolver problemas, para indicar las relaciones entre fenómenos y sus variaciones, para esquematizar procesos o para mostrar la disposición interior de aparatos u otros objetos, incluso de seres vivos.

1. Observa los siguientes diagramas.

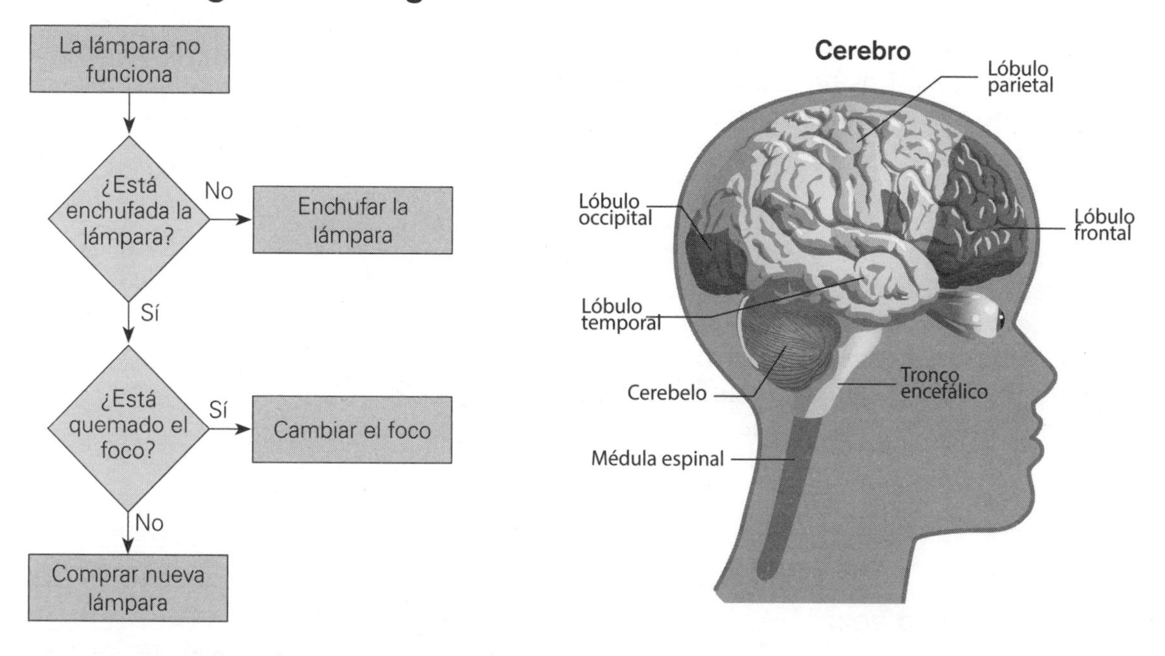

2. Contesta lo siguiente.

a) ¿El primer diagrama te sirve para resolver un problema? ____________ ¿Cuál? ______________________ ¿Qué te ayudaría más: una elaborada explicación o recurrir al diagrama?

____

____

b) ¿El segundo diagrama te ayuda a comprender cómo es por dentro el cerebro o sería preferible ver uno real?

____

____

____

Un **diagrama** simplifica la información, pero retiene lo esencial.

Organizamos la información en diagramas

Aprendizaje esperado. Elabora resúmenes mediante diagramas en los que describe procesos naturales.

Mediante los **diagramas** podemos presentar la información sobre un tema de manera **clara, sencilla y ordenada**. La idea principal o el tema debe ocupar el lugar más importante y se escribe con letra más grande o resaltada, mientras que los subtemas se unen al tema con flechas o llaves.

1. Completa los diagramas utilizando la información que se encuentra en el recuadro.

El agua que utilizamos ha estado en la tierra por miles de años, ya que es renovada una y otra vez por el ciclo del agua.

El agua de los mares, ríos y lagos se calienta por el sol, se evapora y sube a la atmósfera en estado gaseoso donde se condensa para formar nubes. Después, esta agua se precipita y cae a la tierra en forma de lluvia o nieve donde fluye hacia los océanos, ríos y lagos, haciendo que el proceso comience otra vez.

a)

El agua se ___________ y cae a la ___________ otra vez.

El ___________ calienta el agua y se ___________.

El ciclo del agua

El agua se ___________ y forma las ___________.

El agua ___________ a la ___________ en estado gaseoso.

b)

El ciclo del agua

- evaporación ___________
- condensación ___________
- precipitación ___________

2. **Elige alguno de los dos tipos de diagramas de la página anterior y elabora uno sobre las aves.**

Todas las aves son ovíparas, es decir, nacen de huevos que las hembras ponen y se colocan sobre ellos para darles calor; a esto se le llama incubación. Cuando ya ha crecido lo suficiente, el polluelo rompe la cáscara desde adentro y sale del huevo. Algunas aves se valen por sí solas desde que nacen; otras dependen de sus padres, quienes los alimentan directamente. Las aves tardan un tiempo en poder volar. Las terrestres tardan entre 14 y 20 días, mientras que a las acuáticas les toma de 6 a 12 semanas.

El lugar donde vivo

Aprendizajes esperados. Recopila información de distintas fuentes (orales o escritas) para preparar una presentación sobre algunas características del lugar donde vive. Organiza la información en temas y subtemas. Utiliza recursos gráficos.

Recuerda: para **exponer** un tema, primero es necesario **obtener la información** que necesitamos, después **organizarla en temas y subtemas** y, finalmente, utlizar **recursos gráficos** como apoyo.

1. Imagina que vas a hacer una exposición sobre el lugar donde vives. Para recolectar información de manera oral, necesitas entrevistar a quienes viven ahí. Subraya las preguntas que te pueden servir.

a) ¿Sabes quiénes fueron los primeros pobladores de esta localidad?

b) ¿Cómo se llama el dueño de la papelería?

c) ¿Hay alguna historia o leyenda tradicional en esta localidad?

d) ¿Sucedió algún hecho histórico en ella?

e) ¿Cuántas escuelas hay en esta localidad?

f) ¿Sabes por qué le pusieron este nombre a la localidad?

2. Redacta el guion de la entrevista que le realizarás a familiares, vecinos y personas que viven en tu localidad para obtener información. Escribe en cada renglón una pregunta como en el ejemplo. Puedes utilizar alguna de las preguntas anteriores.

a) ¿Cómo te llamas?

b) ______________________

c) ______________________

d) ______________________

e) ______________________

f) ______________________

3. **Investiga más datos acerca de tu comunidad en libros, revistas o en Internet y llena la siguiente tabla.**

Mi localidad	
Mi localidad se llama:	
Se llama así porque:	
Los primeros pobladores eran:	
Los hechos históricos más importantes de mi localidad son:	
Una historia o leyenda tradicional de mi localidad es:	
Antes sus pobladores se dedicaban a:	
Actualmente sus pobladores se dedican a:	

4. **Organiza toda la información que tienes utilizando títulos y subtítulos para presentar tu exposición. Escríbelos en el lugar que les corresponda.**

Títulos	Subtítulos

5. **Realiza un dibujo con que podrías acompañar tu exposición.**

Folletos sencillos y claros

Aprendizaje esperado. Conoce la función y las características de los folletos y los emplea para informar a otros.

1. Lee todas las frases que están en desorden. Escríbelas en orden para saber qué es y para qué sirve un folleto.

usa para anunciar un producto,	______________________
un tema. También se	______________________
promocionar visitas a lugares	______________________
o para ofrecer un servicio.	______________________
Impreso con información breve sobre	______________________

2. Observa la ilustración para conocer cómo se llaman y dónde puede ir cada una de las partes del folleto.

PORTADA DEL FOLLETO

TÍTULO DEL FOLLETO

Ilustración del título del folleto

CUERPO DEL FOLLETO

TÍTULO DEL FOLLETO	
Subtítulo 1	Subtítulo 2
Párrafo del subtítulo 1	Ilustración del subtítulo 2
Ilustración del subtítulo 1	Párrafo del subtítulo 2

3. Lee con cuidado las frases y complétalas, escribiendo los nombres de las partes del folleto que viste en el ejercicio anterior.

El ______________________ del folleto debe ser llamativo y tener letras grandes y vistosas.

El tema del folleto se divide en partes. Cada parte lleva un ______________________, se explica en un ______________________ y se le pone una ______________________.

4. Imagina que vas a realizar un folleto para promover tu estado. Completa el folleto de abajo escribiendo el nombre de tu entidad en la línea y debajo una frase para promoverlo. Después, realiza en el recuadro un dibujo de un elemento representativo.

5. Subraya la información que creas que debe tener el folleto para promover tu estado.

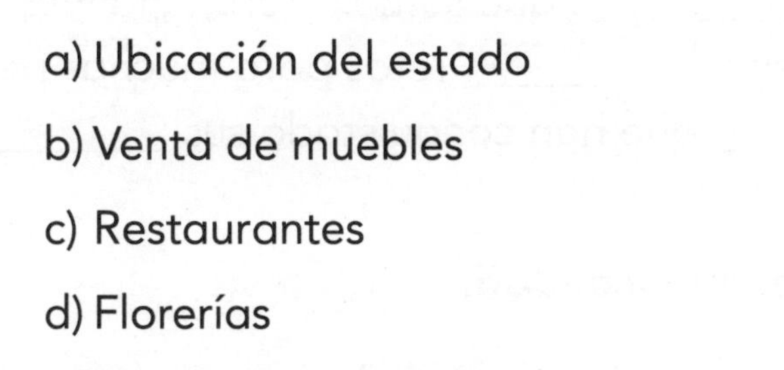

a) Ubicación del estado
b) Venta de muebles
c) Restaurantes
d) Florerías
e) Centros comerciales
f) Sitios históricos
g) Escuelas
h) Museos
i) Transporte
j) Historia del estado

Describo lo que veo

Aprendizajes esperados. Identifica las propiedades relevantes de los objetos, lugares o paisajes que describirá. Emplea adjetivos para la descripción de lugares y paisajes.

Describir es expresar con palabras **cómo es** una persona, cosa o lugar. Para ello utilizamos **adjetivos calificativos**.

1. Completa los textos que describen los paisajes. Utiliza los adjetivos que se proporcionan.

a)

altos espesos húmedos rica silvestres

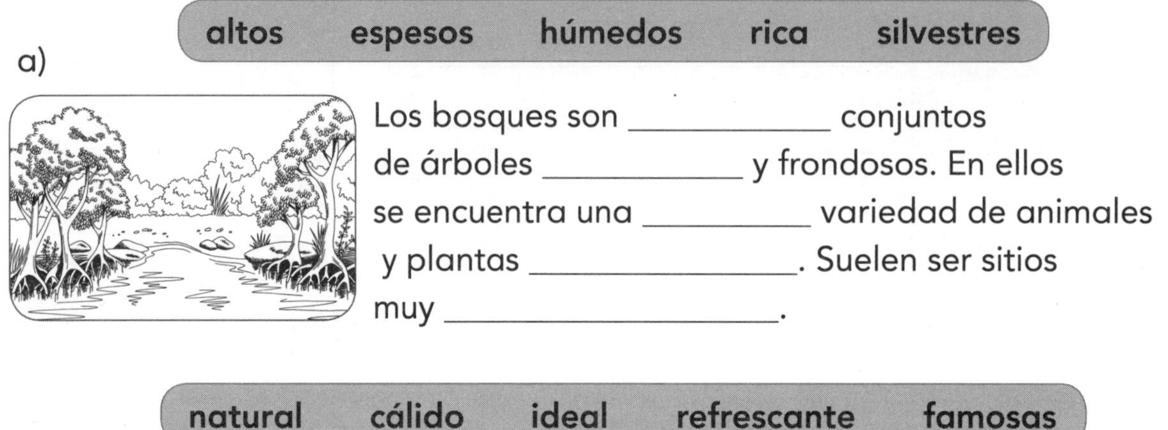

Los bosques son ____________ conjuntos de árboles ____________ y frondosos. En ellos se encuentra una __________ variedad de animales y plantas ________________. Suelen ser sitios muy ____________________.

b)

natural cálido ideal refrescante famosas

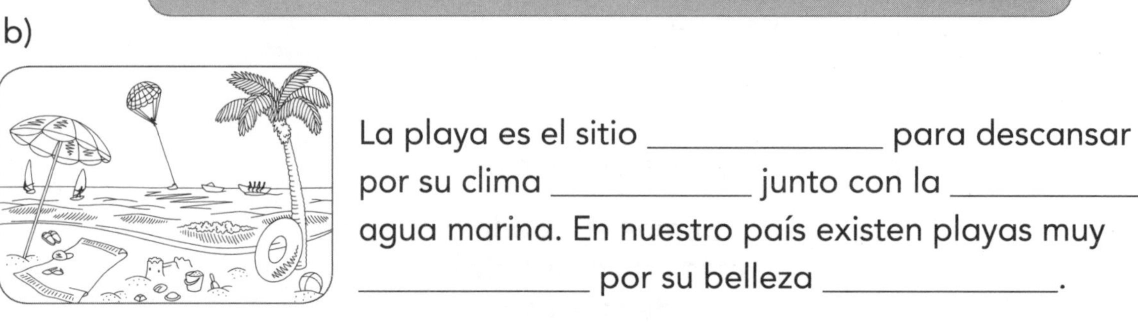

La playa es el sitio ______________ para descansar por su clima ____________ junto con la ____________ agua marina. En nuestro país existen playas muy ______________ por su belleza ______________.

c)

pequeños valientes grandes nevadas majestuosas

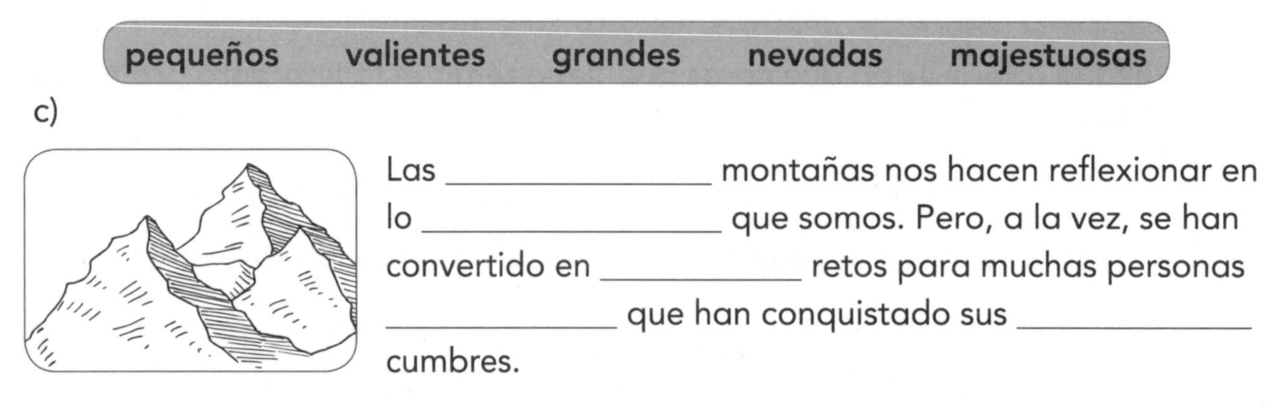

Las ________________ montañas nos hacen reflexionar en lo __________________ que somos. Pero, a la vez, se han convertido en ____________ retos para muchas personas ______________ que han conquistado sus ______________ cumbres.

2. Describe de manera breve cómo es tu localidad.

____

____

Para describirte mejor

Aprendizajes esperados. Selecciona frases adjetivas para escribir mensajes persuasivos. Selecciona frases adjetivas para escribir mensajes persuasivos. Usa mayúsculas al inicio de las oraciones y de los nombres propios.

Las **frases adjetivas** están formadas por dos o más palabras. Se usan para describir de manera más precisa; por ejemplo: muy grande, tan fuerte, demasiado claro.

1. Escribe oraciones utilizando las frases adjetivas, como en el ejemplo. Ilustra y utiliza mayúsculas donde sea necesario.

a)

muy interesante	
Las abejas son una comunidad muy interesante, siempre están trabajando	

b)

increíblemente bello	

c)

tan delicioso	

La coma y las enumeraciones

Aprendizaje esperado. Reflexiona sobre el uso de la coma para enumerar características o elementos.

La coma (,) es un signo de puntuación utlizada para **separar los elementos** que se enumeran en una **lista** o las características de las cosas, personas o lugares que se describen.

Por ejemplo: *el árbol es grande, verde, frondoso y muy viejo. Necesito calabaza, zanahoria, papa y chayote para mi sopa.*

Además, **cuando leemos**, la coma nos indica que debemos **hacer una pausa**.

1. Escribe las comas que falten en las oraciones.

a) Mi mascota es un animal grande con cuatro patas dos orejas una cola dos ojos y mucho pelo.

b) Mi mamá fue a la papelería para comprar tijeras pegamento lápices plumas colores gomas y un sacapuntas.

2. Lee el siguiente texto en voz alta. Recuerda hacer una pausa después de cada coma.

MIS ABUELOS

Ayer fuimos a casa de mis abuelos. Su casa es grande, con una gran puerta café en la entrada, con cuatro cuartos y una estancia enorme.

Me gusta mucho ir a visitar a mis abuelos, porque ellos siempre tienen muchos dulces que nos regalan.

En su alacena siempre hay paletas, cacahuates, galletas, natillas, ates, chiclosos y pistaches. A mí me gusta comer cacahuates porque son tan deliciosos, ¡hasta se me hace agua la boca!

3. Encierra en un círculo rojo todas las comas que encuentres en el texto anterior.

4. En las siguientes oraciones hay comas de sobra. Localízalas y márcalas con una ✗ de color rojo.

a) Ana, comió sopa, ensalada, mole y natilla.

b) La artesanía, era, grande, bonita, frágil, colorida.

c) Mi abuelo me regaló, chicles, cacahuates, paletas, dulces y chiclosos.

d) Todos jugamos cartas, monopolio, escondidas, dígalo con mímica y basta,

Las palabras se separan

Aprendizajes esperados. Separa en sílabas las palabras de manera convencional. Distingue las sílabas y conoce su significado y tipos. Infiere la utilidad de separar las palabras en sílabas.

Los elementos sonoros y gráficos más pequeños de las palabras son las **sílabas**; una sílaba puede estar formada por una sola **vocal** (*a, e, i, o, u*), por una **consonante** y una vocal (*ba, ce, ta*, etc.), por una vocal y una consonante (*ac, ab, ad*, etc.), por dos consonantes y una vocal (*pre, tra, cri*, etc.), entre otras.

1. Observa el siguiente texto:

Se abre el telón y comienza la obra. En ella, una comadreja intenta robarse unas gallinas, pero ellas, como es natural, no están de acuerdo y buscan a don Gallo, el jefe del co-
rral, para pedirle protección.

Fuente: Xandra. *Un soñador... en el balcón*. México, Fernández editores, 1987.

Como ves, al acabarse el renglón y no caber completa una palabra, hubo que pasar una parte al renglón siguiente.

2. Vamos a separar en sílabas las siguientes palabras; señala con una ✔ las que están divididas correctamente.

a) á-ba-co ( )
b) men-sa-je-ro ( )
c) cor-a-zón ( )
d) co-co-dri-lo ( )
e) ji-to-ma-te ( )
f) temp-le-te ( )

3. Separa en sílabas las siguientes palabras:

a) academia ____________________
b) barítono ____________________
c) zorrillo ____________________
d) mentiroso ____________________
e) comadreja ____________________
f) risueño ____________________
g) gallinas ____________________
h) teclado ____________________
i) ratoncito ____________________
j) compañero ____________________
k) profesor ____________________
l) aula ____________________

4. Con orientación del maestro o maestra, verifica tus respuestas.

El acento prosódico y el acento gráfico

Aprendizajes esperados. Identifica la sílaba tónica en diferentes palabras. Reconoce que la sílaba tónica no siempre lleva acento escrito. Distingue los tipos de acento y el uso de la tilde.

1. **Divide en sílabas las siguientes palabras. Depués, identifica la sílaba tónica y rodéala con color azul. Sigue el ejemplo.**

a) árbol ár-bol

b) pelota __________

c) peatón __________

d) cámara __________

e) alma __________

f) tripa __________

Recuerda que la **sílaba tónica** es la que se pronuncia con más fuerza en una palabra

2. **Como puedes notar, no todas las palabras que separaste tienen acento escrito o tilde. ¿Cuántas palabras tienen acento escrito y cuántas no lo tienen?**

____

____

A veces, la mayor fuerza en la pronunciación de una sílaba se representa con un signo; a veces no. Ese signo se llama **tilde** (´). Cuando una palabra lleva tilde en la sílaba tónica, se dice que tiene **acento gráfico**. Cuando no lleva tilde, se dice que tiene **acento prosódico**.

3. **Escribe sobre la línea el tipo de acento (*gráfico* o *prosódico*) que tiene cada palabra.**

a) La palabra **corazón** lleva acento __________

b) La palabra **elefante** lleva acento __________

c) La palabra **árbol** lleva acento __________

4. **Joaquín y el tío Andrés van a preparar una ensalada de frutas. Colabora con ellos colocando en el huacal de la izquierda los nombres de las frutas que llevan acento gráfico, y en el de la derecha los de las que tienen prosódico.**

5. **¿Qué otros ingredientes agregarías a la ensalada? Escribe sus nombres sobre las líneas; luego, colócalos en el huacal que corresponda.**

_______________ _______________ _______________ _______________

6. **Lee en voz alta las siguientes oraciones y coloca el acento gráfico a las palabras subrayadas que deben llevarlo. Ten mucho cuidado, pues no es lo mismo comerte una papa que ¡comerte a tu papá!**

El bebe de mi tía Ale bebe mucha agua.

Mi papa quiere comer ensalada de papa.

Don José amplio su patio y quedó muy amplio.

Mi tío dibujo una sirena y me regaló su dibujo.

El uso del acento gráfico cambia el significado de las palabras.

Las palabras agudas

Aprendizajes esperados. Recuerda lo que es la sílaba tónica. Distingue cuál es la sílaba tónica en las palabras agudas. Infiere con ayuda del profesor la regla de ortografía de las palabras agudas.

La **sílaba tónica** es la que suena más fuerte; por ejemplo, en *Andrés*, la sílaba tónica es *drés*.

1. Lee lo que Joaquín le contó a su diario sobre la fiesta.

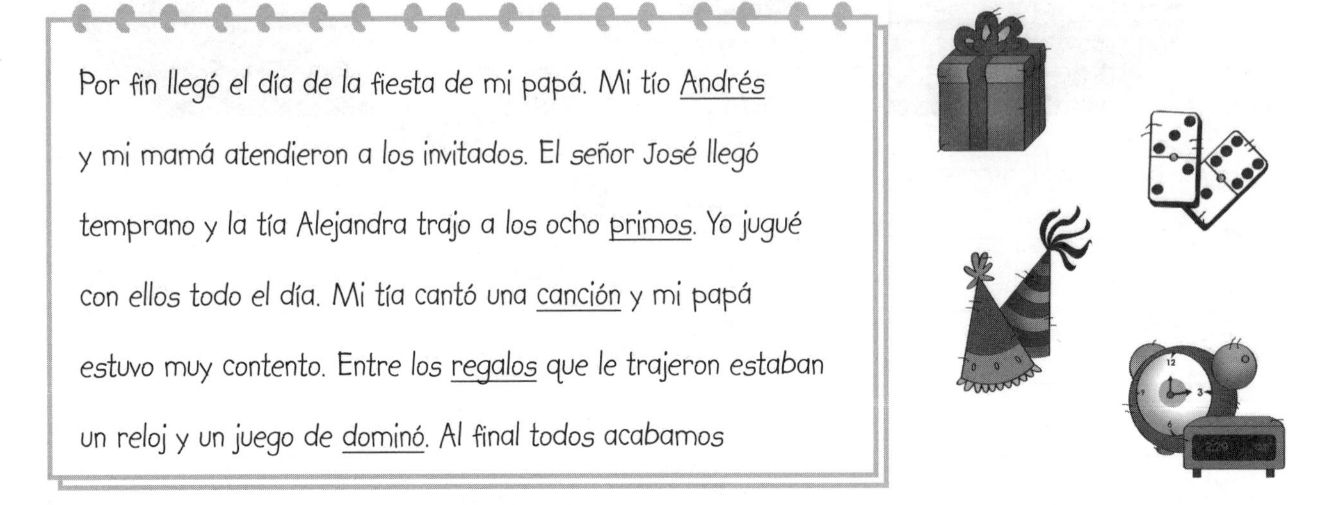

Por fin llegó el día de la fiesta de mi papá. Mi tío Andrés y mi mamá atendieron a los invitados. El señor José llegó temprano y la tía Alejandra trajo a los ocho primos. Yo jugué con ellos todo el día. Mi tía cantó una canción y mi papá estuvo muy contento. Entre los regalos que le trajeron estaban un reloj y un juego de dominó. Al final todos acabamos

2. En el texto hay varias palabras subrayadas. Léelas en voz alta.

3. Divide en sílabas las siguientes palabras; escribe dentro de las casillas cada sílaba e ilumina del color que prefieras la tónica.

a) Andrés	An	drés
b) primos		
c) canción		
d) papá		

e) regalos	re	ga	los
f) dominó	do	mi	nó
g) sofá			

4. Escribe las palabras que acabas de dividir y que tengan la sílaba tónica en la última posición.

_______________________ _______________________

_______________________ _______________________

_______________________ _______________________

Las palabras cuya sílaba tónica es la última se llaman **agudas**. Todas las palabras que acabas de escribir son agudas. No todas las palabras agudas tienen acento escrito (gráfico).

5. Con tanto alboroto, los regalos quedaron por todas partes. Ayuda a Joaquín a organizarlos; la única condición es que separen los que en su nombre llevan acento gráfico, de los que no.

6. Observa las palabras que escribiste dentro de las cajas de regalo, identifica su sílaba tónica del color que prefieras. Subraya también la letra con la que terminan.

7. Analiza las palabras que escribiste y completa la siguiente regla ortográfica.

Las palabras agudas que llevan acento escrito o gráfico terminan en ____, en ____ o en cualquier ____________.

8. Ahora, compara la regla que completaste con la información del siguiente recuadro.

Las palabras agudas que terminan en n, s o vocal llevan acento gráfico.

9. En el siguiente texto, pon el acento gráfico a las palabras agudas que deben llevarlo.

Despues de la fiesta, mi mama nos hizo nieve de melon. Mi papa estreno su reloj y jugamos con el balon nuevo. Mi tío Andres se canso pronto y se sento en el sofa. La tía Alejandra sembro el peral que trajo don Jose.

Repaso

1. Completa las oraciones con la palabra correspondiente.

a) La persona encargada de la biblioteca se llama ____________________.

b) Los libros en la biblioteca se acomodan de acuerdo con el ______________ alfabético.

c) Las bibliotecas pueden ser ______________________________ o privadas.

2. Ordena alfabéticamente los siguientes títulos de libros.

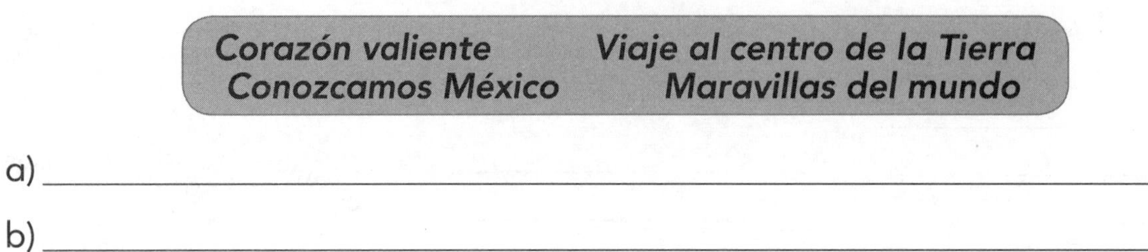

a) ____

b) ____

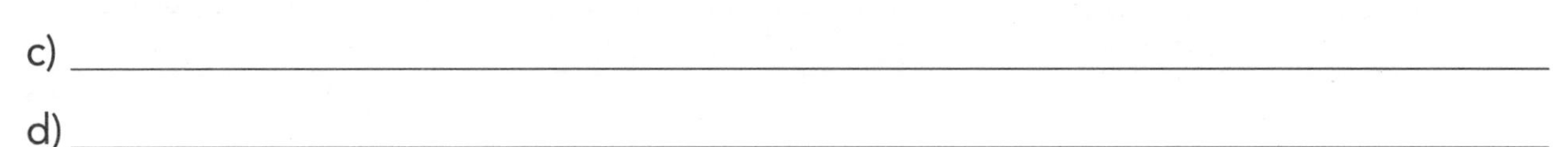

c) ____

d) ____

3. Escribe las palabras *falso* o *verdadero* en cada una de las siguientes frases.

Siempre se inicia una palabra con mayúscula cuando:

a) Se trata del nombre de una persona. ____________________

b) Se escribe el nombre de un país o ciudad. ____________________

c) La información está entre paréntesis. ____________________

4. Imagina que estás buscando información para evitar accidentes automovilísticos. Marca con una ✗ los libros que te pueden servir para tu investigación.

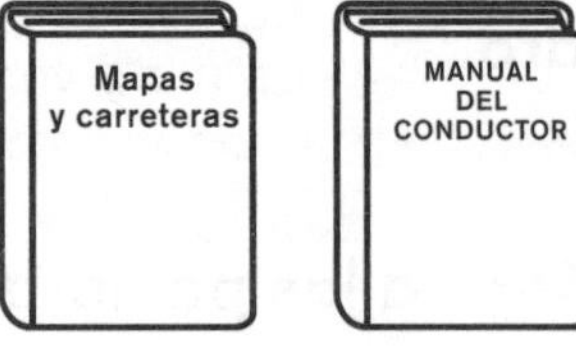

Conduzca seguro

5. Revisa el índice del libro *Manual del conductor para evitar accidentes* y subraya el título del capítulo que te puede servir.

ÍNDICE

6. **Une con una línea los subtítulos que le corresponde al título.**

a) No utilice el celular

b) Estacionamientos gratuitos en Sonora

c) Utilice el cinturón de seguridad

d) Lavado de autos económico

e) Respete los límites de velocidad

7. **Imagina que tienes que hacer un folleto sobre la prevención de accidentes. Realiza un diagrama sobre las medidas que se pueden tomar para prevenir accidentes y poder colocarlo en tu folleto.**

8. **Escribe el acento ortográfico a las siguientes palabras donde corresponda. Después, subraya las agudas.**

a) pelon b) maquina c) cancion

d) abrira e) papa f) pais

9. **Encierra en un círculo la respuesta correcta.**

a) La sílaba que se pronuncia más fuerte se llama…

- sílaba acentuada.
- sílaba tónica.
- sílaba fuerte.

b) Cuando se pone la tilde en la sílaba tónica se llama acento…

- prosódico.
- hablado.
- ortográfico.

c) Las palabras agudas tienen la sílaba tónica en la…

- primera sílaba.
- penúltima sílaba.
- última sílaba.

10. **Describe brevemente el lugar donde vives utilizando frases adjetivas.**

____

____

____

El cuento

Aprendizajes esperados. Explora diversos tipos de cuentos. Recuerda lo que es un cuento y sus características. Anticipa el contenido de los cuentos a partir de la información que da el título.

El **cuento** es una **narración breve** de hechos imaginarios que tiene pocos personajes. Los **personajes** son quienes realizan las acciones. El **título** del cuento nos dice el **tema** del que se habla y a la persona que lo escribió se le llama **autor**. El **lugar** donde ocurren los acontecimientos se llama **escenario**.

1. Lee en voz alta el cuento y realiza lo que se pide.

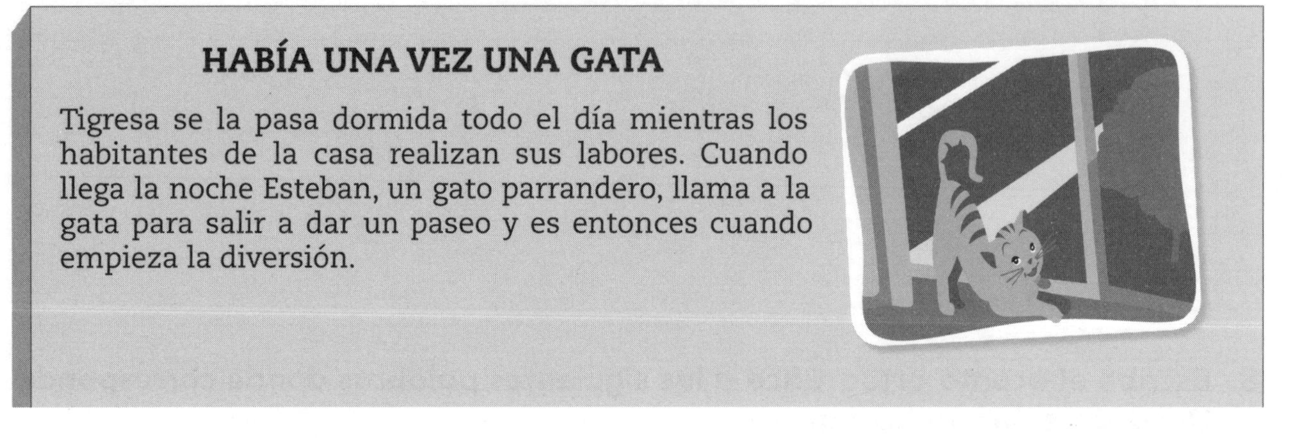

HABÍA UNA VEZ UNA GATA

Tigresa se la pasa dormida todo el día mientras los habitantes de la casa realizan sus labores. Cuando llega la noche Esteban, un gato parrandero, llama a la gata para salir a dar un paseo y es entonces cuando empieza la diversión.

a) Subraya el título y los personajes.

b) Escribe los nombres de todos los personajes. ______________________

c) ¿Qué hace Tigresa todo el día? ______________________

d) ¿Qué pasa cuando llega la noche? ______________________

2. Imagina que vas a leer el cuento "La Fiesta del Grillo". Piensa de qué puede tratar y responde las siguientes preguntas.

a) ¿De qué crees que pueda tratar el cuento?

____

____

b) ¿Qué personajes crees que pueden aparecer en el cuento?

____

c) ¿En dónde crees que sucede el cuento?

____

Sigue el camino amarillo...

Aprendizajes esperados. Lee narraciones de la tradición literaria infantil. Describe a los personajes de un cuento, identificando sus características. Establece la importancia de los diferentes personajes.

1. Lee las descripciones físicas de los personajes del cuento "El mago de Oz" y únelas con la imagen que corresponda.

a) Una niña pelirroja, con vestido azul, delantal blanco, zapatos y moños rojos.

b) Era un fuerte leñador. Una bruja lo convirtió en un ser de hojalata. Necesita desesperadamente que le aceiten las articulaciones, porque lleva varios años en la misma posición.

c) Mujer delgada, de piel verde y nariz puntiaguda. Usa vestido y zapatos negros y un gorro grande y picudo.

2. En los cuentos, tanto los héroes como los villanos son necesarios. Responde con tus palabras y explica tu punto de vista a tus compañeros. Si no conoces los cuentos, pide a tu maestro que los narre.

a) ¿Por qué es tan importante el papel del príncipe en el cuento "La bella durmiente"?

____

____

b) ¿Qué pasaría si en el cuento "Blancanieves" no existiera la bruja?

____

____

Aprendizaje esperado. Identifica los espacios en que ocurren los acontecimientos y los relaciona con los personajes que ahí participan.

3. Lee los textos, observa la imagen y responde.

Una casa en el bosque con flores en el techo y maderas. La casa es grande y las macetas decoran la sala y el comedor.

En medio del bosque hay una cabaña de madera con techo de paja. Al frente, se ven dos ventanas redondas y una gran puerta. Alrededor de la cabaña hay macetas con flores de colores y una pequeña banca de piedra.

a) ¿Cuál de los textos describe mejor la cabaña de los enanitos del cuento "Blancanieves"? ¿El primero o el segundo? ____________________

b) ¿Por qué? ____________________

____

4. Responde y luego comenta con tu maestro y compañeros.

a) En el cuento "Hansel y Gretel" hay una casita hecha de **jengibre**, dulces y gomitas, donde vive una bruja que atrapa a los niños. ¿Por qué crees que la casa está hecha con esos materiales?

____

____

b) ¿Crees que si la casa hubiera sido de madera el cuento sería igual de interesante? ¿Por qué? ____________________

____

Jengibre: Raíz de olor aromático y de sabor áspero y picante como el de la pimienta. Se utiliza en la medicina y en la cocina.

Hadas y duendes

Aprendizajes esperados. Describe los personajes de un cuento, sus características, sus intenciones y forma de ser para explicar o anticipar sus acciones. Utiliza adverbios y adjetivos en sus descripciones.

1. Selecciona y marca con una ✗ la opción correcta.

a) Para describir cómo o en qué condiciones se realiza una acción, se usa un…

☐ verbo. ☐ adverbio. ☐ adjetivo.

b) Para describir cómo es un lugar o un personaje utilizamos un…

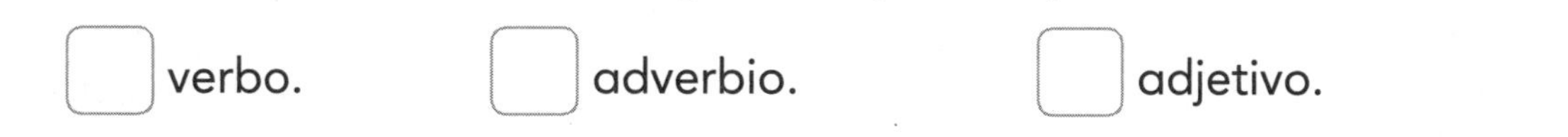

☐ verbo. ☐ adverbio. ☐ adjetivo.

2. Encierra en un círculo las palabras que son adjetivos calificativos.

a) duende malo
b) amar al prójimo
c) lobo feroz
d) camina rápidamente
e) viejita asustada
f) cielo azul
g) patito feo
h) la princesa hermosa
i) flecha envenenada

3. Completa las oraciones, elige el adverbio más adecuado de entre las opciones que se presentan.

a) El monstruo atacó ________________ al caballero.

- ferozmente
- dulcemente
- tranquilamente

b) Blanca Nieves mordió ________________ la manzana envenenada.

- desesperadamente
- suavemente
- alegremente

4. Subraya el ejemplo del adverbio que se te pide.

a) Adverbio de modo	mañana	poco	deprisa
b) Adverbio de tiempo	lejos	temprano	sobre
c) Adverbio de lugar	nada	mejor	cerca
d) Adverbio de cantidad	mucho	enfrente	despacio

5. Completa las frases utilizando los adverbios que seleccionaste. Fíjate en el ejemplo.

a) Adverbio de modo	El príncipe cabalgó ________________ para rescatar a la princesa.
b) Adverbio de tiempo	Los enanitos regresaron temprano ________________ de la mina.
c) Adverbio de lugar	La bruja vivía cerca ________________ de la montaña.
d) Adverbio de cantidad	Un cochinito trabajó mucho ________________ en su casita.

Adjetivos y adverbios para describir personajes y lugares

Aprendizajes esperados. Compara los personajes de diversos cuentos e identifica rasgos y situaciones recurrentes en algunos personajes típicos. Establece relaciones temporales de sucesión y duración entre acontecimientos del relato.

Recuerda que los **adjetivos** sirven para **describir** cómo son o están las personas, animales o cosas, por lo cual debemos utilizarlos al describir **personajes y lugares**.

1. **Une con una línea los adjetivos con los personajes. Recuerda que puedes unir el mismo adjetivo con diferentes personajes.**

- malvado
- feo
- aterrador
- astuto
- corpulento
- narizón
- bajo
- enojón

2. **Escribe los adjetivos que fueron comunes para los tres personajes y escribe por qué crees que sucedió eso.**

____

____

____

3. **Completa las oraciones utilizando adjetivos calificativos.**

Hace muchos años existió un ____________ hechicero que buscaba ser el señor de todo el reino y que todos lo obedecieran. Para cumplir su propósito, decidió casarse con la ____________ princesa que vivía en el ____________ castillo. Al enterarse de sus malas intenciones, el ____________ príncipe del reino vecino decidió planear una ____________ estrategia para salvar a la ____________ princesa.

Le tendió una trampa al hechicero con la ayuda de su ____________ amigo y pudo ayudar a la princesa.

Los **adverbios modifican al verbo** para darnos idea de **tiempo**, **lugar**, **cantidad** y **modo**. Se colocan antes o después del verbo y nos sirven para hacer más exacta una descripción. Por ejemplo: *la osa llegó tarde a su casa*; *el osito come despacio*; *la casa está arriba*.

4. Clasifica en la tabla los adverbios del recuadro.

mucho abajo despacio siempre mañana alegremente lejos algo todos rápidamente allá nunca

modo	tiempo	lugar	cantidad

5. Escribe los adverbios que creas que hacen falta para describir la casa de los enanitos de "Blancanieves".

a) Cuando llegó Blancanieves vio una pequeña casita ____________ al bosque.

b) La casita tenía ____________ cuartos pequeños.

c) Era una casita de color ____________ con un techo ____________ y ____________ limpio.

6. Ordena las oraciones del 1 al 4 para indicar qué pasó primero de acuerdo al adverbio de tiempo que se utiliza.

a) Bella está leyendo hoy junto al pozo. ☐

b) Bella compró un libro ayer. ☐

c) Bella debe lavar la ropa mañana. ☐

d) Bella va a cocinar después de leer. ☐

7. Reflexiona con tus compañeros la utilidad de los adverbios y escribe sobre las líneas tus conclusiones.

____

____

____

Las palabras graves

Aprendizajes esperados. Distingue cuál es la sílaba tónica en las palabras graves. Infiere con ayuda del profesor la regla de ortografía de las palabras graves.

1. Carla extrañaba a Rocola. Así que decidió hacer carteles y pegarlos en el vecindario. Víctor se encargó de ponerlos por todas partes.

Se busca una perrita color ámbar

Se llama Rocola. Le gustan las frutas en almíbar

y la música moderna.

Si la ves, avisa a Carla Hernández.

Tel.: 25 065 07 089

2. Divide las siguientes palabras en sílabas. Después, rodea la sílaba tónica en cada una con el color que prefieras. Sigue el ejemplo.

	Antepenúltima sílaba	Penúltima sílaba	Última sílaba
a) almíbar	al	mí	bar
b) Rocola			
c) ámbar			
d) hábil			
e) ves			ves
f) Carla		Car	
g) música			
h) árboles			
i) Hernández			

3. Ahora, de las palabras anteriores, escribe sobre las líneas aquellas cuya sílaba tónica es la penúltima y rodéala con el color que prefieras.

almíbar ________________ ________________ ________________

________________ ________________ ________________

Las palabras cuya **sílaba tónica** es la **penúltima** se llaman **graves**. Por ejemplo, *Carla* y *Víctor* son palabras graves.

4. Escribe en la columna de la izquierda las palabras graves que llevan acento gráfico o tilde y en la columna de la derecha las que no lo llevan.

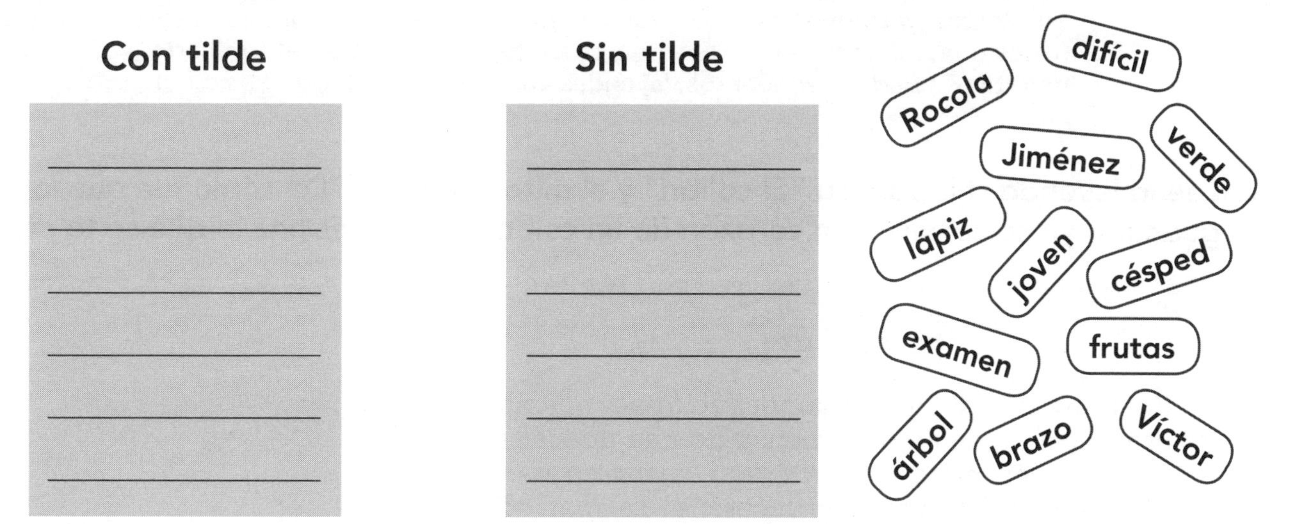

5. Observa con qué letra terminan las palabras que escribiste y completa las siguientes reglas ortográficas con las palabras *con* o *sin* según corresponda.

a) Se escriben ______ acento gráfico las palabras graves que terminan en *n*, *s* o vocal.

b) Se escriben ______ acento gráfico las palabras graves que terminan en consonante distinta de *n* o *s*.

Las **palabras graves** que terminan en cualquier consonante diferente de ***n*** o ***s*** y que no terminan en **vocal** llevan acento gráfico.

6. En el siguiente párrafo, identifica la sílaba tónica de las palabras que están subrayadas y rodéala con el color que prefieras. Pon el acento gráfico a las que deben llevarlo. Observa con qué letra terminan.

Los textos narrativos

Aprendizajes esperados. Se familiariza con la lectura y escucha de narraciones tradicionales de la región (mitos, leyendas, fábulas, cuentos u otros). Reconoce partes importantes de las narrativas tradicionales: estado inicial, aparición de un conflicto y solución del conflicto.

Los **textos narrativos** nos cuentan los **hechos** en los que intervienen **personajes** reales o imaginarios y que suceden en un **lugar** y **tiempo determinado**. Los textos narrativos pueden ser cuentos, leyendas, fábulas, mitos, biografías o noticias.

1. Lee la leyenda chiapaneca "El colibrí" y el mito yucateco "De cómo fue que la guacamaya se convirtió en corazón de un ceibo" y después haz lo que se te pide.

EL COLIBRÍ

Cuentan leyendas que del amor nació hace mucho este picaflor, de amor inmenso de una doncella mitad mujer, mitad estrella. Era su amado un gran guerrero, casi jaguar, casi lucero; él se marchó a combatir, él se marchó para morir.

La madre Tierra, compadecida, al gran guerrero dio nueva vida y como aliado eterno al sol, lo convirtió en girasol. Y a la doncella, desconsolada la madre Tierra, con su mirada más amorosa, acarició y en colibrí la convirtió.

Lome, Emilio Ángel. *Versos que se cuentan y se cantan.* Alfagura. 2009. pp. 99 - 100.

DE CÓMO FUE QUE LA GUACAMAYA SE CONVIRTIÓ EN CORAZÓN DE UN CEIBO

Cuentan que de una sandía
la guacamaya nació un día
y las nubes en el viento
tejieron en un momento
como rojas llamaradas
sus dos alas coloradas
que en vuelo hacia el horizonte
la llevaron hasta un monte.

Y en un ceibo viejo y seco
se metió por un gran hueco,
y cantando una canción
Se convirtió en corazón
De aquel árbol casi muerto.
Y se lo digo de cierto
El ceibo reverdeció
Y nuevamente vivió
Lleno de luz y emoción,
Pues tenía por corazón
Que late y nunca se calla
A una alegre guacamaya

Lome, Emilio Ángel. *Versos que se cuentan y se cantan.* Alfagura. 2009. pp. 106- 107.

2. **¿Cuál de las dos leyendas te gustó más? ¿Por qué?**

____

____

3. **Escribe con tus propias palabras la leyenda que te gustó.**

a) ¿De dónde es? ____________________________

____

b) ¿Cómo se llama? __________________________

____

c) ¿Quiénes son los personajes? ____________________________

____

d) ¿Qué sucedió al inicio? ____________________________

____

____

e) ¿Qué pasó después? ____________________________

____

____

f) ¿Cómo terminó? ____________________________

____

____

4. **Describe con tus palabras la parte que más te gustó de la leyenda y dibújala en el espacio. Relaciona el relato con tus gustos y experiencias.**

____

____

____

____

____

____

Los tiempos verbales

Aprendizajes esperados. Reflexiona sobre el uso de tiempos pasados para narrar sucesos: pretérito y copretérito. Reflexiona sobre el uso del presente para diálogos directos.

En las **narraciones**, se utilizan verbos conjugados en pretérito o copretérito para hablar de los hechos que sucedieron en el pasado. En cambio, cuando el narrador comenta algo se utiliza el tiempo presente.

El **pretérito o pasado** se refiere a los sucesos o acciones que ya sucedieron y finalizaron. Por ejemplo: *María comió arroz.*

El **copretérito** se refiere a sucesos que no han terminado o a una acción continua. Por ejemplo: Martha bailaba en el teatro.

El **presente** se refiere a hechos actuales y que están sucediendo ahora. Ejemplo: *Pablo lee un cuento.*

1. Lee el siguiente texto y después realiza lo que se indica.

Cuando Bella llegó al castillo se asombró de su esplendor. Más aún cuando encontró un piano y una biblioteca. Pero se sentó en su cama y deseó con tristeza saber cómo estaba su padre. Entonces, levantó la vista y vio un espejo en el que se reflejaba su casa donde vio a su padre que llegaba a ella. Bella pensó: "La Bestia no es tal, es en realidad un ser muy amable. Quiero bajar a cenar con él".

a) Subraya todos los verbos que encuentres en el texto.

b) Escribe los verbos que se encuentran en pretérito.

____

c) Escribe los verbos que se encuentran en copretérito.

____

d) Escribe los verbos que se encuentran en presente.

____

2. Completa los diálogos con el verbo correcto.

a) Bella: Hola Bestia ¿cómo __________?

b) Bestia: Yo __________ muy feliz.

c) Bella: ¡Que felicidad! __________ a celebrar.

d) Bestia: Sí __________ una fiesta.

3. **Conjuga el verbo *jugar* para completar la tabla.**

	Presente	Pretérito	Copretérito
Yo	juego		
Tú			jugabas
Él / Ella			
Nosotros		jugamos	
Ustedes			
Ellos / as			

4. **Completa las oraciones utilizando los verbos conjugados del recuadro.**

saltábamos contaba es escuchaba fuimos baila comí hizo

a) Mi hermana y yo ______________ al parque.

b) El sábado pasado ______________ pizza en casa de mis primos.

c) Mi abuela siempre ______________ historias muy interesantes.

d) Mi perro ______________ muy inteligente y activo.

e) Laura ______________ en el club todos los días.

f) Nosotros ______________ la cuerda y Ángel _________ música.

g) Carmen ______________ un pastel para mí.

5. **Escribe junto a cada verbo el tiempo en el que se encuentra conjugado.**

a) tropezaba ______________________

b) reímos ______________________

c) cantan ______________________

d) estudio ______________________

e) platicaban ______________________

Los diálogos y el guion largo

Aprendizaje esperado. Reconoce el uso de guiones largos para introducir diálogos en una narración.

Los **guiones largos** se utilizan en las narraciones para **introducir** los **diálogos** de cada uno de los **personajes** que participan en la narración. *—¡Qué alegría verte! —dijo la princesa.*

1. A la siguiente narración le hacen falta los guiones largos para indicar los diálogos. Escríbelos donde corresponda.

Prisco, el dueño de una tlapalería, compró, por el triple de su precio, un precioso papagayo. Todos se quedaban **perplejos** con sus plumas coloridas y sobre todo tras oír su plática imparable.
Un día Prisco anunció que haría un **periplo** alrededor del planeta. El papagayo le hizo una súplica:
Cuando vea a un papagayo le dice que me acuerdo mucho de mis padres y de todos mis amigos. Y que si pudiese me transportaría de regreso.
A su vuelta Prisco se acercó al papagayo y le dijo, cumpliendo su promesa:
Cuando iba caminando por una selva cerca del Atlántico y mientras corría como un atleta, vi a tres papagayos comiendo plátanos. Me acerqué y les repetí lo que dijiste. Y de pronto, empezaron a temblar y cayeron muertos.
El papagayo lo escuchó y en el preciso momento en que Prisco terminó de hablar... ¡el papagayo cayó muerto!
¡Qué sensibles son los papagayos! ¡Cómo se conmueven!
Así, con gran tristeza, abrió la jaula del papagayo. En cuanto el ave se sintió libre comenzó a volar y, parándose en lo más alto del armario, dijo:
Gracias, patrón, por el recado. Mis amigos me aconsejaron que fingiera estar muerto para que dejara de estar preso y se alejó volando por la ventana.

Rosa Luisa Guerra

2. Lee el siguiente diálogo. Después, ordena la conversación de Laura y Yolanda en tu cuaderno escribiendo en un renglón lo que dijo cada una. No olvides utilizar el guión largo.

Hola ¿Laura? Qué tal, Yola ¿Oye, conoces el centro comercial? No aún no me llevan mis papás. Yo ya fui, ¿sabes lo que vi? Cuéntamelo que me pones nerviosa. Conocí a un par de payasos ¿A ti te gustaría ser payasita? ¡Sí! Ven a mi casa y jugamos a ser payasos.

Las palabras esdrújulas

Aprendizajes esperados. Distingue cuál es la sílaba tónica en las palabras esdrújulas. Infiere con ayuda del profesor la regla de ortografía de las palabras esdrújulas.

1. Lee las siguientes oraciones y pon el acento gráfico a las palabras subrayadas.

Los <u>zoologos</u> dicen que existen aproximadamente 17 especies de pingüinos.

Los pingüinos se han adaptado a la vida <u>acuatica</u>.

En la <u>Antartida</u>, en pleno verano, hay 24 horas de sol.

2. Completa la siguiente regla ortográfica.

____

3. De las palabras *ánimo, música* y *fantástico,* elige dos y redacta con ellas una oración.

____

4. Lee el siguiente poema y subraya las palabras esdrújulas que encuentres en él.

Cántico esdrújulo

David Cherician, *Urí, urí urá. Palabras para jugar*, México, SEP, 1994.

5. Coloca el acento a las palabras que sean esdrújulas.

a) rigido	b) boligrafo	c) hipopotamo	d) gorrito
e) exotico	f) avion	g) caratula	h) guerra
i) platano	j) calendario	k) limones	l) rapido

Poemas, versos y estrofas...

Aprendizajes esperados. Reconoce el uso de guiones largos para introducir diálogos en una narración. Identifica las características generales del poema.

Recuerda que un **poema** es una **composición literaria** de extensión breve que consiste en la descripción subjetiva de un estado emocional o alguna vivencia. Los poemas se escriben en **verso** los cuales son un conjunto de palabras que tienen cierto **ritmo y rima**. Al conjunto de uno o más versos se le llama **estrofa** y terminan con punto y aparte.

1. Lee el poema y luego escribe las palabras *poema, verso* y *estrofa* donde corresponda.

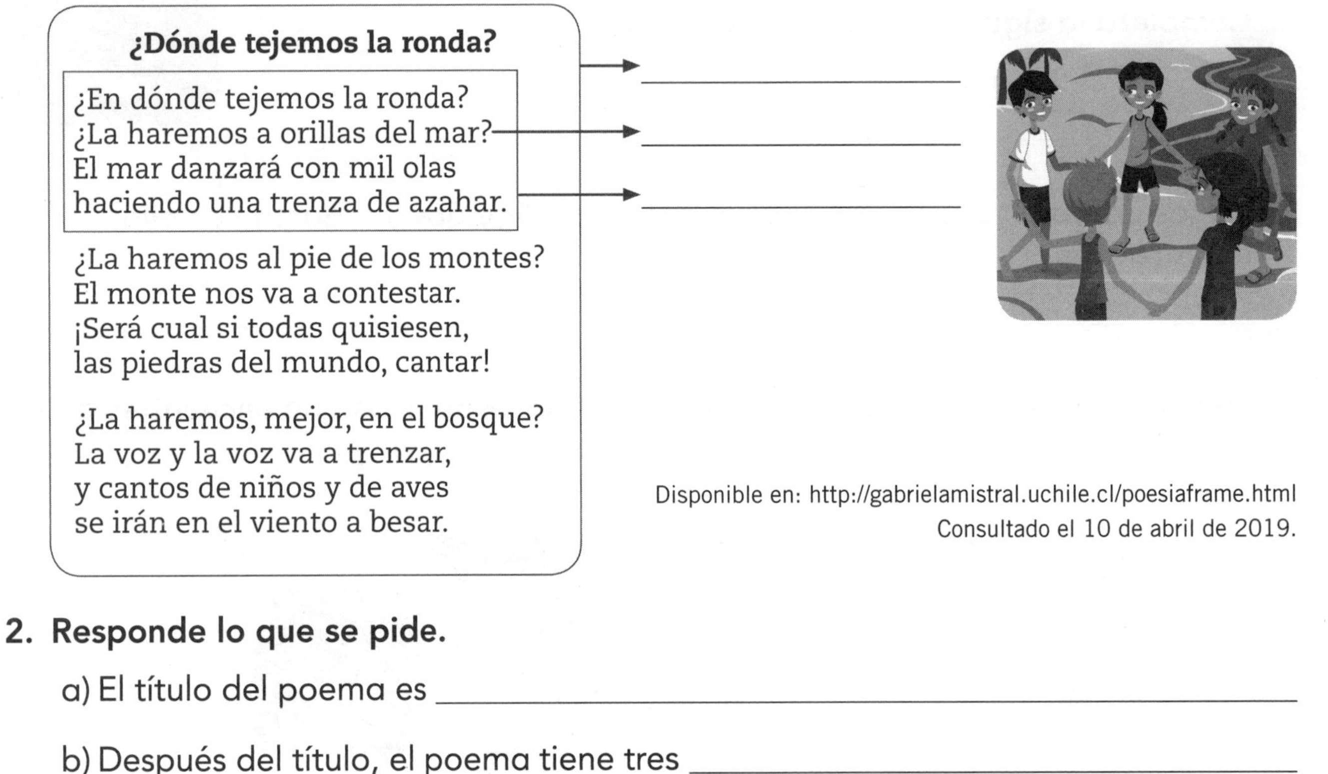

¿Dónde tejemos la ronda? → ____________

¿En dónde tejemos la ronda?
¿La haremos a orillas del mar? → ____________
El mar danzará con mil olas
haciendo una trenza de azahar. → ____________

¿La haremos al pie de los montes?
El monte nos va a contestar.
¡Será cual si todas quisiesen,
las piedras del mundo, cantar!

¿La haremos, mejor, en el bosque?
La voz y la voz va a trenzar,
y cantos de niños y de aves
se irán en el viento a besar.

Disponible en: http://gabrielamistral.uchile.cl/poesiaframe.html
Consultado el 10 de abril de 2019.

2. Responde lo que se pide.

a) El título del poema es ____________________

b) Después del título, el poema tiene tres ____________________

c) Cada estrofa se compone de cuatro ____________________

3. Escribe *cierto* o *falso* según corresponda.

a) Un poema puede tener una o varias estrofas. ____________

b) Un poema no puede distinguirse de una carta. ____________

c) Una estrofa se forma con varios versos. ____________

d) Un verso es un renglón de cuatro palabras. ____________

e) Cada estrofa tiene dos o más poemas. ____________

Palabras que riman

Aprendizaje esperado. Identifica la rima como parte de los componentes rítmicos de un poema.

Cuando al final de los versos de un poema las palabras tienen un sonido igual o parecido, se dice que **riman**.

1. Lee en voz alta la siguiente rima. Pon atención al sonido de las palabras marcadas con negritas.

EL PASTEL
Alejandro Granados

Pirámide que ni aztecas
ni egipcios pudieron **crear**
y que el día que te festejen
en ruinas vas a **mirar**.

2. Escribe en las líneas las palabras que riman en el poema.

____

3. Subraya las palabras que riman en estos poemas.

a) **En medio del puerto**
(Fragmento)
Antonio García Teijeiro
En medio del puerto,
con velas y flores,
navega un velero
de muchos colores.

b) **El papagayo**
(Fragmento)
Gabriela Mistral
El papagayo verde y amarillo,
el papagayo verde y azafrán,
me dijo “fea” con su habla gangosa
y con su pico que es de Satanás.

4. En el poema "En medio del puerto", la rima es consonante. Fíjate en el ejemplo y escribe palabras que tengan rima consonante.

Sonrisa ____Camisa____

a) corazón ______________

b) feliz ______________

c) amor ______________

5. Lee lo que dice el gnomo de la imagen y completa la frase.

En el poema "El papagayo", la rima es ______________________________.

Los recursos literarios

Aprendizaje esperado. Identifica los principales recursos literarios que se usan en las composiciones literarias como los poemas.

Para expresarse, los poetas utilizan diferentes **recursos literarios**:

- La **comparación** o **simil**. Se refiere a la **relación** entre **dos cosas** que son **semejantes**, utilizando palabras como *cual, igual que* y *parece*. Ejemplo: *blanca como las nubes.*
- La **onomatopeya**. Es la **imitación de sonidos** mediante la escritura. Ejemplo: chu-chu viene el tren.
- La **aliteración**. Se refiere a la **repetición de sonidos** en un texto. Ejemplo: "con el ala aleve del leve abanico" (Rubén Darío).

1. Observa las imágenes, relaciona las columnas y completa las frases con un símil. Fíjate en el ejemplo.

a) Tus ojos azules *como...* el cielo. ( )

b) Era tan oscura *como...* ____________________. ( )

c) Peligroso *como...* ____________________. ( )

d) El cuello largo *cual...* ____________________. ( )

e) Su nariz *parece* una... ____________________. (A)

2. Lee el fragmento del poema de Francisco Quevedo y explica con tus palabras por qué crees que compara a los amigos con la sangre.

El amigo verdadero ha de ser como la sangre...

que siempre acude a la herida sin esperar que la llamen.

____

____

____

____

3. **Escribe la onomatopeya que corresponde a cada imagen utilizando las que se encuentran en el recuadro de abajo.**

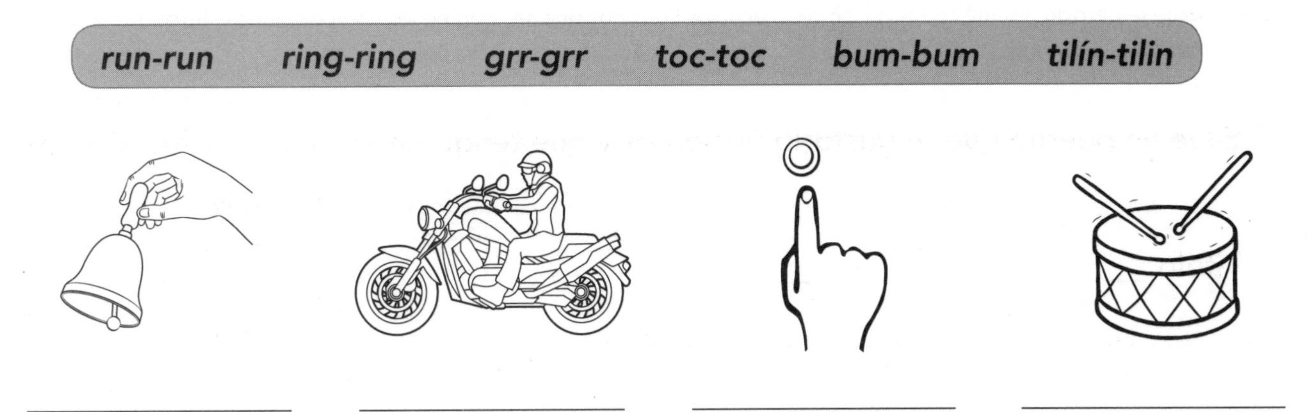

__________ __________ __________ __________

4. **Subraya la onomatopeya correcta en cada oración.**

a) El gato maullaba haciendo • *muu-muu / miau-miau.*

b) El latido del corazón suena • *pum-pum / run-run.*

c) El balón rompió la ventana y se oyó • *cri-cri / crack-crack.*

5. **Subraya los versos que tengan aliteraciones.**

a) Los suspiros se escapan de su boca de fresa.

b) La niña era hermosa como un amanecer.

c) Hay una gallina pelada, pelada que se casa con un gallo pelado.

d) Consuelo contempla contenta.

6. **Completa las siguientes aliteraciones escogiendo la palabra correcta.**

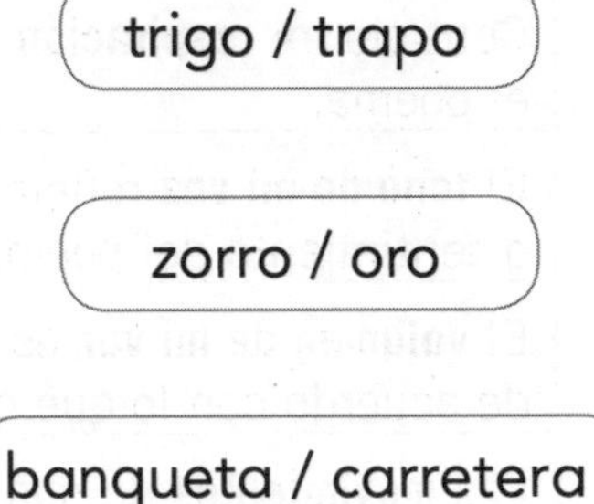

a) Tres tristes tigres, tragaban...

____

b) El moro y el oro prometen en la torre de...

____

c) Corren corriendo las carretas y los carros por la...

____

d) Pablito clavó un clavito, en la calva de un... calvo / clavo

____

Para declamar con estilo...

Aprendizaje esperado. Identifica los principales recursos literarios que se usan en las composiciones literarias como los poemas.

1. Elige un poema que te gustaría declamar y que tenga una o dos estrofas. Cópialo.

Declamar es recitar un poema en voz alta, usando gestos y modulando la voz para que el público se emocione.

Título ______________________________

____

Estrofa 1 ______________________________

____

____

____

Estrofa 2 ______________________________

____

____

____

Autor ______________________________

2. Responde: ¿Por qué seleccionaste ese poema?

____

3. Trabaja con un compañero para practicar la lectura del poema en voz alta. Escucha su lectura y pon una ✔ bajo la carita que mejor refleje su trabajo. Después cambien los papeles.

Actividades:	Tú			Yo		
Controlo mi **respiración** mientras leo el poema.						
El **tono de mi voz** refleja la idea o sentimiento del poema.						
El **volumen de mi voz** es suave o fuerte, de acuerdo con lo que quiero expresar.						
Los **movimientos** de mis manos o mi cuerpo acompañan el texto del poema.						
Disfruto al declamar el poema y lo transmito a los demás.						
Me muestro **tranquilo y seguro** mientras declamo.						

A veces es necesario practicar mucho antes de declamar un poema en público.

No te desesperes y si es necesario... ¡Sigue practicando!

Si ya estás listo... ¡Declama tu poema a otros niños, amigos o familiares!

Tus sentimientos se hacen poesía

Aprendizajes esperados. Comprende el contenido general de los poemas y la situación comunicativa que se representa. Manifiesta sus sentimientos a través de la poesía.

1. Lee en silencio el siguiente poema:

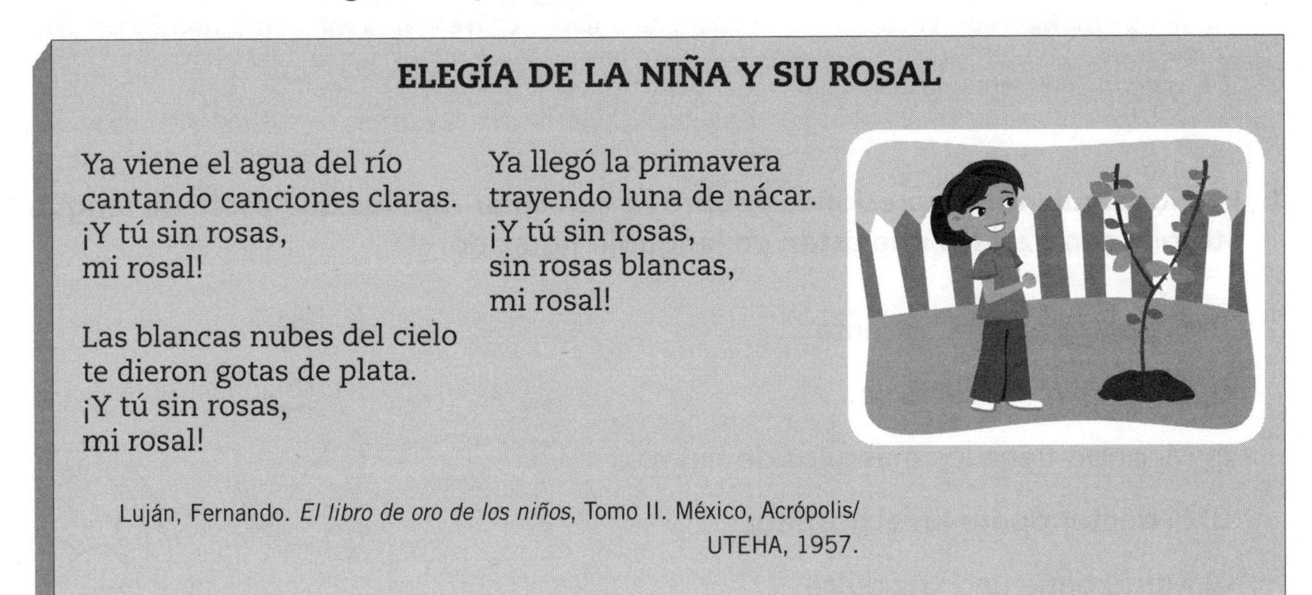

ELEGÍA DE LA NIÑA Y SU ROSAL

Ya viene el agua del río
cantando canciones claras.
¡Y tú sin rosas,
mi rosal!

Las blancas nubes del cielo
te dieron gotas de plata.
¡Y tú sin rosas,
mi rosal!

Ya llegó la primavera
trayendo luna de nácar.
¡Y tú sin rosas,
sin rosas blancas,
mi rosal!

Luján, Fernando. *El libro de oro de los niños*, Tomo II. México, Acrópolis/UTEHA, 1957.

2. Ahora vuelve a leerlo pero en voz alta; cuida de darle la entonación debida. ¿De qué trata el poema? Como te has dado cuenta, de algo muy sencillo y hermoso: una niña está triste porque su rosal, el que ella cuida, no ha querido florecer a pesar de que ya llegó la primavera.

Los sentimientos que animan un poema pueden ser muy sencillos e íntimos como en el ejemplo, y con un poco de esfuerzo todos podemos dar forma poética a nuestros sentimientos personales, buscando las palabras precisas para expresarlos

3. Reflexiona sobre tus sentimientos y escribe un poema en estas líneas.

____

____

____

____

____

____

Lenguaje literal y lenguaje figurado

Aprendizaje esperado. Con ayuda del profesor, identifica y aprecia pasajes en los que se utiliza el lenguaje figurado.

El **lenguaje literal** es el que designa el **significado real y directo** de una palabra o expresión. Por ejemplo: *el cielo está nublado*.

El **lenguaje figurado** es aquel por el cual una palabra **expresa una idea en términos de otra**, apelando a una semejanza que puede ser real o imaginaria. Es decir, tienen un significado distinto al que originalmente poseen. Ejemplo: *cabello de oro*.

1. Lee las siguientes expresiones y subraya con color rojo las que estén en lenguaje literal y con azul las que estén en lenguaje figurado.

a) El policía es muy valiente.

b) Su corazón es de hielo.

c) Mi papá tiene los músculos de hierro.

d) El doctor opera en el hospital.

e) María tiene una voz dulce.

f) Ese perro ladra fuerte.

g) Mi mamá arde como el fuego cuando se enoja.

2. Observa la imagen y haz una descripción breve utilizando el lenguaje literal y otra utilizando el lenguaje figurado.

Lenguaje literal	**Lenguaje figurado**
______________________	______________________
______________________	______________________
______________________	______________________
______________________	______________________
______________________	______________________
______________________	______________________
______________________	______________________

Los juegos de palabras

Aprendizaje esperado. Reconoce juegos de palabras en los que predomina la musicalidad del lenguaje, aunque lo que se diga no parezca coherente.

Los **juegos de palabras** son una forma de **manipular letras o palabras** para producir un efecto lingüístico divertido, entretenido o sorprendente y que ayudan a mejorar la capacidad de análisis y aumentan el vocabulario. Para hacer juegos de palabras se utilizan **recursos orales o retóricos** como la agrupación, repetición, comparación y rima de palabras. Algunos tipos son: adivinanzas, trabalenguas, chistes, poemas, jitanjáforas, calambures o paranomasias.

1. Une los juegos de palabras con el tipo de recurso oral que le corresponde de acuerdo con su definición.

a) El erizo se eriza, se riza de risa.

b) Caravala caravala pasando por la plaza, va tocando la campana va pegando la tenaza.

c) Si yo lo quito, ella lo caza, si yo loquito ella locaza.

d) Tres tristes tigres tragaban trigo en un trigal, en un trigal tragaban trigo tres tristes tigres.

e) Oro no es plata no es. ¿Qué es?

- **Calambur**. Consiste en modificar el significado de una palabra o frase al reagrupar de diferente forma las sílabas que la forman.
- **Trabalenguas**. Es una frase o un término cuya pronunciación es muy complicada y "traba" la lengua de aquél que intenta decirla.
- **Adivinanza**. Son frases o versos que encubren con ayuda de juegos de palabras, la respuesta que debe ser adivinada.
- **Jitanjáfora**. Son palabras o frases inventadas y sin significado con sonido agradable que tienen sentido dentro del poema o canción.
- **Paranomasia**. Consiste en usar palabras con sonidos similares, pero de distinto significado.

2. Lee las siguientes adivinanzas y encierra en un círculo la imagen que corresponda a la respuesta.

a) La última de todas soy,
pero en zurdo y zapato
primera voy.
¿Quién soy?

b) Tejo con maña,
cazo con saña.
¿Quién soy?

Hacemos juegos de palabras

Aprendizaje esperado. Amplía su capacidad de escucha atenta, considerando la forma y el significado de lo que se dice y enriquece su habilidad articulatoria.

1. Completa los siguientes juegos de palabras utilizando las palabras del recuadro.

copo reino corazón guardan noche notiebre

a) Existo cuando me ________________,
muero cuando me sacan.

b) El diablo liebre, tiebre, ________________,
sipilitiebre y su comitiva,
chiva, estiva [...].

c) Poco a poco,
hila la vieja el ________________.

d) Si el rey no muere,
el ________________ muere.

e) Este niño niño lindo,
que nació de ________________
quiere que lo lleven
a pasear en coche.

f) Agua pasa por mi casa
cate de mi ________________.
¿Qué es?

2. Pide a tu profesor, un compañero o familiar que lea en voz alta las siguientes adivinanzas e intenta encontrar la respuesta. Después, dibújala en su recuadro.

a) Lana sube
lana baja.
¿Qué es?

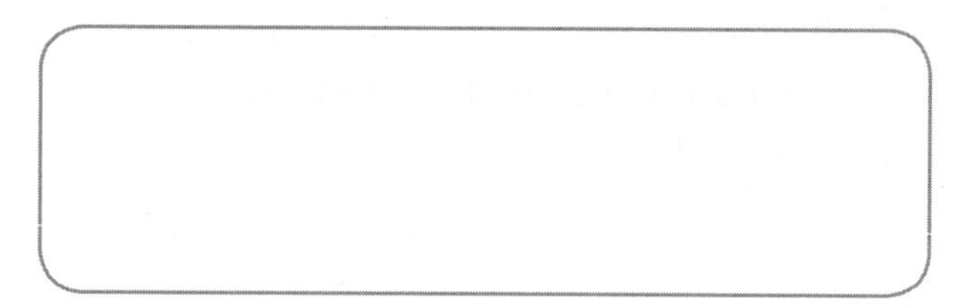

b) Verde por fuera,
roja por dentro
y con bailarinas en el centro.

c) Mi casa llevo a cuestas,
tras de mí dejo un sendero,
soy lento de movimientos,
no le gusto al jardinero.

El texto humorístico: los chistes

Aprendizajes esperados. Distingue qué son los chistes y su finalidad. Identifica y usa juegos de palabras en los chistes Juega con los parecidos sonoros y gráficos de las palabras que pueden tener distintos significados.

Los **chistes** son textos humorísticos o narraciones cortas, orales o escritas que tienen por finalidad causar gracia y hacer reír a quienes los escuchan. Utilizan diferentes instrumentos como juegos de palabras, juegos fonéticos, sentido figurado o doble sentido, entre otros.

Los chistes tienen dos partes:

- La **introducción** que incluye el inicio del chiste y la presentación de los personajes.
- La **gracia** que es el final de la narración y donde se encuentra la situación que nos hace reír.

1. Completa los siguientes chistes utilizando la palabra correcta. Guíate con las imágenes.

a) ¿Cuál es el animal que al crecer se vuelve fruta?
El ________________, porque se vuelve zapote.

b) ¿Cuál es el colmo de una ________________?
Ir vacía.

c) Un hombre era tan feo, tan feo
que hizo llorar a una ________________.

d) Llega un hombre muy peludo
con su ________________ y le pregunta:
—Doctora, doctora, ¿qué padezco?
Y su doctora le contesta:
—Padeces osito.

e) Dos amigos se encuentran, y uno le dice al otro:
—Veo que tu ________________ es nuevo. —Sí.
—Y, ¿qué marca? —Las horas.

2. Subraya las características de los chistes que leíste arriba.

a) cortos

b) extensos

c) historias breves

d) historias muy largas

e) con preguntas y respuestas

f) con exageraciones

g) de profesiones

h) de computadoras

i) de animales

j) de libros

Humor y risas

Aprendizaje esperado. Recuerda y comparte chistes.

1. Reúnete en equipos con tus compañeros y cuenten algunos chistes que conozcan. Después, anota sobre las líneas el que más te haya gustado.

2. Ahora, realiza un dibujo para ilustrar ese chiste.

3. Escribe dos chistes de colmos que conozcas. Fíjate en el ejemplo.

Era una señora tan alta, pero tan alta, que vendía chicles por la ventanilla de los aviones.

Palabras homónimas y homófonas

Aprendizaje esperado. Reflexiona sobre la ortografía: palabras homónimas y homófonas.

Las **palabras homónimas** son las que se escriben y pronuncian igual, pero tienen significados diferentes.

Las **palabras homófonas** se pronuncian igual, pero se escriben diferente y su significado es distinto.

1. **Lee las siguientes definiciones y completa el juego de palabras con la palabra homófona correcta.**

Aya: mujer que cría niños.	Haya: árbol, del verbo haber	Halla: del verbo hallar
Baya: fruto	Vaya: del verbo ir	Valla: cerca

a) ¡Va____ con la va__ que saltó la a____!

b) Espera a que se ____ya tu aya para ha____ la ____ya.

c) ¡Vaya! La aya ha____ bayas por la va____ del ha____.

2. **Subraya las palabras homónimas de cada oración y escribe su significado en los renglones de abajo.**

a) Vino Juan y se tomó todo el vino.

____

____

b) Mi mamá llama a mi hermana y la llama corre.

____

____

c) Ella se lima la uña y yo como una lima.

____

____

d) d) En el polo norte no juegan polo.

____

____

Las obras de teatro

Aprendizajes esperados. Lee obras de teatro infantil. Se familiariza con la organización gráfica de las obras de teatro. Identifica acotaciones y diálogos en obras de teatro con formatos variados.

La **obra de teatro es la representación de una historia** escrita en forma de guion.

El guion de teatro tiene tres elementos:

- Los **personajes**, es decir, quienes que participan en la obra.
- Los **diálogos** que se refieren a la plática entre los personajes donde se turnan para hablar. Se señala generalmente con un guion largo — o entre comillas (“ ”).
- Las **acotaciones** se refieren a las notas que indican lo que hacen los personajes y cómo lo hacen. Se ponen entre paréntesis ( ) o con *cursivas (letra inclinada).*

1. Lee los siguientes guiones de teatro. Subraya con color rojo los personajes, con azul los diálogos y con verde las acotaciones.

a)

Aquí todos caben

Clara Pérez (fragmento)

León (muy imponente, dirigiéndose al tigre): — Te he llamado para que convoques a algunos animales que por parecerme poco útiles a la comunidad animal, deben irse del bosque.
Tigre (algo sorprendido): —¿Sacarás animales del bosque? Todos los animales tienen una utilidad ¿Estos por qué se irán, y quiénes son?
León (sin perder la prepotencia): —Se irán porque yo lo decido, convoca al oso, la abeja y el águila, no los quiero más en mi bosque.
El tigre, aún sin estar de acuerdo, sale a buscar a los animales, trayéndolos con él a su vuelta.

b)

El viejo y el mar

Ernest Hemingway (fragmento)

—¿Me han estado buscando? —dijo el joven.
Desde luego. Con los guardacostas y con aeroplanos. El mar es muy grande y un bote es pequeño y difícil de ver —dijo el viejo.
El viejo con cara de alegría
—Te he echado de menos —dijo—¿Qué han pescado?
—Uno el primer día, uno el segundo y dos el tercero. –dijo el joven.

c)

El país de los sueños

Mi abuela me enseñó a no dejar de ser nunca una niña.
Cuando era pequeña nos metíamos en esta habitación. Y me decía: “Vamos pequeña, ¿quieres venir conmigo al país de los sueños?”
Nos sentábamos en esta alfombra, nos disfrazábamos con sombreros, bufandas y guantes y así, empezaba nuestra aventura.

Tomado de: https://obrasdeteatrocortas.mx/el-pais-de-los-suenos/

Espacio y tiempo en las obras de teatro

Aprendizajes esperados. Reconstruye la historia en tanto secuencia de acontecimientos a partir de las pistas que se dan en diálogos y acotaciones. Identifica el espacio y tiempo en que transcurre en la historia.

El **ambiente en el teatro** se determina por espacio y tiempo.

- El **espacio** es el lugar donde sucede la obra. Por ejemplo, en Caperucita Roja el espacio es la casa de la abuela.
- El **tiempo**, en cambio, se puede considerar desde dos puntos de vista: el tiempo imaginario o ficticio en que se desarrolla el conflicto o situación, y el tiempo de la representación o el que transcurre en la obra al momento de leerla o verla representada.
  Por ejemplo: *la obra de Caperucita Roja sucede en un día (tiempo imaginario) y su representación dura unahora con 30 minutos (tiempo de representación).*

1. Lee el siguiente fragmento de un guión de teatro y responde lo que se pide.

Título: "Cuento de Nochebuena"
Autor: Manuel Martínez
Duración de la obra 30 min.

ACTO 1

Centro comercial decorado con adornos navideños. Es el día previo a la Navidad. Josué va de la mano con su madre y su hermano pequeño Pepón, todos caminan por el pasillo del centro comercial. Su madre va cargada de bolsas de la compra, cuando Josué se suelta de la mano y se pega a un escaparate de juguetes. La madre fatigada se acerca a Josué.

Josué: Mamá, me tienes que comprar la nueva patineta.
Madre: Pero tu hermanito también tiene que recibir sus regalos Josué, no creo que este año se pueda.
Josué: Cómo que no, lo quiero sí o sí.
Josué empieza a patalear el suelo y a llorar ante las miradas de los demás compradores. La madre avergonzada coge de la mano a Josué.
Madre: Venga Josué, vámonos por favor. Ya en casa hablamos, venga que te preparo unas galletas de las que te gustan.

Josué sigue llorando y pataleando hasta darle una patada a un paquete dentro de una de las bolsas que llevaba la madre.
Madre: ¿Estás contento?, has roto el muñeco que íbamos a regalarle a tu hermanito, ahora ¿qué va a recibir?

Tomado de: https://www.obrascortas.com/obra-sobre-amor-familiar/

a) ¿En qué espacio y tiempo ficticio se desarrolla la obra?

____

b) ¿Cuál es el tiempo de representación? ______________________

c) Menciona dos características del personaje de Josué.

____

Palabras terminadas en *–ción*

Aprendizajes esperados. Escribe correctamente las palabras terminadas en ción. Infiere de dónde provienen los sustantivos terminados en *-ción*.

1. ¿Qué sabes de las mariposas? ¿Poco, mucho o nada? Lee el siguiente párrafo.

Las mariposas y las polillas habitan las selvas tropicales, las montañas y los desiertos. Se alimentan de líquidos dulces. Algunas de ellas, como la mariposa monarca, emigran a lugares cálidos durante el invierno. Las polillas adoptan tonos pardos para confundirse con los troncos y conservar lejos a sus predadores.

2. Regresa al texto y observa los verbos subrayados; escríbelos en infinitivo dentro del ala izquierda de la mariposa; en el ala derecha, escribe el sustantivo correspondiente. Sigue el ejemplo.

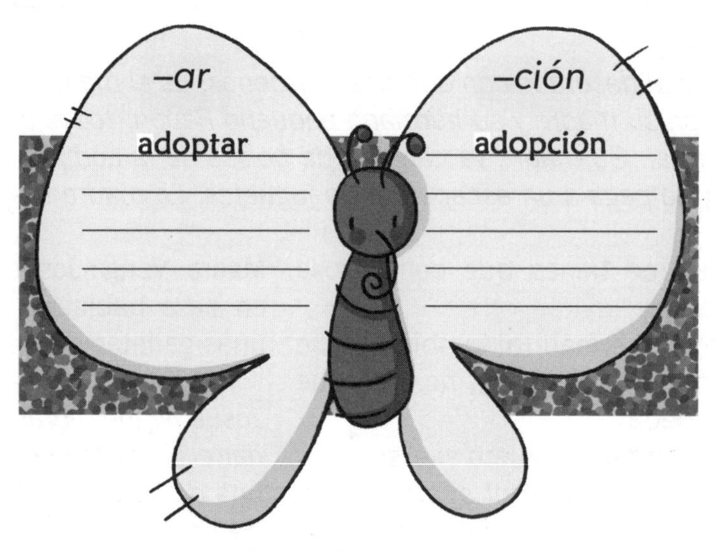

3. Juguemos "Tripas de gato". Une cada verbo con el sustantivo que le corresponde. Sigue el ejemplo.

Los sustantivos terminados en ***-ción*** que se forman a partir de verbos terminados en ***-ar*** se escriben con **c**.

4. Completa las palabras que corresponden a las siguientes definiciones.

a) Cambio de la forma natural de una cosa.

b) Conjunto de los habitantes de un pueblo o lugar.

c) Acción de crear muchos objetos iguales empleando máquinas.

d) Examen de dos o más cosas para encontrar diferencias y semejanzas.

a)	d	e	f	o	r	m	a					
b)				p	o	b	l	a				
c)	f	a	b	r	i	c	a					
d)		c	o	m	p	a	r	a				

5. Completa las siguientes oraciones con el sustantivo, en singular o plural, que deriva del verbo indicado.

a) La ________________ del ambiente es urgente.
preservar

b) Las ________________ de este museo no son claras.
indicar

c) El médico dijo que debía evitar una ________________.
complicar

d) Hay que promover la ________________ de animales salvajes en cautiverio.
liberar

e) Los insectos sufren varias ________________ en su vida.
transformar

6. De las palabras terminadas -*ción* que has escrito, elige cuatro y redacta con ellas un texto breve. No olvides escribirlas correctamente. Al concluir, dale tu trabajo a un compañero para que lo lea y, si es necesario, lo corrija.

____

____

____

____

Repaso

1. Completa las oraciones con las palabras que hacen falta.

a) Las partes del cuento son ______________, ______________ y ______________.

b) En la ______________ de un libro, encontramos el título y el autor de un cuento.

c) Las ______________ son dibujos o imágenes que acompañan al cuento.

d) Para describir personajes y lugares utilizamos ______________ y ______________.

e) Los adjetivos nos dicen ______________ es el sustantivo.

f) Los adverbios modifican al ______________.

2. Observa el siguiente personaje y descríbelo utilizando adjetivos calificativos y adverbios.

____

____

____

____

3. Clasifica las siguientes palabras de acuerdo a su acentuación.

nació sábado pensó canción débil
azúcar posible catálogo América

Agudas	Graves	Esdrújulas

4. Completa las oraciones con las formas conjugadas del verbo *trabajar*.

a) Yo ______________ ayer todo el día, mientras ______________ escuchaba música.

b) Hoy ______________ mucho, pero no escucho música.

5. Utiliza tu imaginación y completa las frases con una comparación. Fíjate en el ejemplo.

a) Llena de adornos igual que un árbol de Navidad.

b) Dientes blancos cual ______________.

c) Tiene labios rojos como ______________.

6. Escribe palabras que rimen para completar el poema.

Un grillo cantaba
cri cri muy ______________
mirando a la ______________
en el firmamento.

7. Colorea del mismo color las columnas que completen cada chiste.

a) Era un hombre con tan mala suerte, tan mala suerte, que...	el mismo día que nació, creció murió y lo enterraron.
b) Era un hombre tan rápido, tan rápido que...	no se pintaba los labios sino los codos.
c) Era un niño tan mentiroso, tan Mentiroso, que...	se lanzó al vacío y ya estaba lleno
d) Era una mujer tan parlanchina, tan parlanchina, que...	cuando llamaba a su perro para darle de comer, no le creía.

8. Escribe las palabras *literal* o *figurado* dependiendo del sentido de las palabras resaltadas.

a) Al ver la araña, se le pusieron los pelos de **punta**. ______________

b) En el zoológico ví un **elefante**. ______________

c) El **oso** nada en el río. ______________

d) Mi mamá tiene memoria de **elefante**. ______________

e) La **punta** del lápiz es afilada. ______________

f) Tu primo come como **oso**. ______________

9. Escribe una palabra homófona para cada una de las palabras.

a) cazar ______________

b) sueco ______________

c) vello ______________

d) botar ______________

10. Une las dos columnas para que los verbos y los sustantivos encuentren su pareja.

a) terminar
b) publicación
c) habitar
d) invitar

- publicar
- invitación
- habitación
- terminación

Los documentos de identidad

Aprendizaje esperado. Reconoce documentos oficiales que se relacionan con su identidad.

1. Subraya la respuesta correcta.

a) Un acta de nacimiento es...
- Un documento oficial que se tramita en el registro civil.
- Una credencial que elabora la escuela.

b) La cartilla de vacunación es...
- Un documento oficial que sirve para saber quíenes son tus papás.
- Un documento oficial que lleva el registro de tus vacunas y salud.

2. Revisa el acta de nacimiento. Copia o completa los nombres de las secciones que faltan.

a) Encabezado y sellos

b) Datos generales

c) ________________________________

d) Abuelos ____________________________

e) ____________________________ maternos

f) ________________________________

g) Firmas

h) Fecha y número de folio

3. Encierra en un círculo la imagen que responda cada pregunta.

a) ¿Con qué documento acreditas tu fecha y lugar de nacimiento?

b) ¿Qué documento tiene los nombres y nacionalidad de tus padres?

c) ¿En qué lugar se tramita un acta de nacimiento?

Menores y mayores nos identificamos

Aprendizajes esperados. Diferencía entre los documentos para mayores y menores de edad. Reflexiona sobre la importancia de los documentos de identidad en la vida social.

> Recuerda: Los **documentos de identidad** los emite el Estado para la identificación personal de cada ciudadano y contienen datos personales. Para identificarse existen distintos tipos de documentos, por ejemplo, los menores y los mayores de edad tienen diferentes tipos de documentos de identidad.

1. Une con una línea los documentos de identidad para menores con la imagen del niño y los de mayores de edad con la del adulto.

2. Escribe por qué piensas que son importantes los documentos de identidad en la vida diaria.

____

____

3. Une el nombre de la institución que emite documentos de identidad con sus siglas.

> Las **siglas** son cada una de las letras iniciales de organismos, instituciones, empresas, etc. Se utilizan para referirse de forma abreviada a ellos.

a) Secretaria de Relaciones exteriores	• IMSS
b) Instituto Nacional Electoral	• SEP
c) Instituto Mexicano del Seguro Social	• SRE
d) Secretaría de Educación Pública	• INE

Preguntar para recordar

Aprendizaje esperado. Identifica información sobre su familia en diversas fuentes orales y escritas.

1. Reúne información sobre tu nacimiento y niñez. Redacta preguntas sobre lo que te gustaría saber y conversa con algunos familiares o amigos. Escribe sus respuestas y sus nombres en la tabla.

Entrevista a personas que hayan estado cerca de ti en tu nacimiento o con las que hayas compartido momentos en tu infancia.

Así podrás recolectar más información de la que te imaginabas.

Preguntas	Persona 1. Nombre	Persona 2. Nombre	Persona 3. Nombre
1.			
2.			
3.			
4.			
5.			

Cronos y el tiempo

Aprendizaje esperado. Usa palabras y frases que indican sucesión, y palabras que indican causa y efecto.

1. Observa las ilustraciones y escribe en la línea las palabras *primero, después* o *finalmente* para señalar el momento en el que sucedió la acción.

a) 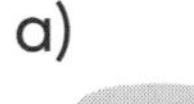 ____________________

b)  ____________________

c)  ____________________

2. Completa el texto con las palabras del recuadro.

finalmente	Primero	mientras	después

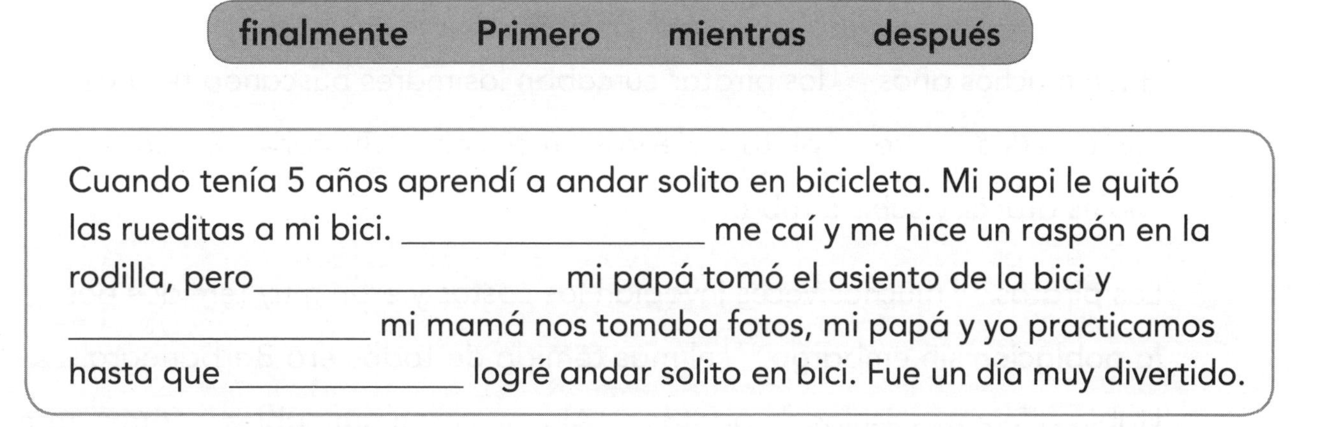

Cuando tenía 5 años aprendí a andar solito en bicicleta. Mi papi le quitó las rueditas a mi bici. ____________________ me caí y me hice un raspón en la rodilla, pero____________________ mi papá tomó el asiento de la bici y ____________________ mi mamá nos tomaba fotos, mi papá y yo practicamos hasta que ______________ logré andar solito en bici. Fue un día muy divertido.

3. Ahora es tu turno para describir un momento especial o la forma en que aprendiste algo nuevo.

a) Primero: ____

b) Después: ____

c) Finalmente: ____

Los signos de puntuación

Aprendizaje esperado. Revisa los signos de puntuación que se utilizan en documentos y textos.

Los **signos de puntuación** se utilizan para **ordenar** y **separar** las ideas. El guion de teatro tiene tres elementos:

- La **coma** se utiliza para enumerar, separar hechos o frases de una secuencia.
- El **punto y coma** se utiliza para separar en oraciones largas las listas de un grupo y antes de las expresiones pero, aunque, más, sin embargo y no obstante. Además, el punto y coma se utiliza para indicar una pausa en la lectura mayor que la de la coma y menor que la del punto.
- El **punto** sirve para terminar oraciones. Ponemos **punto y seguido** para separar oraciones en un renglón del mismo tema; **punto y aparte** al terminar un párrafo, y **punto final** al terminar un escrito.

1. Escribe el punto y coma antes de las palabras *pero, sin embargo* y *aunque*.

a) Todos íbamos a ir de vacaciones a la playa pero mi hermano tuvo que trabajar.

b) No fue lo mismo ir sin él sin embargo la pasamos muy bien.

c) Disfrutamos el descanso aunque lo extrañamos mucho.

2. Escribe dentro del cuadro el signo de puntuación que corresponda. Utiliza color rojo para el punto final, verde para el punto y aparte, azul para el punto seguido, naranja para las comas y amarillo para el punto y coma.

Los piratas

Hace muchos años☐ los piratas surcaban los mares buscando tesoros como perlas☐ oro☐ plata y piedras preciosas☐ Buscaban barcos a los cuales atacar y subir a robar☐

Los piratas☐ muchas veces invadían las costas y eran muy temidos por la población sin embargo☐ el más temido de todos era Barbanegra☐ Había diferentes estilos de piratas☐ Algunos eran amigables☐ otros eran temibles y de mal carácter☐

3. Subraya la opción verdadera.

a) Al leer un texto es muy importante fijarse en los signos de puntuación porque nos indican la pausa y entonación que debemos darle a las oraciones del texto.

b) Los signos de puntuación no tienen ninguna utilidad en la lectura por lo tanto no es necesario escribirlos.

¿Una o unos?

Aprendizaje esperado. Corrige textos para hacer claro su contenido.

1. Selecciona la palabra correcta y escríbela en la línea. Observa el ejemplo.

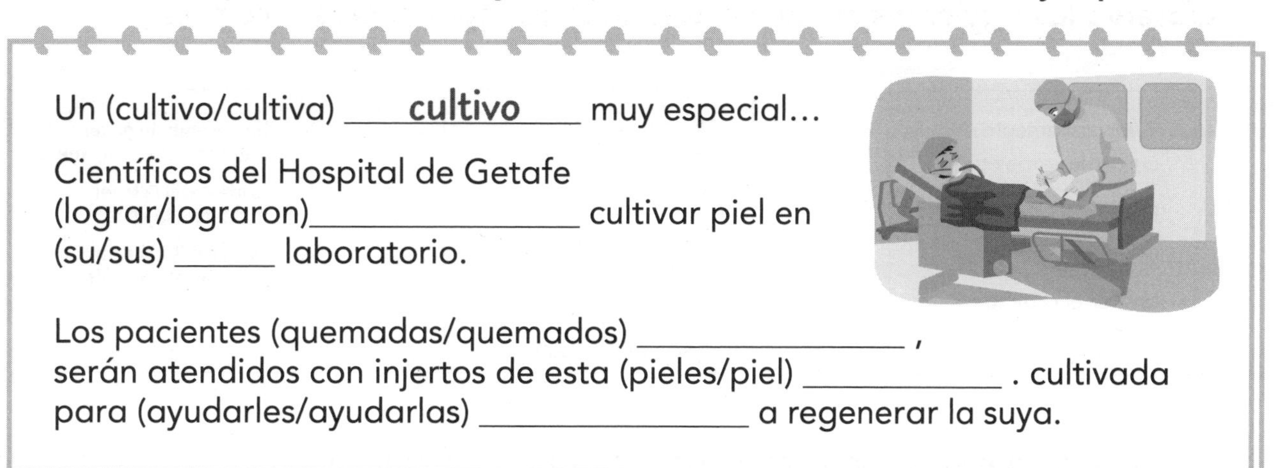

Un (cultivo/cultiva) ___cultivo___ muy especial...

Científicos del Hospital de Getafe (lograr/lograron)_______________ cultivar piel en (su/sus) ______ laboratorio.

Los pacientes (quemadas/quemados) _______________ , serán atendidos con injertos de esta (pieles/piel) ____________ . cultivada para (ayudarles/ayudarlas) _______________ a regenerar la suya.

2. Revisa los textos. ¿Cuál de ellos tiene ideas repetidas? Márcalo con una cruz.

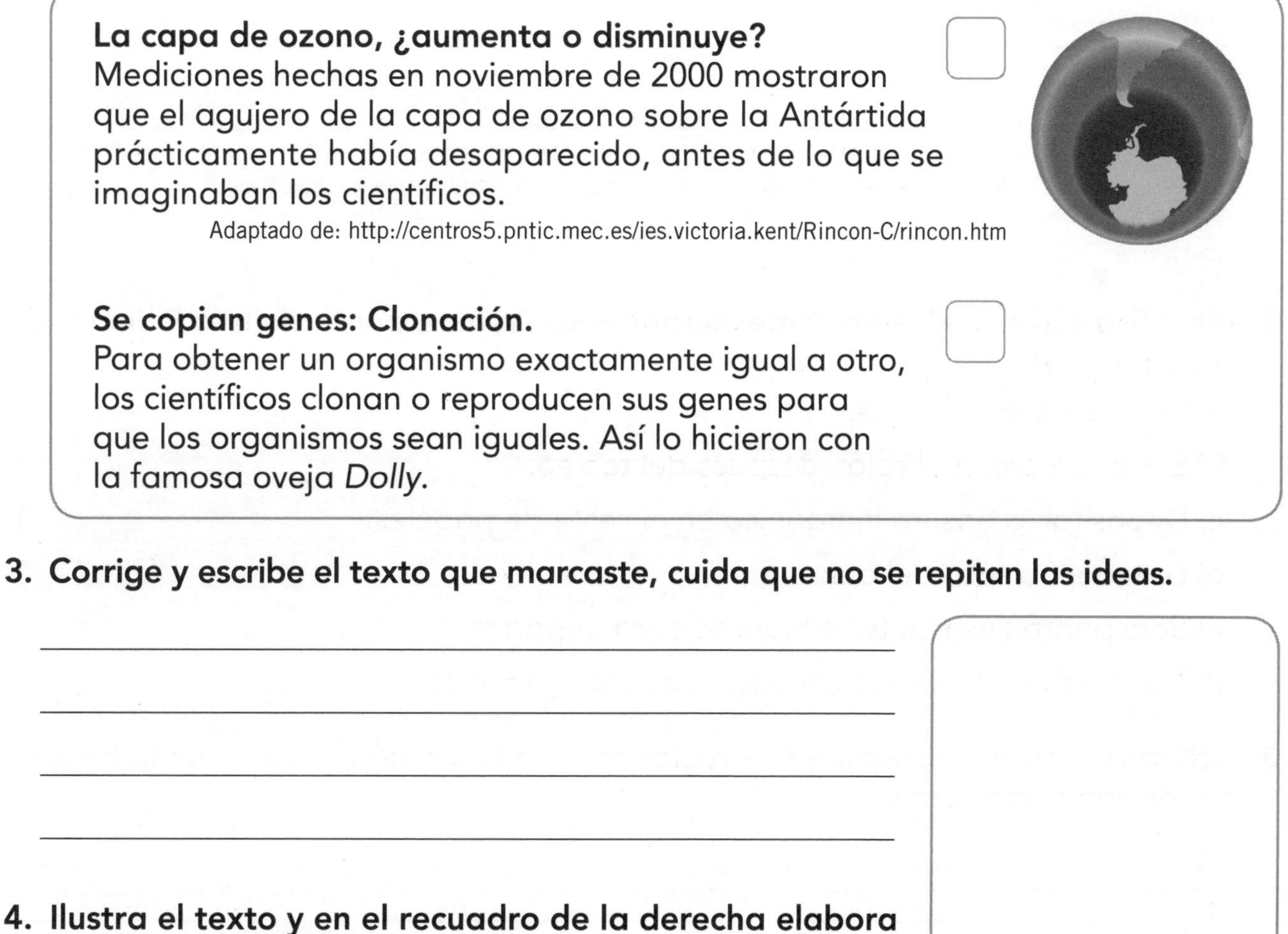

La capa de ozono, ¿aumenta o disminuye? ☐
Mediciones hechas en noviembre de 2000 mostraron que el agujero de la capa de ozono sobre la Antártida prácticamente había desaparecido, antes de lo que se imaginaban los científicos.

Adaptado de: http://centros5.pntic.mec.es/ies.victoria.kent/Rincon-C/rincon.htm

Se copian genes: Clonación. ☐
Para obtener un organismo exactamente igual a otro, los científicos clonan o reproducen sus genes para que los organismos sean iguales. Así lo hicieron con la famosa oveja *Dolly*.

3. Corrige y escribe el texto que marcaste, cuida que no se repitan las ideas.

____

____

____

____

4. Ilustra el texto y en el recuadro de la derecha elabora un dibujo o pega una fotografía.

Vamos a escribir un reglamento

Aprendizajes esperados. Identifica el uso de los reglamentos. Aprende a usar oraciones impersonales en los reglamentos y las emplea al redactar reglas. Analiza el uso de verbos en infinitivo para redactar reglas.

1. Observa las siguientes oraciones tomadas de reglamentos escolares.

Traer diariamente el uniforme completo.

Usar camisa blanca de manga corta.

Lustrar el calzado.

No se podrá entrar a la escuela después de las 8:00 a.m.

Se anotará a quien llegue tarde.

Se permitirá la entrada desde las 7:50 a.m.

Está prohibido gritar o empujar a los compañeros.

Es obligatorio traer el gafete a la vista.

Está prohibido salir del salón sin permiso.

a) Es usual que los reglamentos estén escritos en forma impersonal. Anota en las siguientes líneas la forma de verbo que corresponde a cada regla anterior:

- Traer ____________
- Podrá entrar ____________
- Está ____________

Los reglamentos contienen **normas indicativas** (que ordenan qué se debe hacer) y **normas restrictivas** (que prohíben o limitan una conducta), por eso es lo más común que al escribirlos se usen verbos en infinitivo o en futuro.

2. Identifica cuáles de las siguientes opciones son reglas, poniendo una *R* dentro de los paréntesis.

a) Sepárense en dos filas. ( )

b) Entrar en orden al salón después del recreo. ( )

c) Depositar la basura inorgánica en el cesto de papeles. ( )

d) La maestra salió del aula. ( )

e) Sólo podrán usarse tenis blancos para deportes. ( )

f) No traer alimentos industrializados como almuerzo. ( )

3. Utilizando infinitivos, escribe tres reglas que, en tu opinión, mejorarían la higiene de los baños escolares.

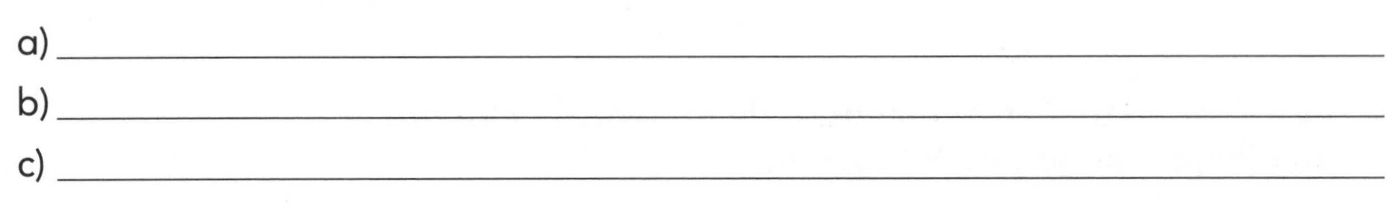

a) ____________________

b) ____________________

c) ____________________

Con buena ortografía

Aprendizajes esperados. Emplea ortografía convencional a partir de modelos. Redacta correctamente reglas y normas de convivencia.

1. Lee con cuidado el siguiente artículo tomado de un reglamento escolar.

Art. 7. Sobre el uso de los baños en la escuela.

1. No arrojar papel en la taza de los sanitarios.
2. Depositar el papel sucio en el cesto junto a la taza del sanitario.
3. Lavarse las manos después de ir al baño y antes de tomar alimentos.
4. No dejar salpicados los bordes del lavabo.
5. Utilizar con moderación y sin desperdicio el jabón para las manos.
6. Traer un rollo de papel higiénico una vez al mes y guardarlo en el salón.

En gran parte, los reglamentos se redactan de manera que las reglas queden claras, breves y fáciles de entender; por eso se emplean mucho los infinitivos (formas verbales terminadas en *-ar*, *-er* o *-ir*, como *amar*, *temer*, *partir*). También se tiene cuidado de numerar las reglas y agruparlas por tema en artículos, también numerados. Y las oraciones deben estar bien escritas, con buena ortografía.

2. Escribe cinco reglas para el buen uso del patio escolar durante el recreo.

a) ____________________

b) ____________________

c) ____________________

d) ____________________

e) ____________________

3. Revisa tus respuestas. Fíjate si en todas empleaste verbos en infinitivo. Por último, compara tus respuestas con las de tus compañeros y con ayuda de tu profesor revisa la ortografía y redacción.

Los procesos de elaboración

Aprendizajes esperados. Sigue un instructivo sencillo para elaborar un producto. Compila diferentes instructivos para elaborar diferentes productos.

Un **proceso de elaboración** consiste en una **serie pasos** que se deben **seguir en orden** para construir y preparar materiales, objetos y cosas para transformarlas en cosas más complejas.

Para detallar los procesos son útiles **los instructivos** en los que se deben usar palabras de temporalidad como **los conectores** *primero, segundo, depués, mientras, posteriormente, finalmente, para comenzar*, los cuales nos indican el orden temporal de las instrucciones.

1. Completa los pasos del procedimiento de elaboración del lápiz utilizando los conectores temporales del recuadro.

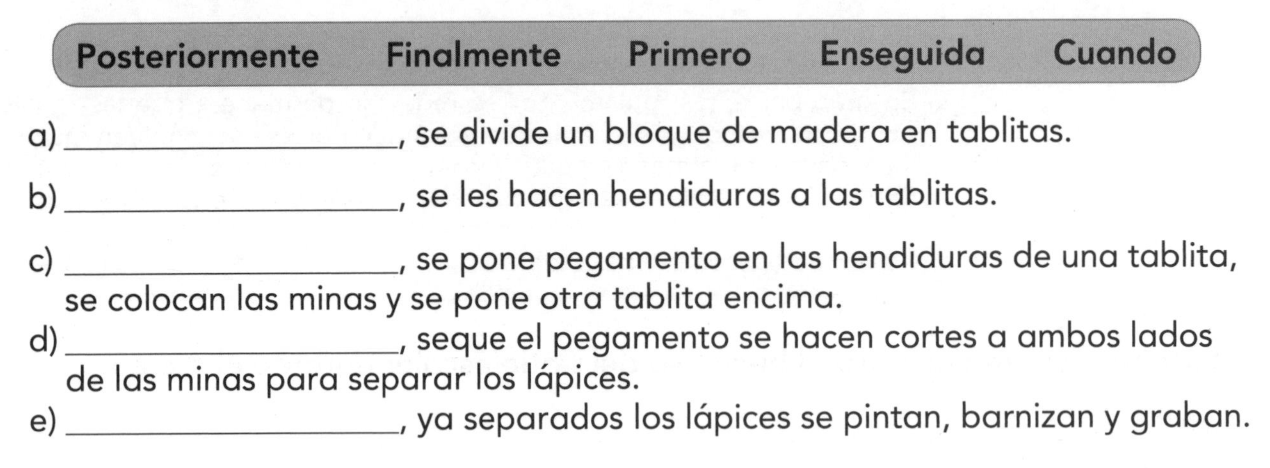

Posteriormente **Finalmente** **Primero** **Enseguida** **Cuando**

a) ____________________, se divide un bloque de madera en tablitas.

b) ____________________, se les hacen hendiduras a las tablitas.

c) ____________________, se pone pegamento en las hendiduras de una tablita, se colocan las minas y se pone otra tablita encima.

d) ____________________, seque el pegamento se hacen cortes a ambos lados de las minas para separar los lápices.

e) ____________________, ya separados los lápices se pintan, barnizan y graban.

2. Ordena del 1 al 4 los pasos del proceso de la elaboración de un pastel.

a) Mezclar todos los ingredientes en un tazón. ☐

b) Desmoldar y decorar el pastel. ☐

c) Enharinar un molde para pastel. ☐

d) Verter la masa en el molde y meterlo en el horno. ☐

3. Ordena las instrucciones para hacer un pastel poniendo los conectores de orden temporal adecuados.

a) ____

b) ____

c) ____

d) ____

Los instructivos, sus partes y el uso del infinitivo

Aprendizajes esperados. Analiza los apartados de los instructivos y el uso de los verbos para indicar que acciones seguir. Emplea verbos en infinitivo para dar indicaciones de manera semejante a la convencional.

Recuerda: los **instructivos** son un conjunto de indicaciones o instrucciones que sirven de guía para hacer un producto o tarea. Sus partes son: **título**, **material** y **procedimiento**.

1. Encierra en un círculo los verbos escritos en infinitivo.

- aplicar
- mezclaron
- incorporar
- dosificación
- dividir
- sobar
- bebieron
- cocinar
- tomar
- tener

2. Escribe para cada caso el verbo en infinitivo. Fíjate en el ejemplo.

a) Puso	Pondrán	Pusieron	poner
b) Envolveremos	Envolvieron	Envuelto	
c) Caliente	Calentaron	Calentarán	
d) Repetirían	Repita	Repetirá	

3. Lee la historieta.

4. Escribe las instrucciones del remedio que aprendiste de la historieta. Inicia cada frase con un verbo en infinitivo.

Chile contra las perrillas	
Ingredientes: 1 chile verde	Instrucciones: 1) ______________________ ______________________
Aplicación: Poner el chile envuelto en trapo, en el ojo diariamente y de preferencia por las noches, hasta que se quite la perrilla.	2) ______________________ 3) ______________________

Entre recetas y recetarios

Aprendizajes esperados. Reflexiona sobre las características de los textos instructivos: organización de los datos, brevedad, secuencia de la información y precisión de las indicaciones. Identifica las características y función de los recetarios.

1. Sabes cómo se llama el libro donde se reúnen recetas de comida. Encuentra su nombre en las letras y coloréalo, luego anótalo en la línea.

A R B E C C D E X T F A G R H I M O J

____

2. Responde.

a) ¿Para qué crees que sirve un recetario de cocina?

____

____

3. Subraya la definición de receta médica.

a) Texto que informa de un suceso.

b) Texto que indica el medicamento y la manera de tomarlo.

c) Texto que se interpreta en un teatro.

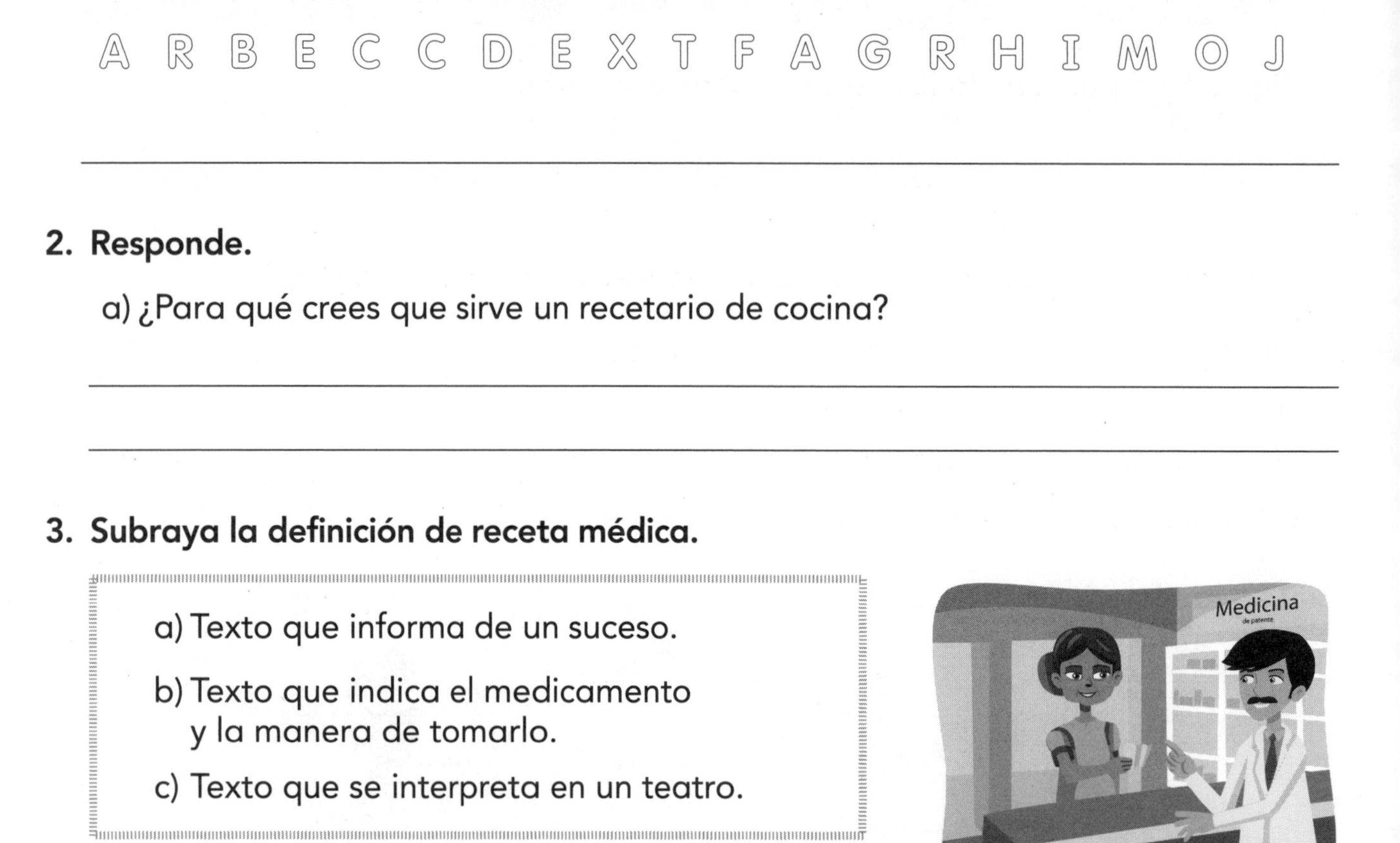

4. Como has visto, hay recetas de cocina, recetas médicas y recetas de remedios caseros. Colorea de verde la casilla con las partes de una receta de cocina y con amarillo la de un remedio casero.

Título Ingredientes Preparación	Introducción Desarrollo Conclusiones	Principio Nudo Final	Dolencia Ingredientes Preparación Dosificación

Noticias para todos: el periódico

Aprendizajes esperados. Explora las secciones de los periódicos y elige, entre la información dada por los textos periodísticos una noticia relevante. Lee los titulares y encabezados para elegir la nota.

Los **periódicos** son publicaciones constituidas por diferentes tipos de textos: notas periodísticas, artículos informativos y de opinión, editoriales, crónicas, entrevistas, entre otros. En su interior, el periódico se divide en secciones por tema: política, economía, sociales, espectáculos, deportes... Y usan diferentes tamaños de letra para diferenciar la importancia de las noticias.

1. Veamos qué tanto conocemos el periódico. Por una ✔ en la opción correcta.

a) El letrero de mayor tamaño corresponde a:

- el encabezado ( ) • el nombre del diario ( ) • la columna ( )

b) Te informa brevemente qué sucedió, a quién, cuándo, cómo y dónde.

- nota periodística ( ) • artículo de fondo ( ) • crónica ( )

c) Te cuenta en orden cronológico qué sucedió.

- entrevista ( ) • crónica ( ) • artículo ( )

d) Analiza a fondo una noticia dando información extensa y sólida.

- artículo informativo ( ) • editorial ( ) • entrevista ( )

e) A través de preguntas, te brinda información sobre la persona interrogada.

- entrevista ( ) • artículo de opinión ( ) • nota ( )

2. Lee los encabezados de los periódicos que están arriba y elige el que creas que tiene la noticia más importante, enciérrala en un círculo y escribe una nota periodística sobre ella.

____

____

____

____

3. Lee tu nota para tus compañeros. Con el apoyo de tu maestro o maestra, escucha las que ellos hayan escrito y toma en cuenta las críticas que te hagan para mejorar tu texto. Critica constructivamente lo que escuches.

Las secciones del periódico

Aprendizaje esperado. Identifica algunas de las secciones que integran un periódico: deportes, espectáculos, finanzas, estados, cultura, etc.

Los **periódicos** se dividen en **secciones**. Es decir, clasifican las noticias por su tema y contenido.

1. **Relaciona las secciones del periódico con las noticias que puedes encontrar en cada una de ellas. Escribe en el recuadro el inciso que les corresponde. Observa el ejemplo.**

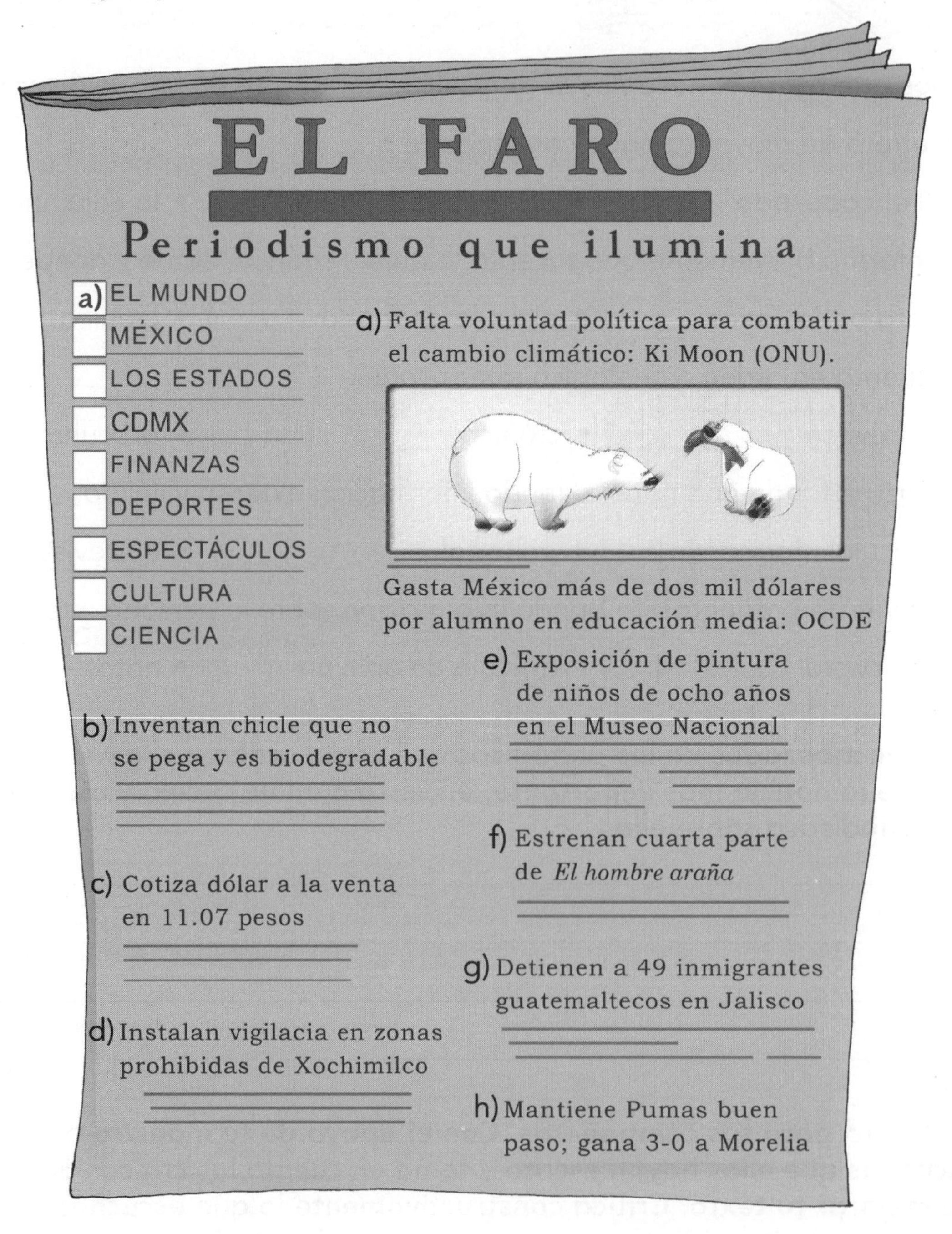

Expongo mis razones y argumento

Aprendizajes esperados. Comenta la nota informativa y argumenta oralmente sus preferencias o puntos de vista. Identifica los hechos, los protagonistas, el lugar, la fecha y los posibles motivos de lo sucedido.

Es común que al leer noticias, enterarnos de algo o tomar conocimiento de alguna cosa, nos formemos una opinión al respecto. Pero, ¿podemos decir por qué creemos tal o cual cosa o el motivo de nuestra preferencia? Cada quien tiene derecho a tener su **opinión**, siempre y cuando pueda **argumentar**; es decir, dar razones, el porqué de su **punto de vista**.

1. Lee la siguiente nota informativa.

EL MUNDO DEL DEPORTE

JUEGOS PANAMERICANOS
Ciudad de México, 20 Julio 2019

Los deportistas mexicanos cierran su preparación para participar en Lima, sede de los Juegos Panamericanos de este año. Nuestro país estará representado en competencias como atletismo, boxeo, tae kwon do, natación, entre otros deportes. Los atletas tienen la seguridad de ganar medallas.

La velocista Paola Morán, competirá en los 400 metros y 400 metros con vallas. Es considerada como una fuerte candidata para obtener una medalla para México ya que, hace poco, ganó el oro en los 400 metros planos en la Universiada Mundial de Nápoles, se cree que podría ser la sucesora de Ana Gabriela Guevara.

Esperamos que los atletas tengan éxito en su desempeño y seguiremos las noticias cada día.

2. Reflexiona sobre la nota anterior. Lee las preguntas y respóndelas. Después comenta tus respuestas con tus compañeros.

a) ¿Sabes dónde está Lima?

____

b) ¿Crees que los mexicanos tienen posibilidades de ganar medallas? ¿Por qué?

____

c) ¿Cómo te sentirás si estuvieras a punto de participar en los Juegos Panamericanos?

____

d) ¿Por qué crees que los atletas tienen la seguridad de ganar medallas?

____

e) ¿Qué crees que sienta Paola Morán al ser considerada la sucesora de Ana Guevara?

____

Hoy en México

Aprendizaje esperado. Reflexiona y reconoce algunas características de la forma y el contenido de la nota informativa: extensión, presentación gráfica, ubicación, estructura del texto, encabezado y tipo de lenguaje que utiliza.

1. Lee la primera plana de este singular periódico. Comenta con un compañero las diferencias que observas entre las distintas secciones.

Hoy en México...

Lunes 07 de marzo de 2020. www.hoyenmexico.com $10.00

Deportes
- **La Sub 20 en el Mundial**
Nuestros jóvenes jugarán contra...
Pág. 68

Provincia...
- **Enterrado en mi jardín**
Encuentra tesoro arqueológico en su casa.
Pág. 44

CDMX
- **Entran 91 autos y salen 88**
A un día de que se reinicien las clases, la SSP proporciona cifras.
Pág. 22

REVOLUCIÓN ENERGÉTICA: ORINES *VS.* GASOLINA

Lupita Maldonado, enviada especial

Si se populariza este descubrimiento, miles de familias ahorrarán en gasolina al generar su propio combustible.

Estados Unidos, 1 de marzo de 2020. Este sábado por la tarde Gerardine Botte, maestra de la Universidad de Ohio, dio a conocer su descubrimiento.
Botte obtuvo hidrógeno a partir de aplicar un poco de electricidad a la orina.
Imagínese la cantidad de orina que se recuperaría y utilizaría en escuelas, oficinas, estadios de futbol o aeropuertos.
De acuerdo con Botte, un auto con una celda de hidrógeno que funcione con orina podría recorrer hasta 40 kilómetros con sólo un litro, lo que representaría un gran ahorro para la economía familiar.

Adaptado de:
http://mx.noticias.autocosmos.yahoo.net/2011/04/26/autos-que-funcionan-con-orina

- **Regresa Amenofis III**
Estatua fue desenterrada cerca de LUXOR. Cultura.
Pág. 51

- **Suiza: Nace flor cadáver**
Luego de 17 años florece la pestilente flor.
Mundo.
Pág. 18

•Hospitec
¿Problemas con tu computadora, tablet, celular o video juego?
¡¡Llámanos!!
Puerta del mar #10. Condesa.

Depilación láser
Dígale adiós a esos vellos no tan bellos con nuestra técnica de depilación definitiva.
Av. México # 456. Col. Narvarte.
Citas al 5678 9342.

2. Observa de nuevo la primera plana del periódico de la página anterior y responde.

a) ¿En qué sección puedes encontrar la noticia "Entran 91 autos y salen 88"?

____

b) ¿Qué dice el encabezado de la primera plana?

____

c) ¿Cuál es la entrada a la nota informativa del encabezado de la primera plana?

____

d) El lenguaje que se utiliza en el texto del encabezado *Revolución Energética: Orines vs. Gasolina*, ¿es formal o informal?

____

e) ¿Cuál encabezado tiene la letra más grande? ¿Por qué?

____

f) Escribe el título del anuncio que utiliza lenguaje informal.

____

g) ¿En qué página del periódico se encuentra la sección de deportes?

____

h) Redacta una nota informativa para el encabezado de la página 44.

____

____

____

____

i) Ilustra la nota informativa que acabas de redactar con un dibujo.

Lo mismo, pero en menos palabras

Aprendizajes esperados. Reconoce, si es que las tiene, las fuentes citadas y el autor de la nota informativa. Emplea la paráfrasis en la redacción utilizando nexos.

Cuando un **texto informativo** es largo, podemos hacer un resumen o una **paráfrasis** que es escribir las ideas principales pero utilizando nuestras **propias palabras** sin cambiar el significado. Para esto se utilizan nexos o palabras para unir las oraciones. Algunos **nexos** son: *cuando, debido a, por lo que, porque*, etc. Ejemplo: *Suspenden la final del campeonato mundial de beisbol, debido a una fuerte granizada que inundó el campo.*

1. Lee el siguiente texto.

UN ATOLÓN DE PASIONES

Formada por un atolón de coral que rodea un lago de agua salada, la isla Clipperton sirve de hogar a miles de aves marinas y millones de cangrejos venenosos. Ubicada en el océano Pacífico Norte, a 1,100 kilómetros al suroeste de Punta Tejupan, Michoacán —su punto más cercano en tierra firme—, tiene una extensión de poco más de siete kilómetros cuadrados y una altura promedio de dos metros sobre el nivel del mar durante la marea alta, con excepción de un montículo llamado Clipperton Rock, que alcanza 29 metros de altitud.

Fuente: *Revista Quo Historia*, México, otoño 2012, p. 70.

2. Antes de hacer una paráfrasis de este texto, subraya la fuente del texto, después busca en el diccionario las palabras de uso poco común y anota su definición.

a) atolón: ____________________

b) punta: ____________________

c) venenoso: ____________________

d) marea alta: ____________________

e) altitud: ____________________

3. Escribe tu paráfrasis utilizando nexos. Puedes empezar así:

La isla Clipperton es una formación de corales que...

____

____

4. Con apoyo de tu maestro, compara tu paráfrasis con las de tus compañeros y revisa que sea breve, clara y tenga buena ortografía.

Voz pasiva y voz activa

Aprendizajes esperados. Identifica las formas de narrar una nota periodística. Distingue la voz pasiva y la voz activa y reconoce la función de cada una.

Las notas periodísticas, se narran de dos formas:

- **Voz activa**: cuando el sujeto es activo, es decir es quien realiza la acción. Por ejemplo:
  El director tocó la campana (verbo principal conjugado).
- **Voz pasiva**: cuando el sujeto es pasivo, no realiza la acción del verbo. Por ejemplo:
  La campana fue tocada por el director (verbo ser conjugado + participio del verbo principal).

1. Subraya con color rojo las oraciones que están escritas en voz activa y con azul las de voz pasiva.

a) El libro fue leído por muchas personas.

b) Muchos turistas visitaron Guanajuato.

c) El gobernador leyó el discurso.

d) El delegado inauguró la exposición de arte contemporáneo.

2. Escribe en el espacio un sujeto para cada oración.

a) Los ________________ ganaron el torneo de futbol.

b) La ________________ fue pintada por Leonardo da Vinci.

c) Los ________________ cerraron las calles por el paso del presidente.

d) ________________ fue descubierta por Cristóbal Colón.

3. Cambia a voz pasiva las siguientes oraciones.

a) Muchos habitantes sintieron el sismo.

____

b) La secretaria de Salud visitó el Hospital General.

____

c) Los científicos descubrieron una nueva vacuna.

____

Revistas de divulgación científica

Aprendizaje esperado. Identifica las características y funcionalidad de los artículos de divulgación científica.

Una **revista científica**, contiene **artículos de divulgación** que son **textos expositivos** de temas relacionados con la ciencia que buscan presentar un tema de manera clara.

Generalmente, están escritos por especialistas, por lo que, utilizan un **lenguaje literal** claro y preciso con explicaciones que permiten que el texto sea entendido por todo tipo de público.

Las palabras que hablan de un **área específica de la ciencia** se llaman **tecnicismos**. Por ejemplo: software y jurisprudencia.

1. Colorea la revista de divulgación científica.

2. Lee el siguiente artículo de divulgación científica y subraya los tecnicismos que encuentres.

DIVERSIDAD BIOLÓGICA Y SALUD HUMANA

Las personas dependen de la biodiversidad en su vida diaria, aunque, no siempre es evidente. La salud humana depende en última instancia de los bienes y servicios de los ecosistemas (como el agua dulce, los alimentos y las fuentes de combustible) que son indispensables para la buena salud humana y los medios productivos de ganarse el sustento. La pérdida de biodiversidad puede ejercer un importante efecto directo en la salud humana si los servicios de los ecosistemas ya no alcanzan a satisfacer las necesidades de las personas.

Además, la diversidad biofísica de microorganismos, flora y fauna ofrece amplios conocimientos que entrañan beneficios importantes para la biología, las ciencias de la salud y la farmacología. Una mayor comprensión de la biodiversidad de la Tierra propicia descubrimientos médicos y farmacológicos de relieve. La pérdida de biodiversidad puede limitar el descubrimiento de posibles tratamientos de muchas enfermedades y problemas de salud.

Tomado de: https://www.aboutespanol.com/textos-de-divulgacion-cientifica-2879469

Los recursos gráficos

Aprendizajes esperados. Reconoce la utilidad de los recursos gráficos en las revistas de divulgación científica. Identifica los principales recursos gráficos que se utilizan en las revistas de divulgación científica.

Los **recursos gráficos** se utilizan para hacer más llamativos y entendibles los textos expositivos o artículo. Algunos de estos recuersos son: utilizar distintos tipos y tamaños de letra, las ilustraciones, las fotografías o imágenes con pie de foto, las tablas y las gráficas, entre otras.

1. Lee el siguiente artículo y elige cuál de las frases del recuadro corresponden al título y los subtítulos; escríbelas donde corresponde. Recuerda utilizar diferentes tipos y tamaños de letra para los títulos y subtítulos.

Adaptación | Conocemos a las tortugas marinas | Importancia

____

Las tortugas marinas son parientes de las lagartijas, víboras y cocodrilos ya que pertenecen a la familia de los reptiles.

Tortuga prieta, hembra.

____

Son muy importantes para los seres vivos que se encuentran en el mar, puesto que ayudan a conservar los lechos marinos y los arrecifes coralinos. Las tortugas tienen una concha con pequeñas capas óseas que parecen formar mosaicos.

____

Las tortugas regulan su temperatura al enterrarse en el lodo cuando están en aguas poco profundas. En épocas de mal tiempo, disminuyen su actividad al mínimo adormeciéndose.
Pero lo más impresionante es que las tortugas regresan a poner sus huevos al mismo lugar en que nacieron gracias a su memoria especial.

2. Subraya el pie de foto que genere mayor interés en un artículo sobre el águila.

a) El águila vuela en la montaña.

b) Gracias a su vista, el águila domina el paisaje desde las alturas.

c) La esplendorosa águila.

Edito una revista como todo un profesional

Aprendizaje esperado. Utiliza los recursos vistos en la clase para editar una revista de divulgación científica.

1. Vamos a hacer una revista. Si es posible, forma equipo con otros dos compañeros y busquen información de diferentes temas. Organicen sus noticias por tema para formar las secciones: astronomía, botánica, zoología, química, etc. Propongan en qué orden van a disponer las secciones y escríbelo aquí.

____

____

2. Pasen en limpio las noticias e ilústrenlas con recortes o dibujos. Luego, conforme al orden de secciones que hayan decidido, organícenlas y únanlas por el lado largo de la izquierda. No olviden poner el título a cada sección. Escribe el nombre que darás a cada sección.

____

____

3. Ahora, con recortes o dibujos, prepara la portada. Recuerda que debe llevar el nombre de tu revista, el de tu editorial, el número de ejemplar y el mes de edición. Escribe esos datos aquí también.

____

____

4. Diseñen la contraportada escribiendo un texto breve que invite a leer la revista y si quieren, agreguen ilustración con dibujo o recortes.

____

____

5. Antes de unir todo, escriban en una hoja los créditos, es decir los nombres de quiénes investigaron las noticias, dibujaron e ilustraron, así como el del jefe de redacción (el que haya revisado y corregido la ortografía); y no olviden poner de inmediato el índice de las secciones. Ahora sí, peguen todas las partes en orden y formen su revista.

a) Escribe como fue para ti editar una revista: _______________________

____

Los anuncios clasificados

Aprendizajes esperados. Explora el periódico y ubica la sección de anuncios clasificados. Identifica cómo se organizan los apartados de la sección: Inmuebles, mudanzas, empleos, autos, servicios.

Los **anuncios clasificados** son anuncios que permiten promocionar **bienes y servicios** como casas, autos, empleos, mudanzas, reparaciones, etc. Deben ser breves y tener los datos principales del bien o servicio que se ofrece como lugar, costo, horario, etc.

1. Lee la siguiente sección de anuncios clasificados y contesta lo que se te pide.

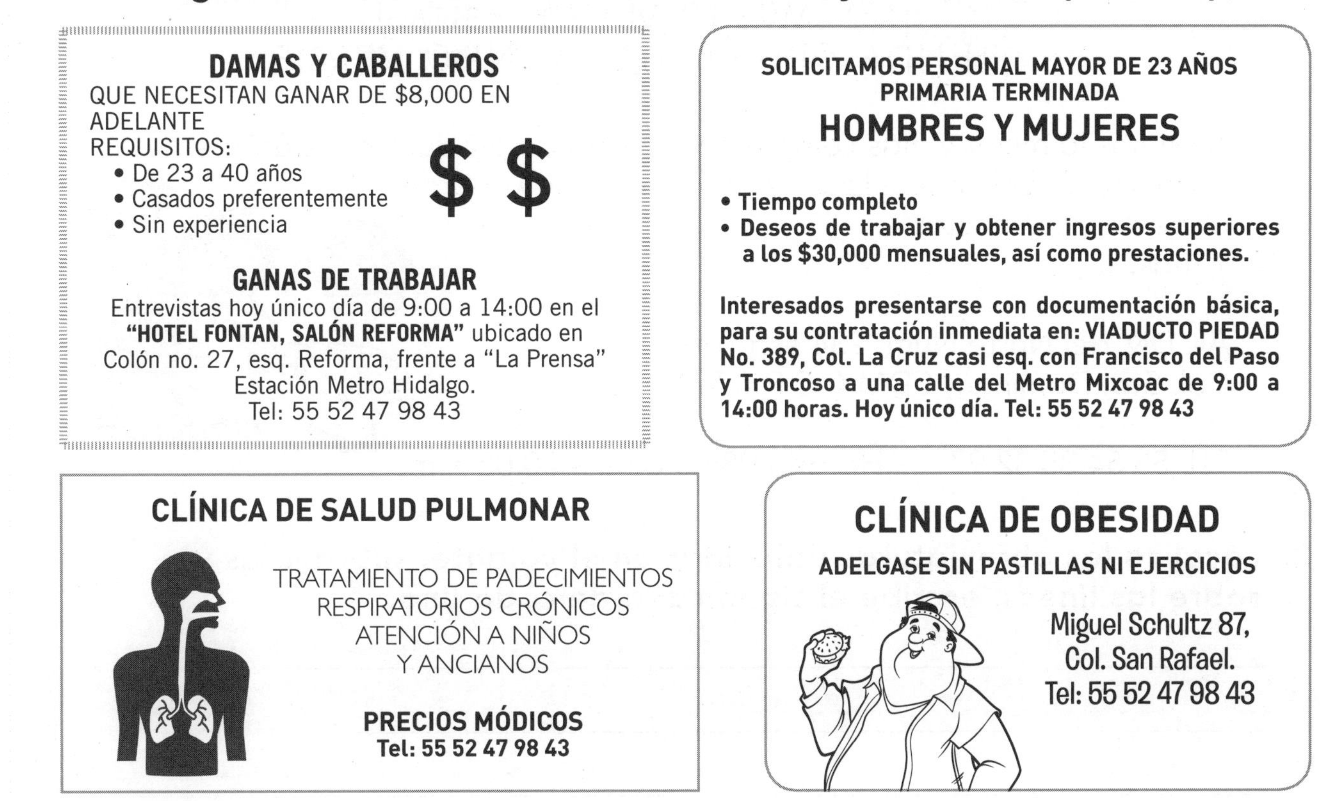

a) ¿Cuál anuncio llama más tu atención? ¿Por qué?

____

____

b) ¿Cuál es el dato que puedes encontrar en todos los anuncios?

____

____

c) Si quieres vender un coche, ¿qué datos debes colocar en tu anuncio?

____

____

Identificación y uso de abreviaturas

Aprendizajes esperados. Reflexiona sobre el uso de las abreviaturas. Identifica las principales abreviaturas, las escribe y utiliza correctamente. Escribe un anuncio clasificado para promover un producto o servicio de su comunidad.

1. Fernanda y Alejandro van a abrir una tienda de productos orgánicos y biodegradables, por lo que han elaborado el siguiente anuncio para la sección de anuncios clasificados del periódico.

¿QUIERES AYUDAR A COMBATIR LA CONTAMINACIÓN?
¡TENEMOS LO QUE NECESITAS!
TIENDA ORGÁNICA MUNDO VERDE

Tenemos la mejor y más completa variedad de productos orgánicos.
Todo tipo de bolsas reutilizables para empacar y guardar alimentos, compostas
Y más...

Av. Div. del Norte Núm. 234 esq. Tlalpan
Col. Sto. Domingo, CDMX. C.P. 07680

Tel. 55 54 35 32 97 Horario 08:00 a.m. – 20:00 p.m.

2. Localiza las abreviaturas utilizadas en el volante, subráyalas y, sobre las líneas, escribe el significado de cada una.

________ ____

________ ____

________ ____

________ ____

________ ____

________ ____

________ ____

________ ____

________ ____

________ ____

________ ____

________ ____

3. **Estas son algunas de las personas que asistieron a la inauguración de una tienda y sus lugares de origen.**

Señora María Teresa Martínez	Culiacán, Sinaloa
Profesora Elia Castillo	Coatepec, Veracruz
Licenciado Esteban Ávila	Jerez, Zacatecas
Ingeniero Iván Curi	Tepic, Nayarit
Doctora Rosalía Méndez	Mérida, Yucatán

4. **Ayuda a Fernanda y Alejandro a pasar en limpio la lista anterior. Ahorra tiempo y espacio utilizando las siguientes abreviaturas.**

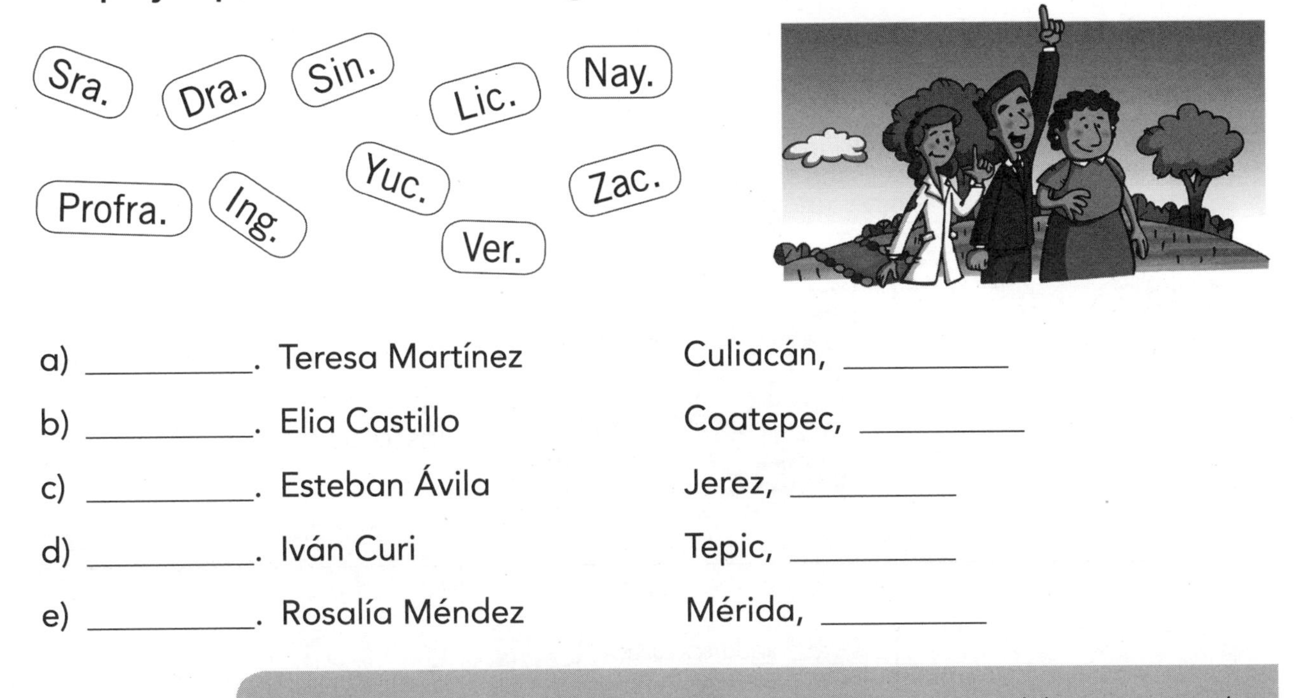

a) _________. Teresa Martínez　　Culiacán, _________

b) _________. Elia Castillo　　Coatepec, _________

c) _________. Esteban Ávila　　Jerez, _________

d) _________. Iván Curi　　Tepic, _________

e) _________. Rosalía Méndez　　Mérida, _________

> La **abreviatura** es la **representación reducida** de una palabra o grupo de palabras. Siempre se cierra con un punto. Si la palabra completa se escribe con mayúscula la abreviatura, por lo general, también se escribirá así.

5. **Imagina que tu tía hace disfraces. Redacta un anuncio para promover en tu comunidad escolar su trabajo. Incluye las abreviaturas tel., núm., col. y esq.**

Encuestas... otra forma de averiguar

Aprendizajes esperados. Conoce la función de las encuestas y la forma de reportar la información obtenida. Identifica la correspondencia entre datos presentados en el cuerpo del texto y los datos incluidos en una tabla o gráfica y los interpreta.

1. Subraya la respuesta correcta.

a) ¿Qué es una encuesta?
- Es un cuestionario que contestan los alumnos para conocer cuánto aprendieron.
- Es un cuestionario con preguntas abiertas o cerradas que se hace a muchas personas para obtener información sobre un tema.

b) ¿Para qué sirve una encuesta?
- Para conocer la opinión, preferencias o hábitos de las personas.
- Para asignar una calificación al final del ciclo escolar.

2. Completa la tabla. Observa los ejemplos.

ENCUESTA		
La hace:	**Se aplica en:**	**Se hace:**
a) ______ ______		Para conocer si los socios del club están contentos con las instalaciones.
El coordinador o el bibliotecario	BIBLIOTECA PÚBLICA	b) ______ ______
El gerente o el capitán de meseros.	c)	Para conocer la opinión de los clientes y mejorar los platillos de la carta.

Números en tablas... números en textos

Aprendizaje esperado. Conoce la función de las encuestas y la forma de reportar la información obtenida.

1. Lee el párrafo con mucha atención.

De los 30 alumnos encuestados, sólo *algunos* desayunan antes de llegar a la escuela. La gran *mayoría* no lo hace.

2. Encierra en un círculo la tabla de la que se tomó esa información.

¿Desayunas antes de venir a la escuela?

1. Tabla de frecuencia		
Opciones	Respuestas	Número
Sí	IIIII IIIII IIIII	15
No	IIIII IIIII IIIII	15

2. Tabla de frecuencia		
Opciones	Respuestas	Número
En casa	IIIII IIIII IIIII	15
En el recreo	IIIII IIIII IIIII IIIII	20

3. Tabla de frecuencia		
Opciones	Respuestas	Número
Sí	IIIII	5
No	IIIII IIIII IIIII IIIII IIIII	25

3. Responde utilizando los datos del texto y la tabla.

a) ¿Cómo supiste cuál tabla era la correcta?

____

____

b) ¿Por qué la primera tabla no es la correcta?

____

____

c) ¿Por qué la segunda tabla tampoco es correcta?

____

____

Preguntando se saben las cosas

Aprendizajes esperados. Emplea cuestionarios para obtener información, reconoce las diferencias entre preguntas cerradas y abiertas. Indaga y comprende el significado de diversas expresiones del habla en niños, jóvenes, adultos y adultos mayores.

Actualmente, las **encuestas** se utilizan para saber todo tipo de cosas, algunas más importantes que otras. Por ejemplo: la política y decisiones de una comunidad o **preferencias** y **hábitos** de conducta.

Imagina que quieres saber qué tanto entienden los adultos las expresiones de los jóvenes, si están de acuerdo con la forma de hablar de los jóvenes y por qué. ¿Qué preguntas les harías?

1. Escribe aquí cinco preguntas para el cuestionario de esta encuesta.

a) ____________________

b) ____________________

c) ____________________

d) ____________________

e) ____________________

2. En un cuestionario puede haber preguntas cerradas, con una sola respuesta entre un grupo limitado de posibles opciones. Y abiertas, aquellas que tienen más de una respuesta. Marca en los paréntesis con una *C* las preguntas cerradas y con una *A* las abiertas.

a) ¿Compras café semanalmente? ( )
b) ¿Tomas leche una o dos veces al día? ( )
c) ¿Qué te gustaría desayunar los domingos? ( )
d) ¿Qué deporte te gusta? ( )
e) ¿Qué haces durante el recreo? ( )
f) ¿Prefieres el futbol o el beisbol? ( )

3. Con tu conocimiento de las preguntas abiertas y cerradas, reescribe tus preguntas para la encuesta de manera que todas tengan una sola respuesta; eso hace más fácil contar los resultados.

a) ____________________

b) ____________________

c) ____________________

d) ____________________

e) ____________________

Vamos a hacer un reporte

Aprendizaje esperado. Recuerda la estructura de un texto expositivo y la emplea al redactar el reporte de una encuesta.

Si ya reuniste la información, lo que sigue es darla a conocer. Esto es, debes escribir un **reporte**. Recuerda ser breve, respetar la estructura y usar la ortografía y la puntuación adecuadas.

1. Encuestamos a un grupo de alumnos sobre el idioma que les gustaría aprender. Observa los resultados.

Número de alumnos	Idioma
8	Alemán
12	Francés
3	Ruso
11	Italiano
1	Chino
14	Inglés

2. Escribe ahora tu reporte en las siguientes líneas, respeta la estructura.

Introducción: ____________________

____

____

Desarrollo: ____________________

____

____

Conclusiones: ____________________

____

____

3. Con la orientación del maestro, compara tu reporte con los de tus compañeros, revisa la claridad de las ideas y la ortografía.

Fiesta, *guateque* o *pachanga*

Aprendizajes esperados. Identifica algunas variedades del español en México. Indaga y comprende el significado de diversas expresiones en el habla de niños, jóvenes, adultos y adultos mayores.

1. Escribe el significado de las siguientes expresiones usadas en México en distintos grupos de edad. Si no conces alguno, investígalo con tus papás y abuelos.

a) *mitote* ______________________

b) *neta* ______________________

c) *vaquetón* ______________________

d) *reu* ______________________

e) *recórcholis* ______________________

f) *un buen* ______________________

2. Observa las imágenes y escribe en la línea la expresión del recuadro que le corresponde.

a) "Hagamos una coperacha"

b) "Está echando un rollo"

c) "Ya se desconchinfló"

______________ ______________ ______________

3. Responde.

a) ¿Cuál de las expresiones anteriores no conocías?

____

b) ¿Cuál crees que sea la más antigua?

____

Uso de *v* en *olv, div* y *clav*

Aprendizaje esperado. Utiliza correctamente la *v* en palabras que tienen los sonidos *olv*, *div* y *clav*.

Las **palabras** que tienen los sonidos *olv*, *div* y *clav* se escriben con ***v***.

1. Lee el siguiente texto.

Como habrás podido **adivinar**, el roble nunca **olvidó** la lección. No volvió a divertirse burlándose de la fragilidad de los otros y, por supuesto, nunca **divulgó** su conversación con el junco; más bien, pensó seriamente en sujetarse al suelo con **clavos** para no volver a volar por los aires.

2. Regresa al texto y localiza las palabras destacadas; obsérvalas y escríbelas sobre las líneas. ¿Qué tienen en común?

____

____

3. Resuelve la siguiente sopa de letras.

- clavel
- olvidar
- devolver
- clavado
- resolver
- dividir
- volver

A	D	I	V	I	D	I	R	E	D
G	H	D	F	T	K	L	O	D	E
O	L	V	I	D	A	R	J	A	V
D	I	G	K	M	N	C	X	V	O
A	F	L	E	V	A	L	C	O	L
V	O	L	F	G	O	T	E	L	V
A	I	Y	J	K	G	L	H	S	E
L	W	R	E	S	O	L	V	E	R
C	Q	F	R	Y	U	P	W	E	T
A	E	V	B	S	A	T	Y	S	R

4. Lee las siguientes definiciones y, sobre las líneas, escribe la palabra que corresponde a cada una; elige tus respuestas de las palabras de la derecha.

a) Sinónimo de regresar: ______________

b) Mezcla explosiva que hay en los cohetes: ______________

c) Nube de polvo que se levanta de la tierra: ______________

d) Dejar de recordar algo que sabíamos: ______________

olvidar

volver

polvareda

pólvora

Uso de *b* en las terminaciones verbales *-aba, -abas, -ábamos* y *-aban*

Aprendizaje esperado. Escribe correctamente las palabras terminadas en *aba, abas, ábamos* y *aban*.

1. Ordena los verbos del recuadro para que formen una escalera. Sigue el ejemplo.

soñaba habitaba trabajaba cantaba daba amaba

					d	a	b	a

2. Observa las palabras que acabas de escribir y completa el siguiente enunciado.

Todos los verbos temínan en _______ y se escriben con _______.

3. Lee las siguientes oraciones. Elige el verbo que completa cada una y escríbelo en copretérito (con las terminaciones *-aba, -abas, -ábamos* y *-aban*) donde corresponda.

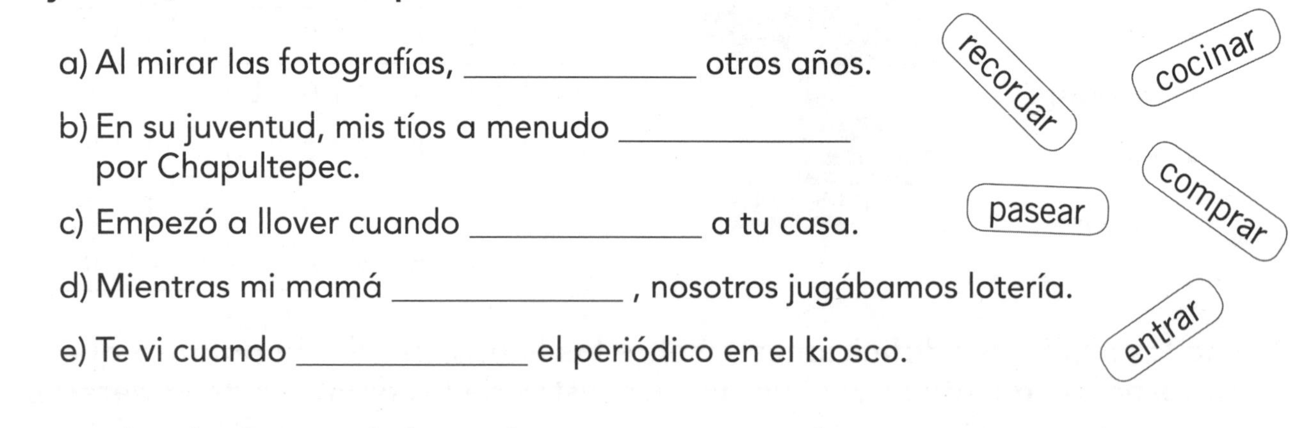

a) Al mirar las fotografías, _____________ otros años.

b) En su juventud, mis tíos a menudo _____________ por Chapultepec.

c) Empezó a llover cuando _____________ a tu casa.

d) Mientras mi mamá _____________ , nosotros jugábamos lotería.

e) Te vi cuando _____________ el periódico en el kiosco.

4. Escribe el infinitivo de los verbos que se usan en las siguientes oraciones.

a) La gente conversaba en la plaza: _____________.

b) Oriana soñaba: _____________.

c) Éder suspiraba: _____________.

Repaso

1. Completa las siguientes oraciones con la palabra correcta.

a) El documento de identificación que tiene el nombre de nuestros padres es ____________________.

b) Los mayores de edad se pueden identificar con su ____________________ de elector o ____________________.

c) La ____________________ es un texto en el que una persona cuenta su vida.

d) Las palabras ____________________, después y ____________________ se usan para ordenar sucesos.

2. Cambia los siguientes verbos conjugados por su infinitivo. Después, completa el instructivo.

Enfría **Aplícala** **Toma** **Enjuaga** **cepilla**

a) ______________ la mezcla y ______________ en el cabello húmedo.

b) ______________ una taza de infusión al día.

c) ______________ con abundante agua y ______________ el pelo.

3. Encuentra 8 secciones del periódico en la sopa de letras.

I	N	T	E	R	N	A	C	I	O	N	A	L
A	T	O	M	E	I	A	S	R	E	N	N	S
H	I	R	S	S	A	N	I	N	S	C	O	N
P	A	E	F	I	U	E	M	E	O	L	S	D
O	N	N	S	I	A	O	T	L	U	N	O	D
L	U	A	O	I	N	R	E	C	N	T	C	O
Í	N	D	C	O	O	A	Á	R	T	N	I	C
T	C	U	N	P	R	T	N	E	I	S	A	N
I	I	L	E	Í	C	S	L	C	N	D	L	C
C	O	D	L	E	R	N	L	E	I	N	E	R
A	S	A	P	A	O	A	Á	C	A	E	S	L
E	R	S	R	S	I	T	N	C	Á	E	R	N
M	E	S	O	N	A	C	I	O	N	A	L	A

4. Escribe las palabras *falso* o *verdadero* según corresponda.

a) En la voz pasiva el sujeto es el que ejecuta la acción del verbo principal. ____________________

b) Las ilustraciones, la tipografía de la letra y las tablas son recursos gráficos. ____________________

c) Las abreviaturas sirven para ocupar más espacio en la redacción. ____________________

d) La encuesta es un cuestionario para obtener información de un tema. ____________________

5. **Escribe los subtítulos bajo el título que les corresponda.**

Hielo en el polo sur marciano	Mars Express una super nave
¿Cómo se seca el hielo?	Del refrigerador al escenario

a) Título: Hielo seco o dióxido de carbono

Subtítulo: ____________________

Subtítulo: ____________________

b) Título: ¡Agua en Marte!

Subtítulo: ____________________

Subtítulo: ____________________

6. **Une cada palabra con su abreviatura.**

a) Señor	• Lic.
b) Doctora	• Srita.
c) Licenciada	• Sr.
d) Señorita	• Dra.

7. **Escribe *abierta* o *cerrada* según el tipo de pregunta que sea.**

a) ¿Cuántos años tienes? ____________________

b) ¿Te gusta ir al cine? ____________________

c) ¿Por qué votaste por Julio? ____________________

8. **Escribe en el espacio las letras *b* o *v*, según corresponda.**

a) Héctor se echó un cla____ado.

b) A mi abuelita ya se le ol____ida____a todo.

c) La bruja espanta____a todos en el bosque.

d) Las adi____inanzas me encantan.

9. **Escribe dos palabras o expresiones que usen los jóvenes de tu comunidad.**

____

____

Repaso de números hasta el 1000

Aprendizaje esperado. Lee, escribe y ordena números naturales hasta 10 000.

1. Observa la siguiente tabla. Colorea el número que se indica y después escríbelo con letra. Fíjate en el ejemplo.

Inicio	100	321	920	28	500
4	416	0	602	574	301
140	88	788	901	471	472
197	230	731	516	967	10
217	777	250	321	65	873
1000	842	648	460	299	462

a) Dos casillas hacia abajo, gris: ciento cuarenta

b) Tres a la derecha, rojo: ____________________

c) Uno hacia abajo, amarillo: ____________________

d) Tres a la izquierda, azul: ____________________

e) Una hacia abajo, verde: ____________________

f) Cuatro a la derecha, naranja: ____________________

g) Cuatro hacia arriba, morado: ____________________

h) Dos a la izquierda, rosa: ____________________

i) Tres hacia abajo, café: ____________________

2. **Escribe el antecesor o sucesor de cada número según corresponda. Fíjate en el ejemplo.**

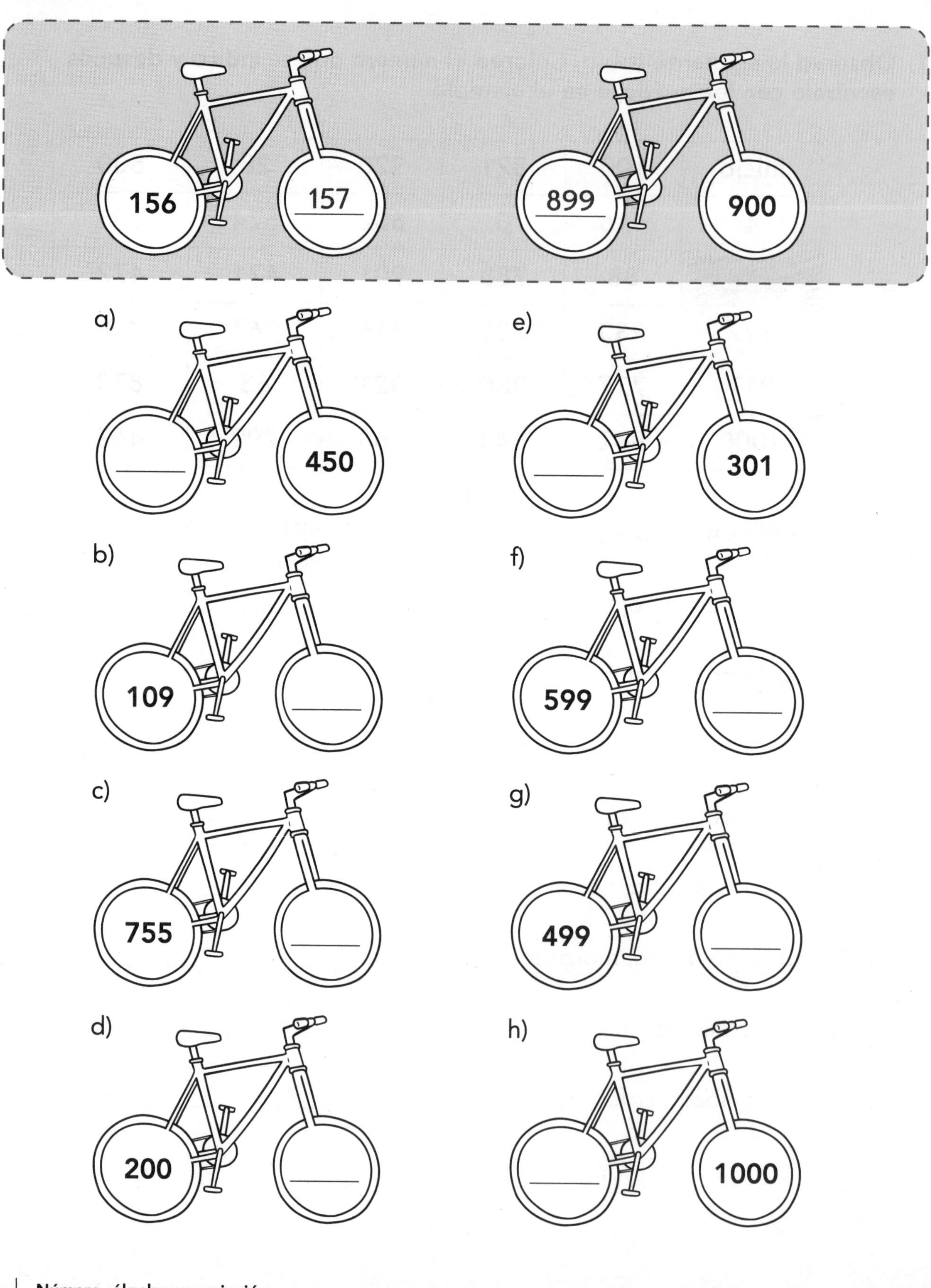

Cálculo mental

Aprendizaje esperado. Calcula mentalmente, de manera exacta y aproximada, sumas y restas con números hasta de tres cifras.

1. Resuelve mentalmente las sumas y marca con una ✗ el resultado. Fíjate en el ejemplo.

	10	20	30	40	50	60	70	80	90
a) 50 + 20 =							✗		
b) 30 + 20 =									
c) 20 + 40 =									
d) 80 + 10 =									
e) 20 + 10 =									
f) 20 + 20 =									
g) 10 + 0 =									
h) 30 + 40 =									
i) 10 + 10 =									
j) 10 + 70 =									
k) 50 + 40 =									
l) 30 + 30 =									
m) 40 + 10 =									
n) 30 + 10 =									
o) 0 + 30 =									

2. Resuelve las siguientes sumas.

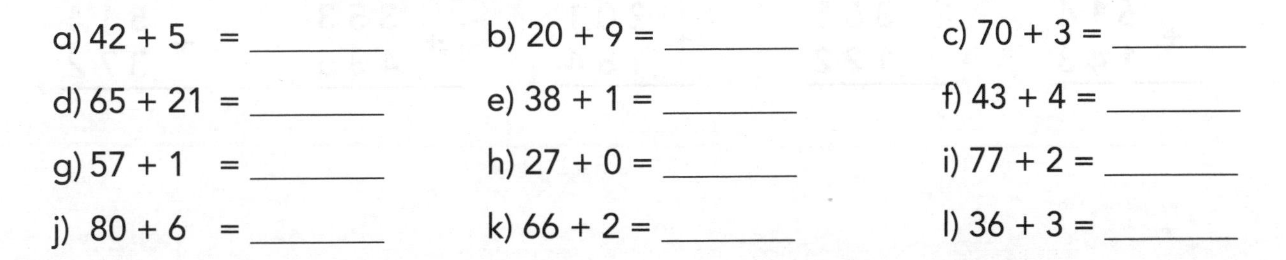

a) 42 + 5 = ________ b) 20 + 9 = ________ c) 70 + 3 = ________

d) 65 + 21 = ________ e) 38 + 1 = ________ f) 43 + 4 = ________

g) 57 + 1 = ________ h) 27 + 0 = ________ i) 77 + 2 = ________

j) 80 + 6 = ________ k) 66 + 2 = ________ l) 36 + 3 = ________

Sumas de tres dígitos

Aprendizaje esperado. Resuelve problemas de suma y resta con números naturales hasta 10 000.

1. Resuelve las siguientes sumas.

A los números que se van a sumar se les llaman sumandos y al resultado suma o total.

$$\begin{array}{r} 14 \\ +\ 33 \\ \hline 47 \end{array}$$

14 ← sumandos
33 ← sumandos
47 ← suma

a) $\begin{array}{r} 362 \\ +\ 325 \\ \hline \end{array}$

b) $\begin{array}{r} 811 \\ +\ 118 \\ \hline \end{array}$

c) $\begin{array}{r} 241 \\ +\ 258 \\ \hline \end{array}$

d) $\begin{array}{r} 550 \\ +\ 229 \\ \hline \end{array}$

e) $\begin{array}{r} 303 \\ +\ 615 \\ \hline \end{array}$

f) $\begin{array}{r} 251 \\ +\ 731 \\ \hline \end{array}$

g) $\begin{array}{r} 241 \\ +\ 233 \\ \hline \end{array}$

h) $\begin{array}{r} 563 \\ +\ 323 \\ \hline \end{array}$

i) $\begin{array}{r} 434 \\ +\ 344 \\ \hline \end{array}$

j) $\begin{array}{r} 108 \\ +\ 491 \\ \hline \end{array}$

k) $\begin{array}{r} 551 \\ +\ 218 \\ \hline \end{array}$

l) $\begin{array}{r} 560 \\ +\ 307 \\ \hline \end{array}$

m) $\begin{array}{r} 709 \\ +\ 290 \\ \hline \end{array}$

n) $\begin{array}{r} 210 \\ +\ 668 \\ \hline \end{array}$

o) $\begin{array}{r} 970 \\ +\ 20 \\ \hline \end{array}$

p) $\begin{array}{r} 614 \\ +\ 143 \\ \hline \end{array}$

q) $\begin{array}{r} 355 \\ +\ 122 \\ \hline \end{array}$

r) $\begin{array}{r} 201 \\ +\ 184 \\ \hline \end{array}$

s) $\begin{array}{r} 353 \\ +\ 436 \\ \hline \end{array}$

t) $\begin{array}{r} 514 \\ +\ 372 \\ \hline \end{array}$

Lectura del reloj

Aprendizaje esperado. Lee relojes de manecillas y digitales.

El **reloj** es un instrumento que sirve para medir el tiempo.

El reloj **analógico** cuenta con una manecilla larga que marca los **minutos** y se llama **minutero**. También tiene una manecilla corta que marca las **horas** y se llama **horario**.

Los relojes digitales marcan las horas únicamente con números.

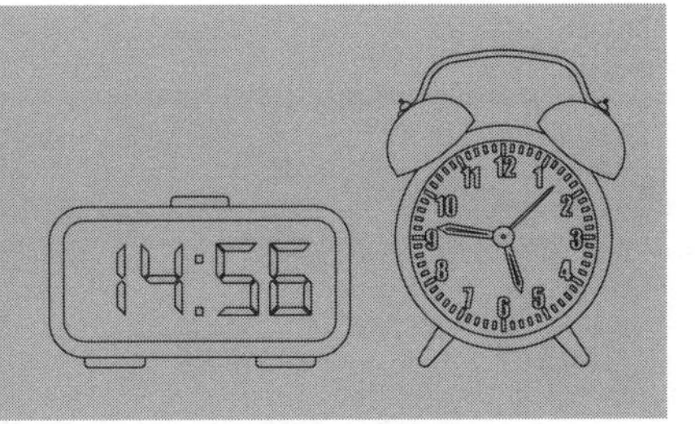

1. Escribe en el reloj digital la hora que corresponde. Fíjate en el ejemplo.

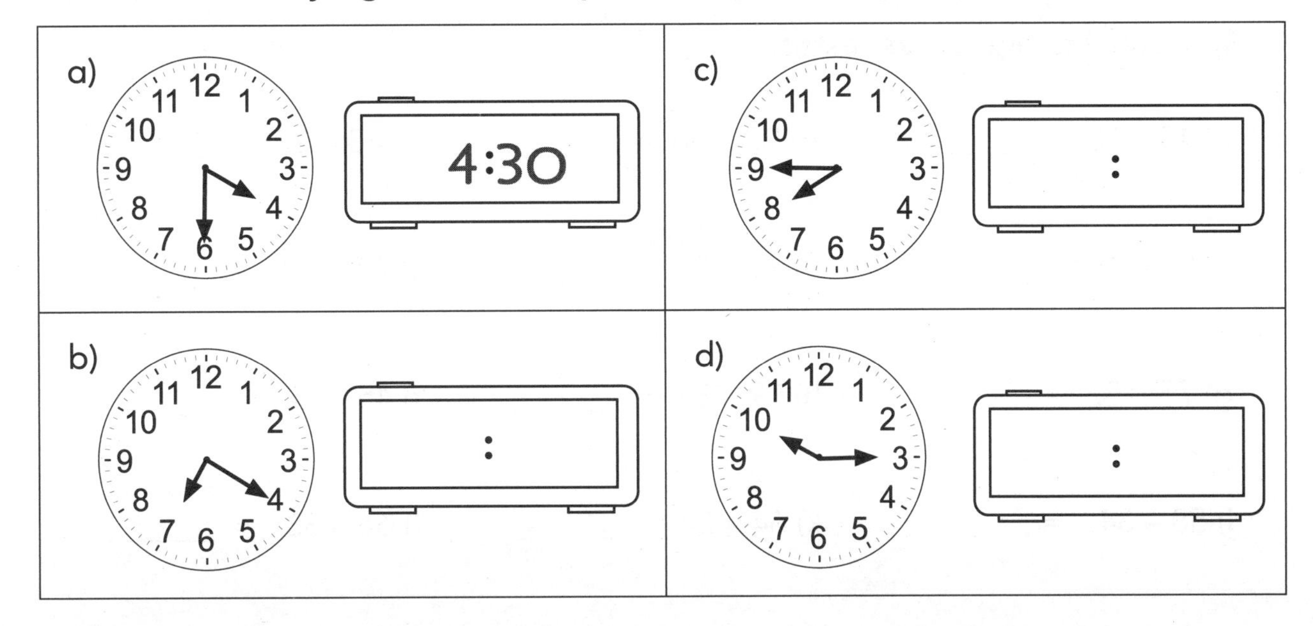

2. Escribe en el reloj analógico lo que indica el reloj digital. Fíjate en el ejemplo.

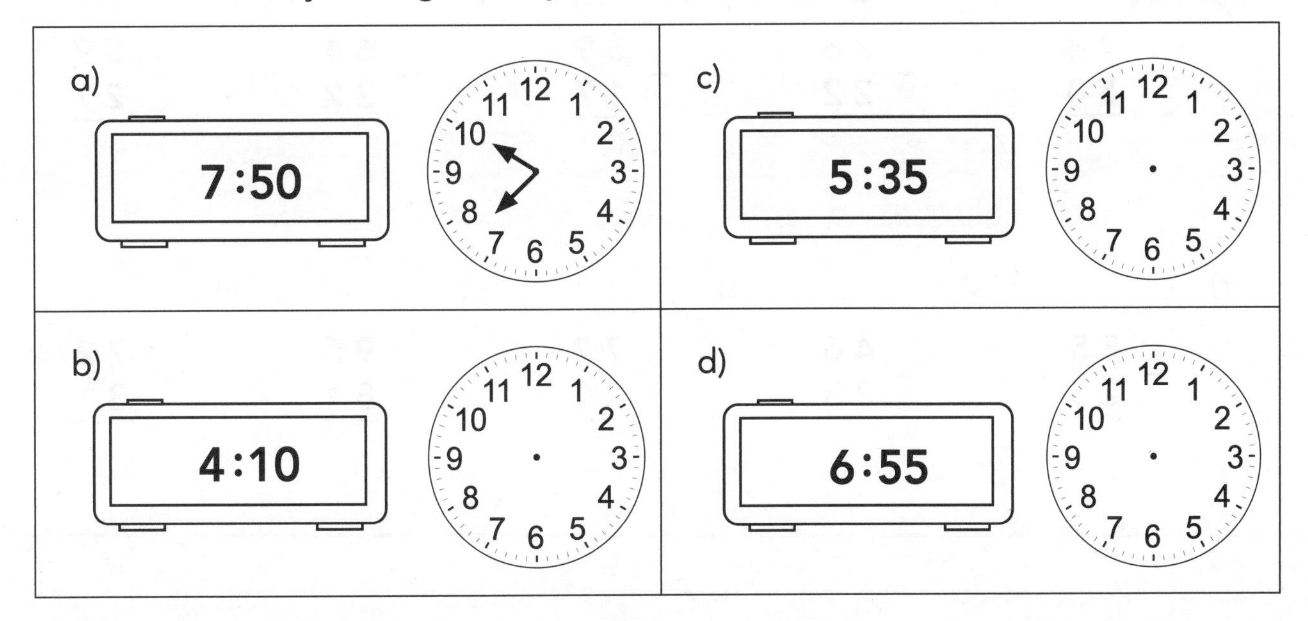

Restas de tres dígitos

Aprendizaje esperado. Usa el algoritmo convencional para restar.

Recuerda que restar es quitar.

Las partes de la resta son

$$\begin{array}{r l} & 46 \leftarrow \textbf{minuendo} \\ - & 22 \leftarrow \textbf{sustraendo} \\ \hline & 24 \leftarrow \textbf{diferencia} \end{array}$$

1. Resuelve las siguientes restas.

a) 48 – 15 = ________ b) 97 – 56 = ________ c) 43 – 22 = ________

d) 59 – 14 = ________ e) 79 – 37 = ________ f) 27 – 23 = ________

g) 75 – 52 = ________ h) 99 – 81 = ________ i) 45 – 22 = ________

j) 58 – 34 = ________ k) 64 – 24 = ________ l) 66 – 33 = ________

m) $\begin{array}{r} 78 \\ - \ 50 \\ \hline \end{array}$ n) $\begin{array}{r} 76 \\ - \ 22 \\ \hline \end{array}$ o) $\begin{array}{r} 39 \\ - \ 17 \\ \hline \end{array}$ p) $\begin{array}{r} 64 \\ - \ 32 \\ \hline \end{array}$ q) $\begin{array}{r} 59 \\ - \ 27 \\ \hline \end{array}$

r) $\begin{array}{r} 85 \\ - \ 25 \\ \hline \end{array}$ s) $\begin{array}{r} 46 \\ - \ 23 \\ \hline \end{array}$ t) $\begin{array}{r} 72 \\ - \ 20 \\ \hline \end{array}$ u) $\begin{array}{r} 95 \\ - \ 81 \\ \hline \end{array}$ v) $\begin{array}{r} 72 \\ - \ 31 \\ \hline \end{array}$

Cálculo mental

Aprendizaje esperado. Calcula mentalmente, de manera exacta y aproximada, sumas y restas con números hasta de tres cifras.

1. Resuelve mentalmente las restas y marca con una ✗ el resultado. Fíjate en el ejemplo.

	900	800	700	600	500	400	300	200	100
a) 900 − 100 =		✗							
b) 800 − 500 =									
c) 600 − 200 =									
d) 700 − 200 =									
e) 800 − 500 =									
f) 300 − 100 =									
g) 200 − 100 =									
h) 700 − 400 =									
i) 500 − 100 =									
j) 400 − 200 =									
k) 900 − 400 =									
l) 900 − 0 =									

2. Resta 10 a cada cantidad. Fíjate en el ejemplo.

a) 347 337
b) 679 ________
c) 953 ________
d) 492 ________
e) 524 ________
f) 711 ________

3. Resta 1 a cada cantidad. Fíjate en el ejemplo.

a) 347 346
b) 679 ________
c) 953 ________
d) 492 ________
e) 524 ________
f) 711 ________

Lectura del reloj y ejercicios de tiempo

Aprendizaje esperado. Compara y ordena la duración de diferentes sucesos usando la hora, media hora, cuarto de hora y los minutos; lee relojes de manecillas y digitales.

1. Dibuja las manecillas del reloj de acuerdo a las actividades que realiza el niño.

2. De acuerdo con las imágenes de la página anterior, contesta las siguientes preguntas.

a) ¿Cuánto tiempo pasa el niño en la escuela?

____

b) ¿En qué ocupa más tiempo, en la escuela o en dormir?

____

c) Si sale de su casa a las 4:15 para ir a su clase de fútbol, ¿cuánto tiempo tarda en llegar?

____

d) ¿Cuánto tiempo pasa entre que sale de la escuela y la hora en que come?

____

e) Su mamá sale de su casa a las 2:15 para irlo a recoger a la escuela, ¿cuánto tiempo tarda en llegar?

____

3. La maestra indicó a sus alumnos realizar una maqueta en equipos. Todos los equipos empezaron a las 10:10. Marca en cada reloj la hora en que terminó cada equipo.

a) Equipo 1: Tardó 1 hora con 5 minutos.

12 1 2 3 4 5 6 7 8 9 10 11

b) Equipo 2: Tardó 50 minutos.

12 1 2 3 4 5 6 7 8 9 10 11

c) Equipo 3: Tardó 1 hora con 15 minutos.

12 1 2 3 4 5 6 7 8 9 10 11

Multiplicación

Aprendizaje esperado. Calcula mentalmente multiplicaciones de números de una cifra por números de una cifra.

Multiplicar es una operación matemática que consiste en sumar un número tantas veces como indica otro, es decir, es una suma abreviada. Observa:

1. Completa la tabla de Pitágoras.

×	1	2	3	4	5	6	7	8	9	10
1	1									
2		4								
3			9							
4				16						
5					25					
6						36				
7							49			
8								64		
9									81	
10										100

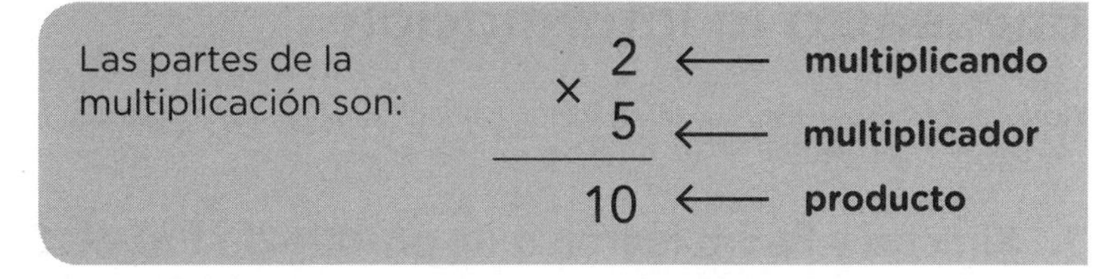

2. Busca las 13 multiplicaciones en esta sopa de números, pueden estar de manera horizontal o vertical. Fíjate en el ejemplo.

5	2	3	9	27	6	2	4	1
2	10	5	50	4	3	22	8	6
7	1	6	9	3	7	21	32	7
8	5	9	1	55	5	3	2	42
56	2	4	8	2	9	9	81	32
4	7	36	6	8	8	64	8	1
3	14	50	48	25	7	6	42	56
4	7	28	23	28	31	6	6	36

3. Une cada multiplicación con su resultado, utiliza diferentes colores. Fíjate en el ejemplo.

a) 2 × 7 =		24
b) 4 × 4 =		30
c) 6 × 5 =		60
d) 8 × 3 =		14
e) 10 × 6 =		16

f) 3 × 3 =		20
g) 5 × 4 =		36
h) 7 × 8 =		7
i) 9 × 4 =		9
j) 1 × 7 =		56

k) 2 × 9 =		36
l) 6 × 6 =		72
m) 4 × 8 =		18
n) 3 × 7 =		21
o) 8 × 9 =		32

Encuentra la información

Aprendizaje esperado. Lee información contenida en diversos portadores.

1. Ximena y Pedro fueron a un partido de fútbol. Observa la información y contesta las preguntas.

a) ¿A qué partido fueron? ____________________

b) ¿Qué día fue el partido? ____________________

c) ¿A qué hora comenzó el partido? ____________________

d) Si salieron del estadio a las 10:30, ¿cuánto tiempo estuvieron? __________

e) ¿Cuál es el precio más barato? ________ ¿Cuál es el más caro? __________

f) Si se sentaron en la zona Preferente, ¿cuánto pagaron por los dos boletos? ____________________

g) ¿En qué lugar crees que se ve mejor el partido? ____________________

Figuras geométricas

Aprendizaje esperado. Construye y analiza figuras geométricas.

1. Busca en la sopa de letras los nombres de las figuras geométricas y escribe sus nombres sobre las líneas.

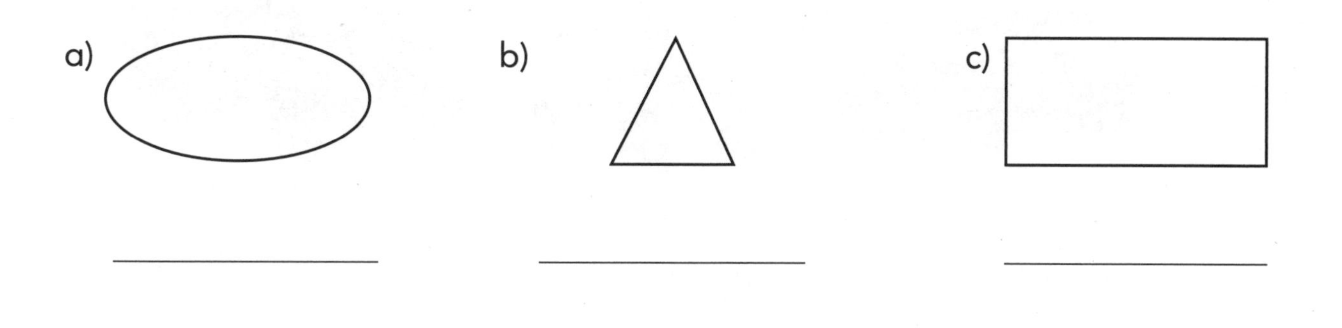

R	E	C	T	A	N	G	U	L	O
T	E	A	C	B	C	Y	N	A	T
R	C	I	R	C	U	L	O	E	R
I	U	V	M	C	A	V	O	T	A
A	O	M	O	V	D	X	Y	L	P
N	O	V	A	L	R	O	M	B	E
G	C	I	A	C	A	F	L	O	C
U	S	W	Z	L	D	D	R	I	I
L	R	O	M	V	O	O	B	A	O
O	X	Z	R	O	M	B	O	O	L

d)

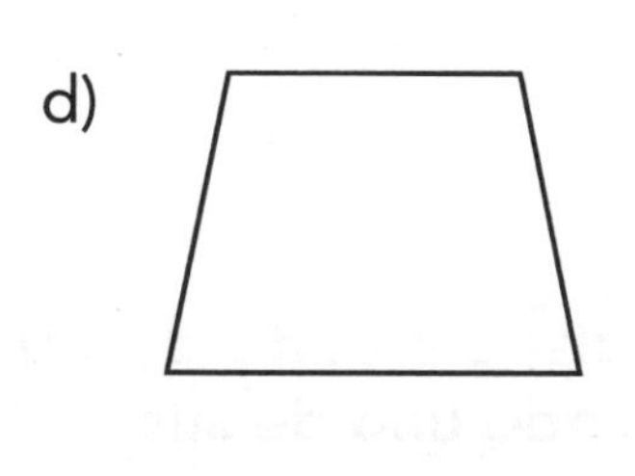

e)

f)

g)

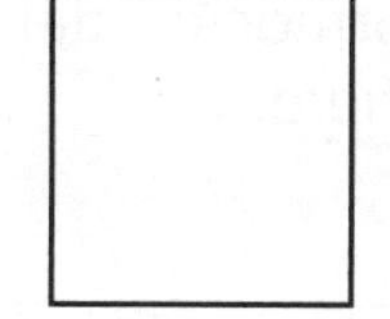

Resolución de problemas con sumas hasta el 1000

Aprendizaje esperado. Resuelve problemas de suma y resta con números naturales hasta 10000

1. Lalo tiene un autolavado. Al final del día se lavaron 2 camionetas, 3 autos medianos y 4 autos pequeños.

Autos medianos $50

Autos pequeños $25

Camioneta $100

a) ¿Cuántos autos se lavaron en total? ____________________

b) ¿Cuánto dinero cobraron por el lavado de las camionetas? ____________

c) ¿Cuánto dinero pagó un señor que llevó a lavar un auto mediano y uno pequeño? ____________

d) ¿Cuánto dinero pagó una señora que llevó a lavar una camioneta y un auto pequeño? ____________

2. La tía de Elisa tiene un pequeño taller de costura. Ella registró en un pizarrón el número de dobladillos, cierres y botones que cosieron cada uno de sus empleados esta quincena.

Empleado	Dobladillos	Cierres	Botones
Fernando	20	15	50
Rocío	22	12	40
Leticia	15	20	45

a) Con la información del pizarrón, escribe dos preguntas que podrías hacerle a un compañero.

- ____
  ____
- ____
  ____

Resolución de problemas con restas hasta el 1000

Aprendizaje esperado. Resuelve problemas de suma y resta con números naturales hasta 10000.

1. Resuelve los siguientes problemas.

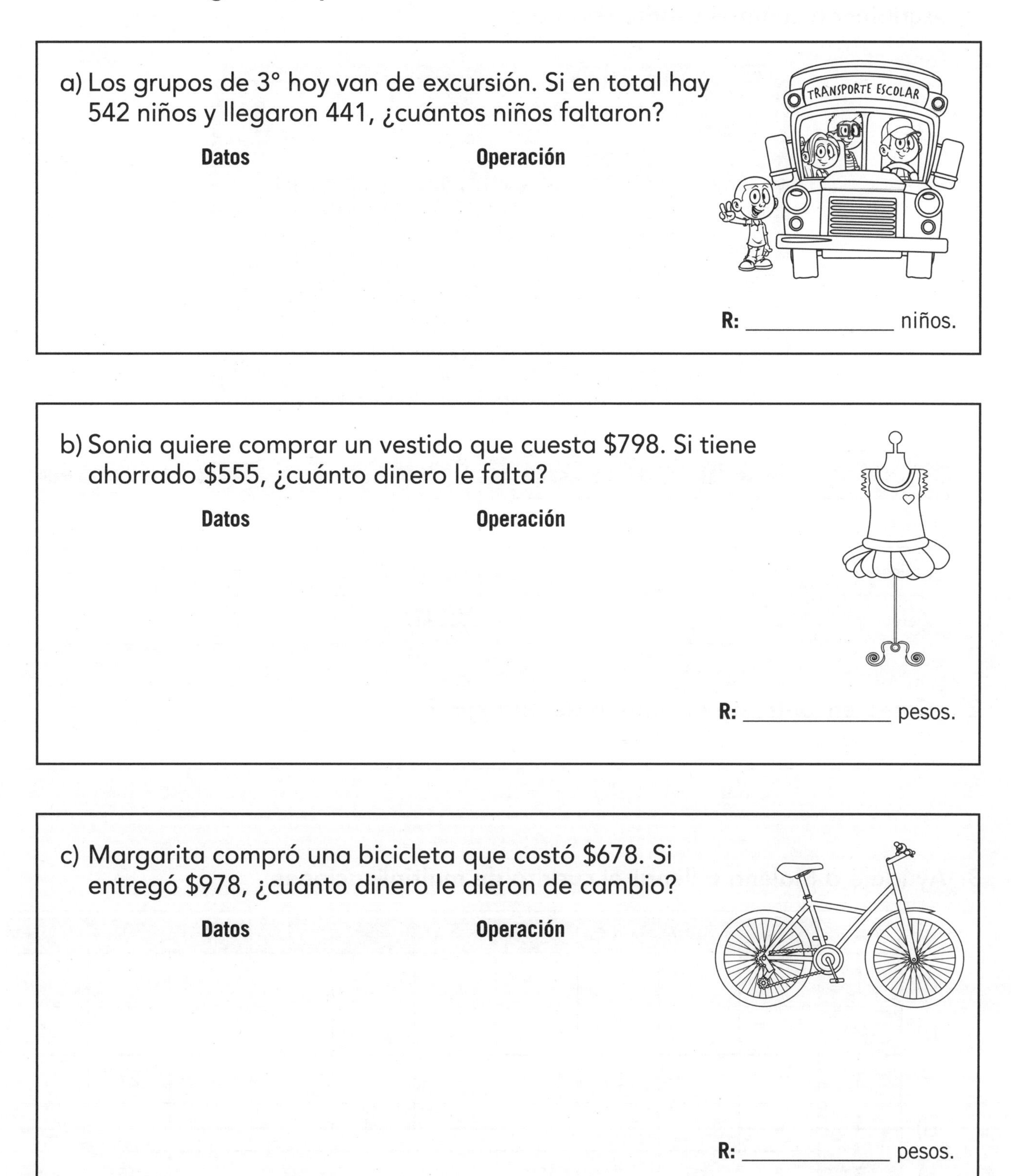

a) Los grupos de 3° hoy van de excursión. Si en total hay 542 niños y llegaron 441, ¿cuántos niños faltaron?

Datos **Operación**

R: _______________ niños.

b) Sonia quiere comprar un vestido que cuesta $798. Si tiene ahorrado $555, ¿cuánto dinero le falta?

Datos **Operación**

R: _______________ pesos.

c) Margarita compró una bicicleta que costó $678. Si entregó $978, ¿cuánto dinero le dieron de cambio?

Datos **Operación**

R: _______________ pesos.

Resolución de problemas con multiplicación

Aprendizaje esperado. Resuelve problemas de multiplicación con números naturales cuyo producto sea hasta de tres cifras.

1. Malena vende naranjas en el mercado. Observa la imagen y completa la tabla escribiendo cuántas vendió cada día.

Día	Canastas	Naranjas	Día	Canastas	Naranjas
Lunes	4		Jueves	10	
Martes	2		Viernes	6	
Miércoles	7		Sábado	9	

2. ¿Cómo encontraste el número de naranjas?

____

____

3. Ayúdale a Malena a llenar el cuadro de multiplicaciones.

	×	1	2	3	4	5	6	7	8	9	10
a)	1										
b)	2					10					20
c)	3			9			18			27	
d)	4	4					24			36	
e)	5	5	10		20		30	35		45	

4. Silvia vende manzanas. Observa la imagen, calcula y contesta.

a) Miriam lleva seis cajas con seis manzanas, ¿cuántas manzanas tiene? ________________

b) Beto pide tres cajas con siete manzanas, ¿cuántas manzanas compra? ________________

c) Raquel llevó cinco cajas con ocho manzanas, ¿cuántas manzanas llevó? ________________

d) Yolanda pidió nueve cajas con nueve manzanas, ¿cuántas manzanas le dieron? ________________

e) Rafael compró tres cajas con diez manzanas, ¿cuántas manzanas se llevó? ________________

5. Completa el cuadro y verifica las respuestas que hayas encontrado.

	×	1	2	3	4	5	6	7	8	9	10
a)	**6**	6	12				36	42		54	60
b)	**7**	7			28	35		49	56	63	70
c)	**8**	8			32	40		56			80
d)	**9**		18	27	36		54	63			90
e)	**10**	10		30	40		60	70		90	

Números hasta el 10 000

Aprendizaje esperado. Lee, escribe y ordena números naturales hasta 10 000.

En México utilizamos el **sistema de numeración decimal**. Se le llama así porque tiene como base el número 10 y a cada dígito le corresponde una posición u orden. Observa:

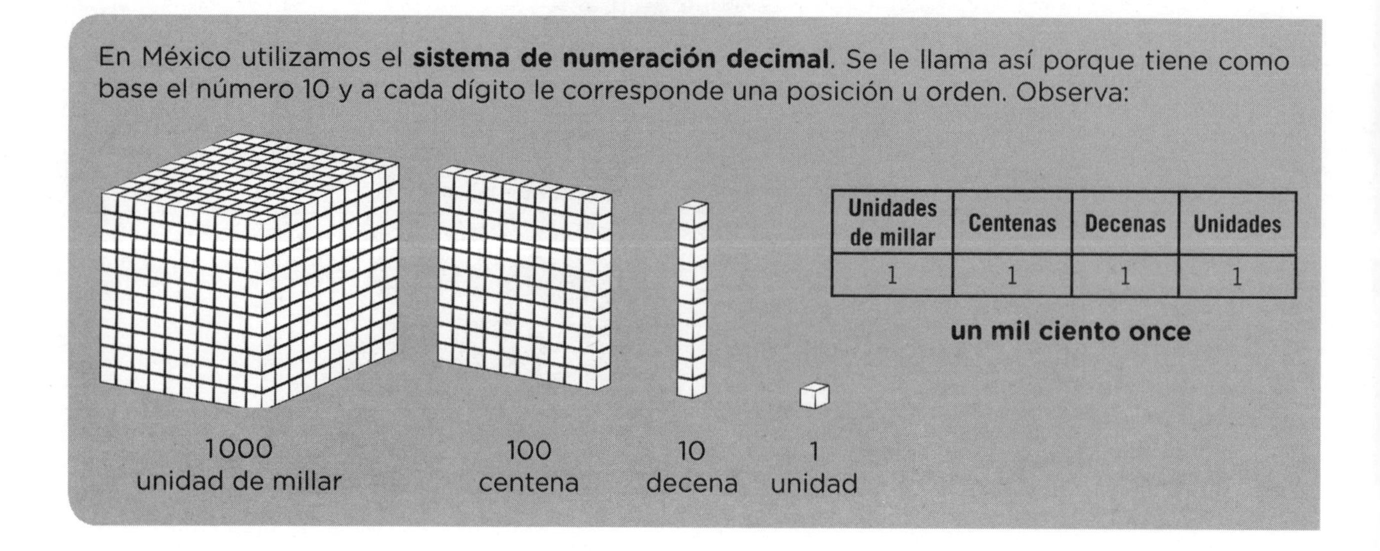

Unidades de millar	Centenas	Decenas	Unidades
1	1	1	1

un mil ciento once

1. Escribe qué cantidades se forman en cada caso. Guíate con la explicación anterior.

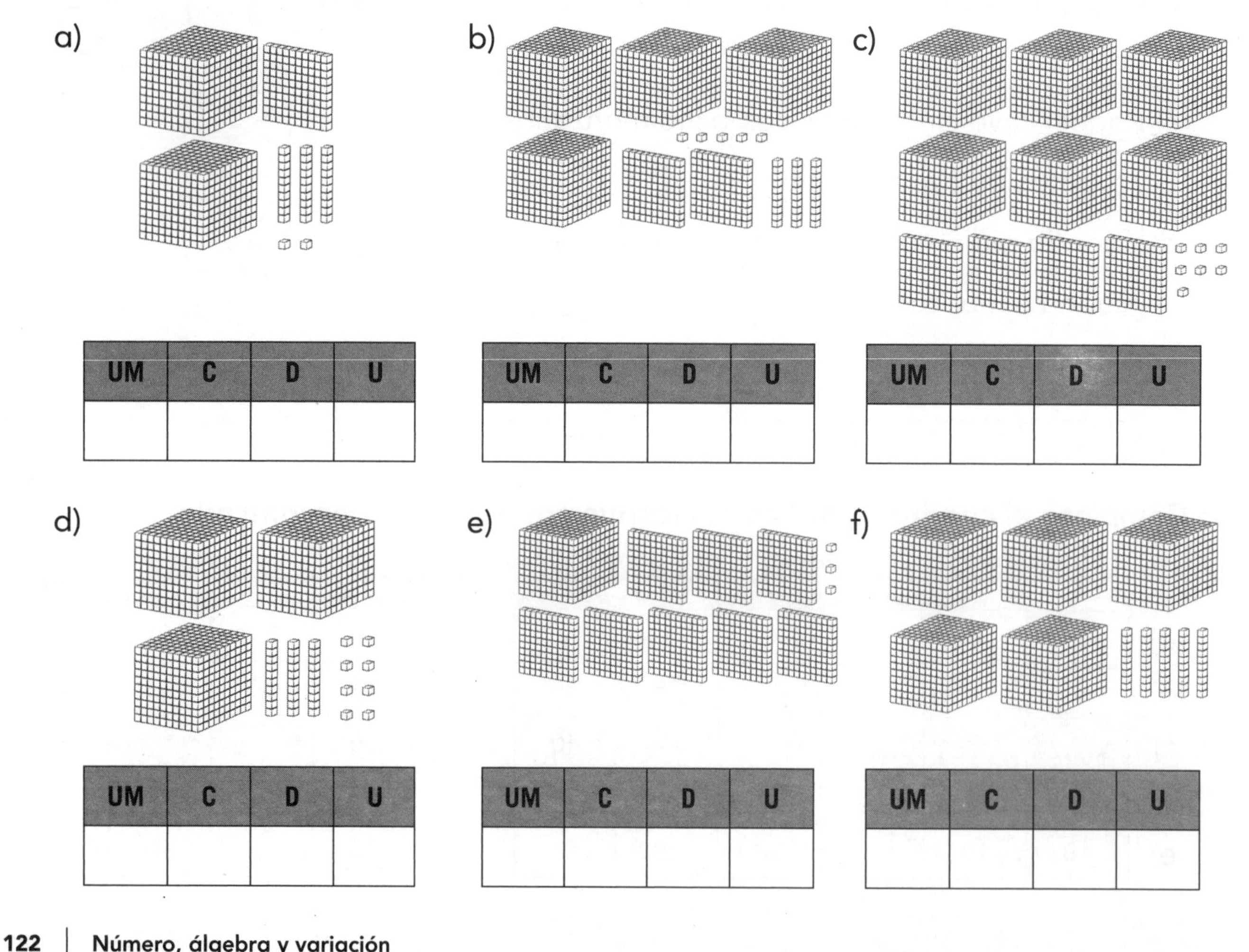

a)

UM	C	D	U

b)

UM	C	D	U

c)

UM	C	D	U

d)

UM	C	D	U

e)

UM	C	D	U

f)

UM	C	D	U

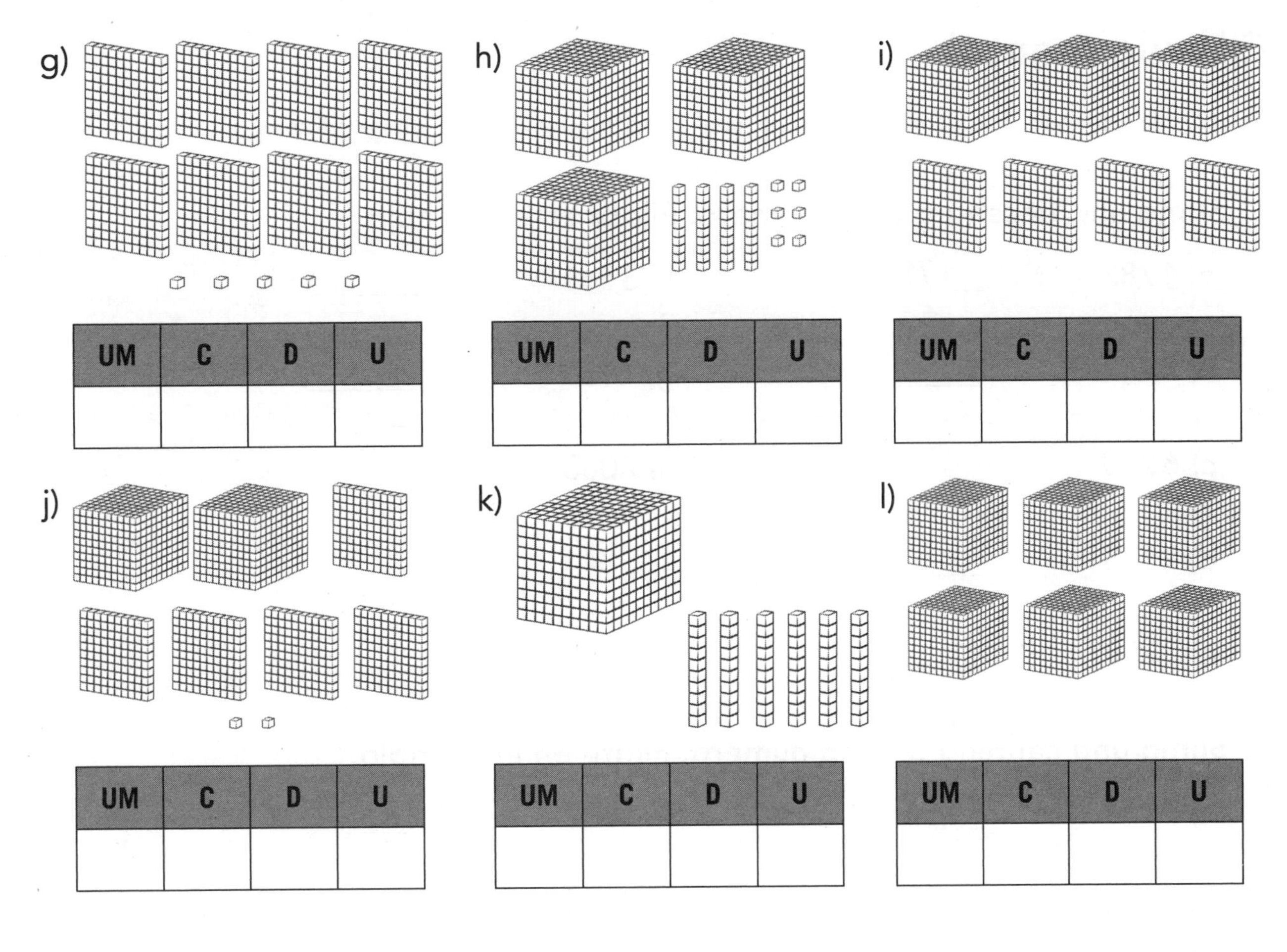

UM	C	D	U

UM	C	D	U

UM	C	D	U

UM	C	D	U

UM	C	D	U

UM	C	D	U

2. En el paréntesis dibuja una ✘ en la respuesta correcta. Fíjate en el ejemplo.

a) En el número 3 790, el 7 representa:

unidades ( ) decenas ( ) centenas (✘) unidades de millar ( )

b) En el número 8 311, el 8 representa:

unidades ( ) decenas ( ) centenas ( ) unidades de millar ( )

c) En el número 6 492, el 2 representa:

unidades ( ) decenas ( ) centenas ( ) unidades de millar ( )

d) En el número 5 347, el 4 representa:

unidades ( ) decenas ( ) centenas ( ) unidades de millar ( )

e) En el número 1 682, el 1 representa:

unidades ( ) decenas ( ) centenas ( ) unidades de millar ( )

Cálculo mental

Aprendizaje esperado. Calcula mentalmente, de manera exacta y aproximada, sumas y restas.

1. Suma una decena a cada número. Fíjate en el ejemplo.

a) 4 7**8**2	4792	f) 3 561	______
b) 8 432	______	g) 1 953	______
c) 6 280	______	h) 7 080	______
d) 9 375	______	i) 5 841	______
e) 2 758	______	j) 5 660	______

2. Suma una centena a cada número. Fíjate en el ejemplo.

a) 7 **2**64	7364	f) 4 807	______
b) 5 825	______	g) 8 203	______
c) 6 389	______	h) 7 652	______
d) 2 178	______	i) 1 800	______
e) 3 842	______	j) 3 024	______

3. Suma una unidad de millar a cada número. Fíjate en el ejemplo.

a) **6** 590	7590	f) 2 074	______
b) 4 427	______	g) 4 762	______
c) 3 941	______	h) 8 619	______
d) 7 547	______	i) 5 075	______
e) 8 839	______	j) 4 507	______

Sumas con transformación

Aprendizaje esperado. Resuelve problemas de suma y resta con números naturales hasta 10 000.

Al **sumar** cantidades debes iniciar por las **unidades**. Si el resultado es mayor a 9, escribe únicamente el valor de las unidades mientras que el valor de la decena lo sumas en la columna de las decenas. Repite el procedimiento en cada columna en la que el resultado sea mayor a 9. Observa:

$$\begin{array}{r} {}^{1}\\ 28 \\ +\ \ 4 \\ \hline \not{1}2 \end{array} \quad \begin{array}{r} {}^{1}\\ 28 \\ +\ \ 4 \\ \hline 32 \end{array} \qquad \begin{array}{r} {}^{1}\\ 582 \\ +\ \ 55 \\ \hline \not{1}37 \end{array} \quad \begin{array}{r} {}^{1}\\ 582 \\ +\ \ 55 \\ \hline 637 \end{array} \quad \begin{array}{r} {}^{1}\\ 587 \\ +\ \ 55 \\ \hline \not{1}2 \end{array} \qquad \begin{array}{r} {}^{11}\\ 587 \\ +\ \ 55 \\ \hline 142 \end{array} \quad \begin{array}{r} {}^{11}\\ 587 \\ +\ \ 55 \\ \hline 642 \end{array}$$

1. Resuelve las siguientes sumas.

a)
$$\begin{array}{r} 4359 \\ +\ 4012 \\ \hline \end{array}$$

b)
$$\begin{array}{r} 5023 \\ +\ 3782 \\ \hline \end{array}$$

c)
$$\begin{array}{r} 4368 \\ +\ 3641 \\ \hline \end{array}$$

d)
$$\begin{array}{r} 3629 \\ +\ 2737 \\ \hline \end{array}$$

e)
$$\begin{array}{r} 9345 \\ +\ 388 \\ \hline \end{array}$$

f)
$$\begin{array}{r} 7272 \\ +\ 1078 \\ \hline \end{array}$$

g)
$$\begin{array}{r} 5391 \\ +\ 3809 \\ \hline \end{array}$$

h)
$$\begin{array}{r} 4943 \\ +\ 2862 \\ \hline \end{array}$$

i)
$$\begin{array}{r} 1348 \\ +\ 4529 \\ \hline \end{array}$$

j)
$$\begin{array}{r} 6298 \\ +\ 1904 \\ \hline \end{array}$$

k)
$$\begin{array}{r} 4375 \\ +\ 1336 \\ \hline \end{array}$$

l)
$$\begin{array}{r} 5835 \\ +\ 3199 \\ \hline \end{array}$$

Comparación y estimación de longitudes

Aprendizaje esperado. Estima, compara y ordena longitudes.

Para saber la **longitud** o distancia que hay entre dos objetos, es necesario tener un **punto de referencia**. El auto con el número 21 ha recorrido una distancia mayor que los demás y lo sabemos porque todos salieron del mismo lugar.

1. Numera los lápices del 1 al 5 empezando por el más corto.

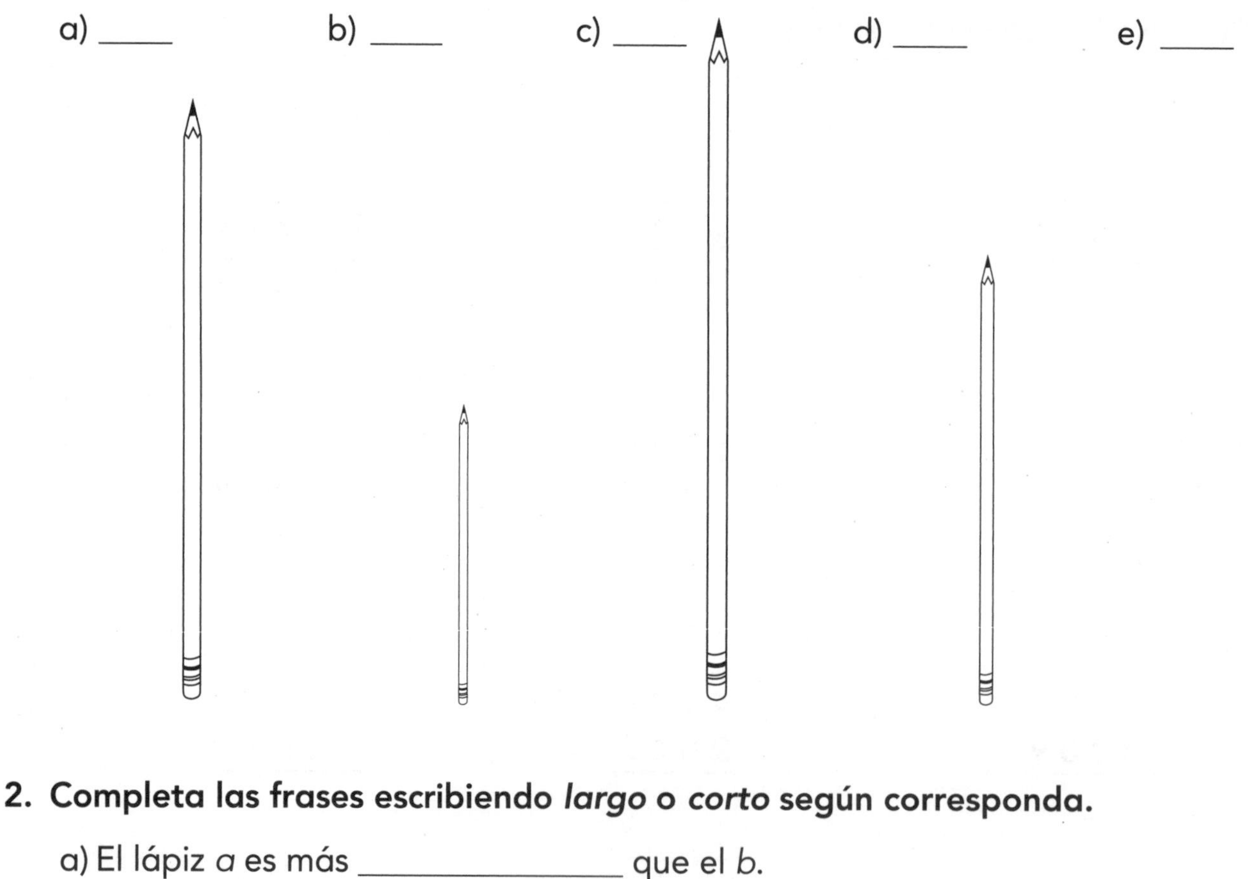

2. Completa las frases escribiendo *largo* o *corto* según corresponda.

a) El lápiz *a* es más ____________________ que el *b*.

b) El lápiz *b* es más ____________________ que el *c*.

c) El lápiz *c* es más ____________________ que el *d*.

d) El lápiz *d* es más ____________________ que el *e*.

e) El lápiz *e* es más ____________________ que el *a*.

3. **Observa el salón de clases y contesta.**

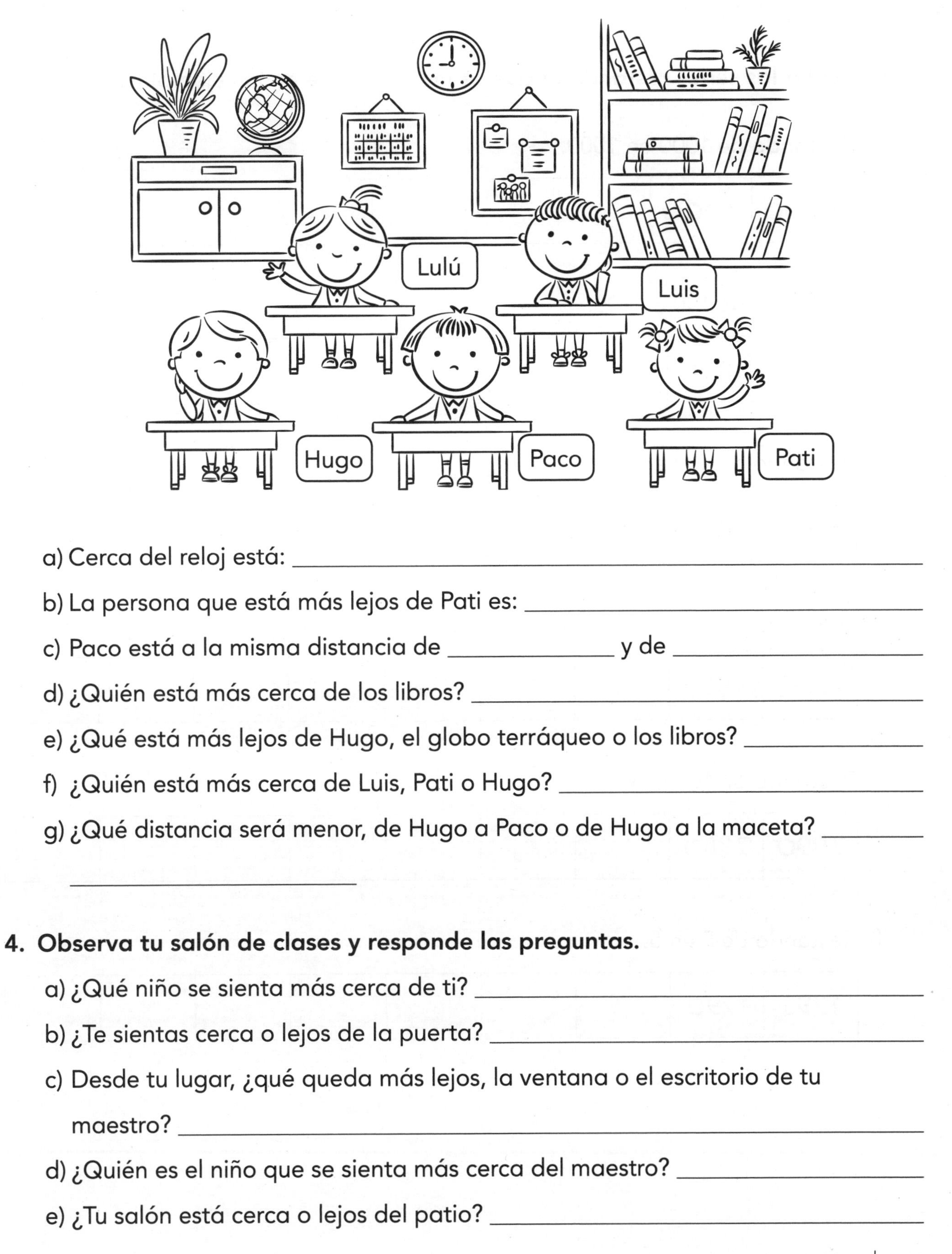

a) Cerca del reloj está: ______________________

b) La persona que está más lejos de Pati es: ______________________

c) Paco está a la misma distancia de ____________ y de ____________

d) ¿Quién está más cerca de los libros? ______________________

e) ¿Qué está más lejos de Hugo, el globo terráqueo o los libros? ____________

f) ¿Quién está más cerca de Luis, Pati o Hugo? ______________________

g) ¿Qué distancia será menor, de Hugo a Paco o de Hugo a la maceta? ________

____

4. **Observa tu salón de clases y responde las preguntas.**

a) ¿Qué niño se sienta más cerca de ti? ______________________

b) ¿Te sientas cerca o lejos de la puerta? ______________________

c) Desde tu lugar, ¿qué queda más lejos, la ventana o el escritorio de tu maestro? ______________________

d) ¿Quién es el niño que se sienta más cerca del maestro? ______________________

e) ¿Tu salón está cerca o lejos del patio? ______________________

Cálculo mental

Aprendizaje esperado. Calcula mentalmente, de manera exacta y aproximada, sumas y restas.

1. Continúa las series restando lo que se indica. Fíjate en los ejemplos.

a) Restando de 1000 en 1000.

9000	8000							

b) Restando de 100 en 100.

5900	5800							

c) Restando de 500 en 500.

9500	9000							

d) Restando de 50 en 50.

4600	4550							

e) Restando de 10 en 10.

7990	7980							

f) Restando de 5 en 5.

1295	1290							

Restas con transformación

Aprendizaje esperado. Resuelve problemas de suma y resta con números naturales hasta 10000. Usa el algoritmo convencional para restar.

Si al **restar** dos cantidades la unidad del **minuendo** es **mayor** que la del **sustraendo**, lo único que debes hacer es pedir a la decena que te "preste" una y la sumas a las unidades. Si ocurre lo mismo en las decenas, repite la operación. Observa:

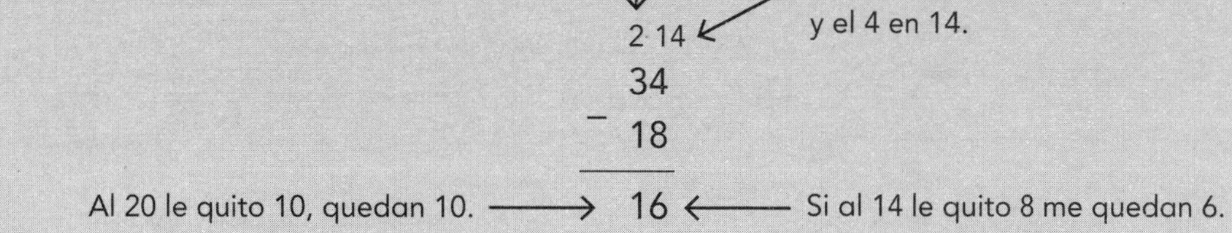

1. Resuelve las siguientes restas.

a) $5952 - 2615$

b) $9643 - 3329$

c) $8568 - 4439$

d) $7713 - 3306$

e) $4683 - 2347$

f) $5783 - 2425$

g) $9345 - 4028$

h) $6956 - 3228$

i) $6543 - 2337$

j) $8385 - 4219$

k) $6645 - 2439$

l) $4645 - 1326$

Algoritmo de la multiplicación

Aprendizaje esperado. Resuelve problemas de multiplicación con números naturales cuyo producto sea hasta de tres cifras.

Para multiplicar un número por otro que tiene 2 cifras, multiplica primero las unidades. Si el resultado es mayor a 9, escribe las unidades y las decenas las sumas en su lugar. Observa:

$$\begin{array}{r} 24 \\ \times\ 3 \\ \hline 72 \end{array}$$

$3 \times 4 = 12$ (se escribe 2 y se lleva 1)

$3 \times 2 = 6 + 1 = 7$

1. Resuelve las siguientes multiplicaciones.

a) 43×5

b) 52×3

c) 93×4

d) 59×9

e) 56×2

f) 27×4

g) 78×6

h) 29×5

i) 32×7

j) 45×6

k) 36×9

l) 82×4

m) 18×9

n) 44×8

o) 27×9

Duplicar quiere decir multiplicar por 2; es decir, "el doble".

Triplicar quiere decir multiplicar por 3; es decir, "el triple".

2. Escribe el doble de estas cantidades. Fíjate en el ejemplo.

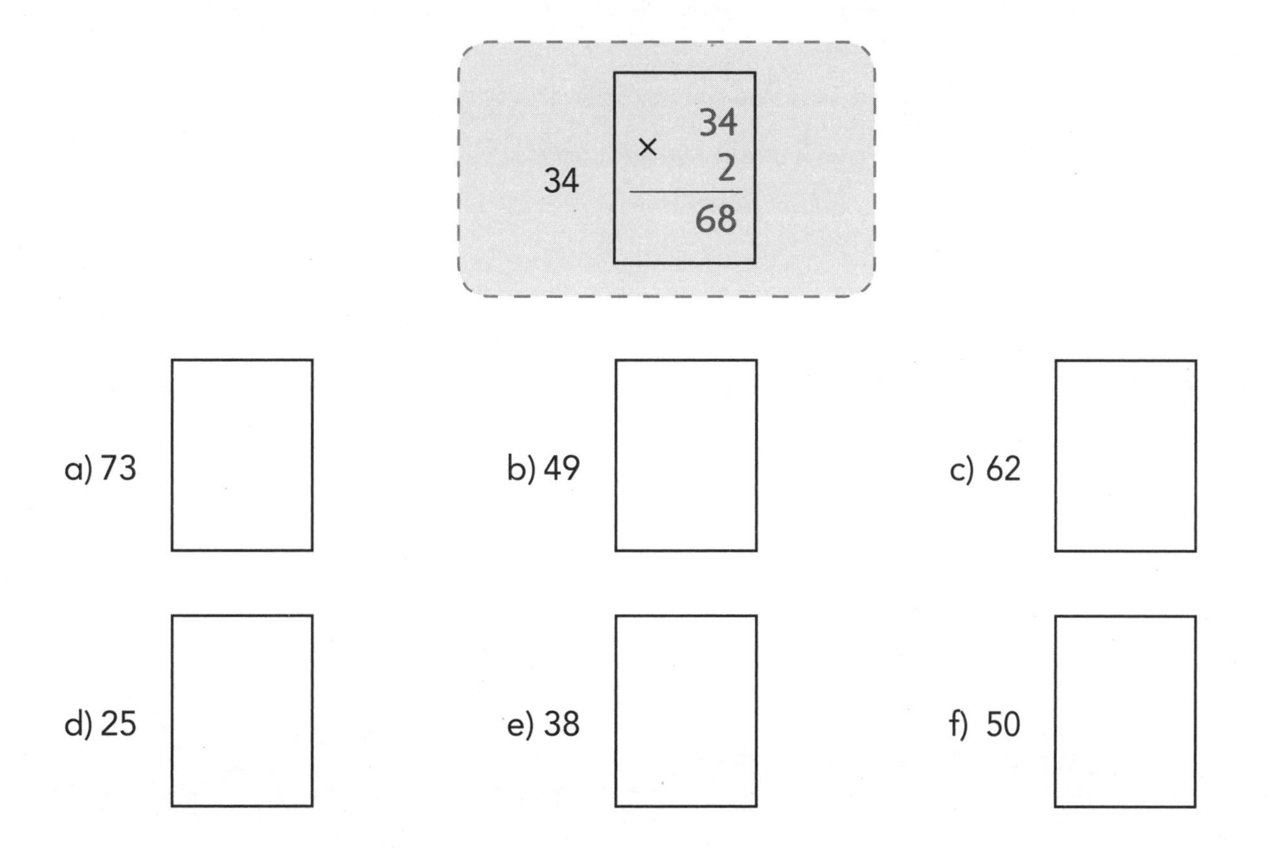

3. Escribe el triple de estas cantidades.

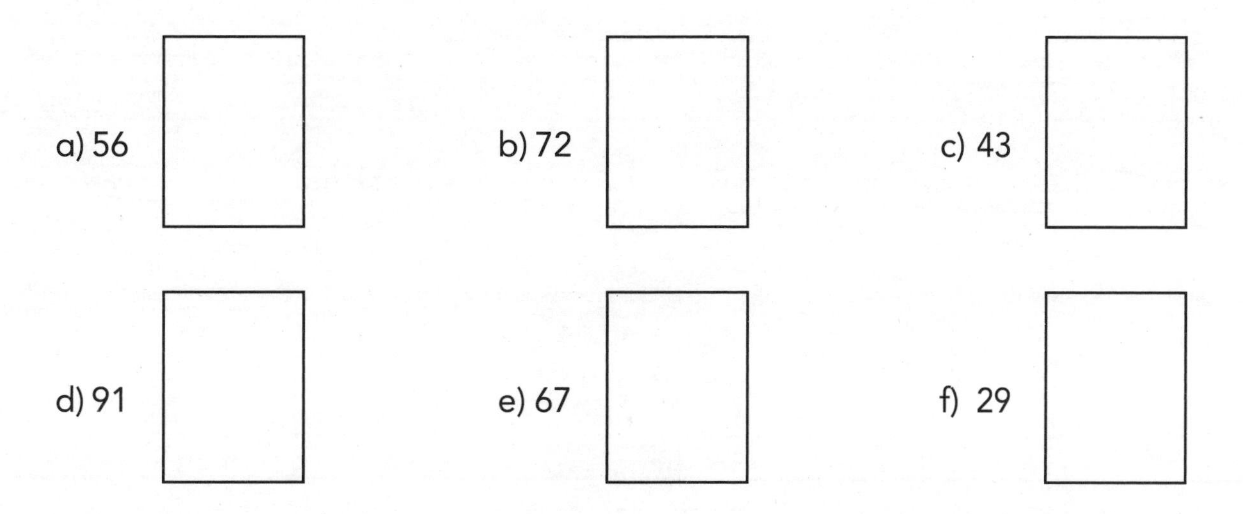

Utilicemos la regla para medir

Aprendizaje esperado. Estima, compara y ordena longitudes y distancias, usando el centímetro.

Las **medidas de longitud** sirven para medir líneas y distancias.

La unidad principal es el **metro** y se representa con una **m**.

Para medir dimensiones pequeñas, se utiliza el centímetro (**cm**).

Una regla nos ayuda a medir los centímetros.

Tienes que fijarte que al usar tu regla pongas el número "0" justo donde inicia el objeto que vas a medir.

1. Con ayuda de tu regla mide el largo de las siguientes flautas, y escribe en la línea su tamaño. Después, colorea de café la flauta más larga y de amarillo la más corta.

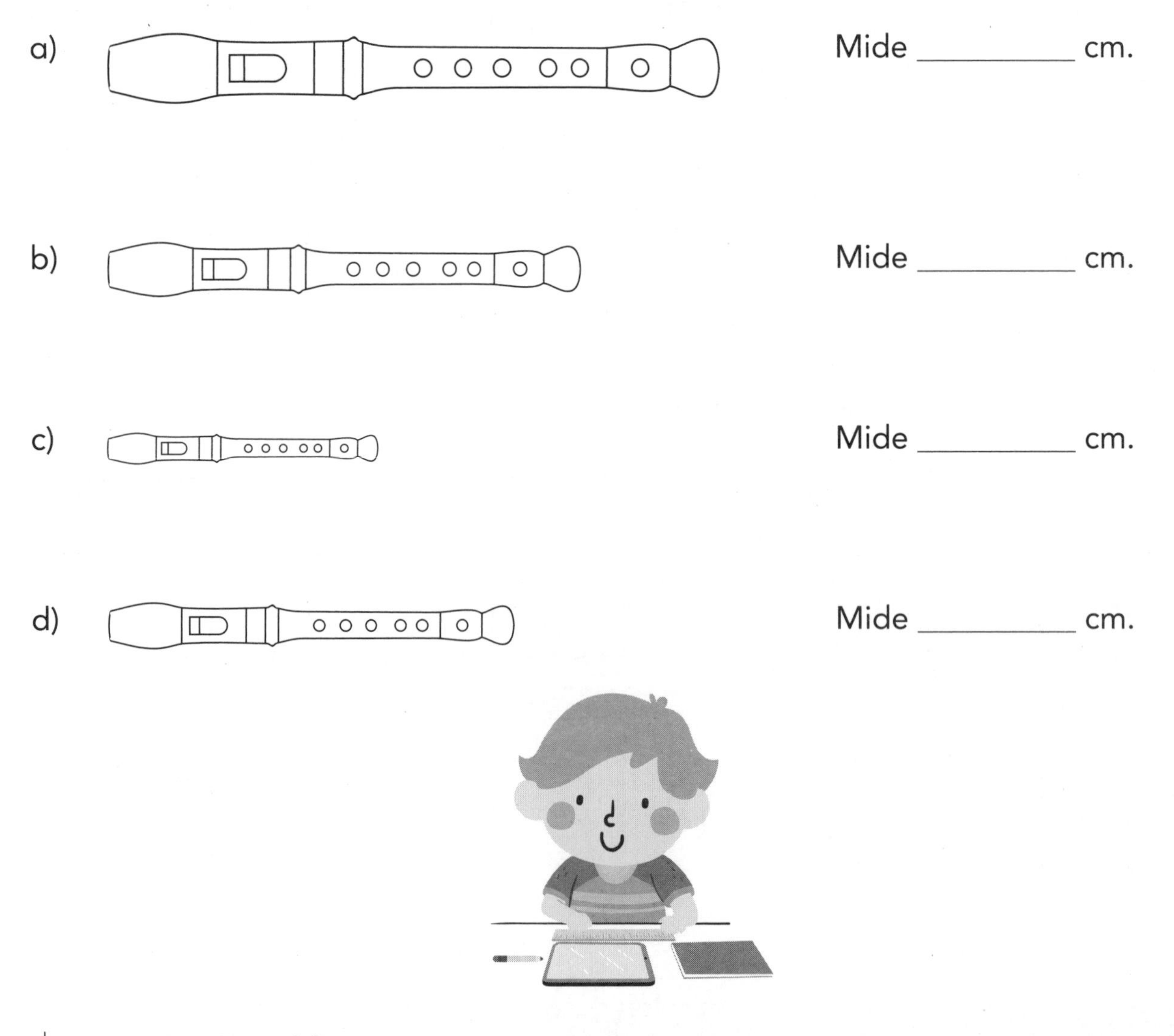

a) Mide __________ cm.

b) Mide __________ cm.

c) Mide __________ cm.

d) Mide __________ cm.

2. **Observa el mapa y con ayuda de tu regla contesta las preguntas.**

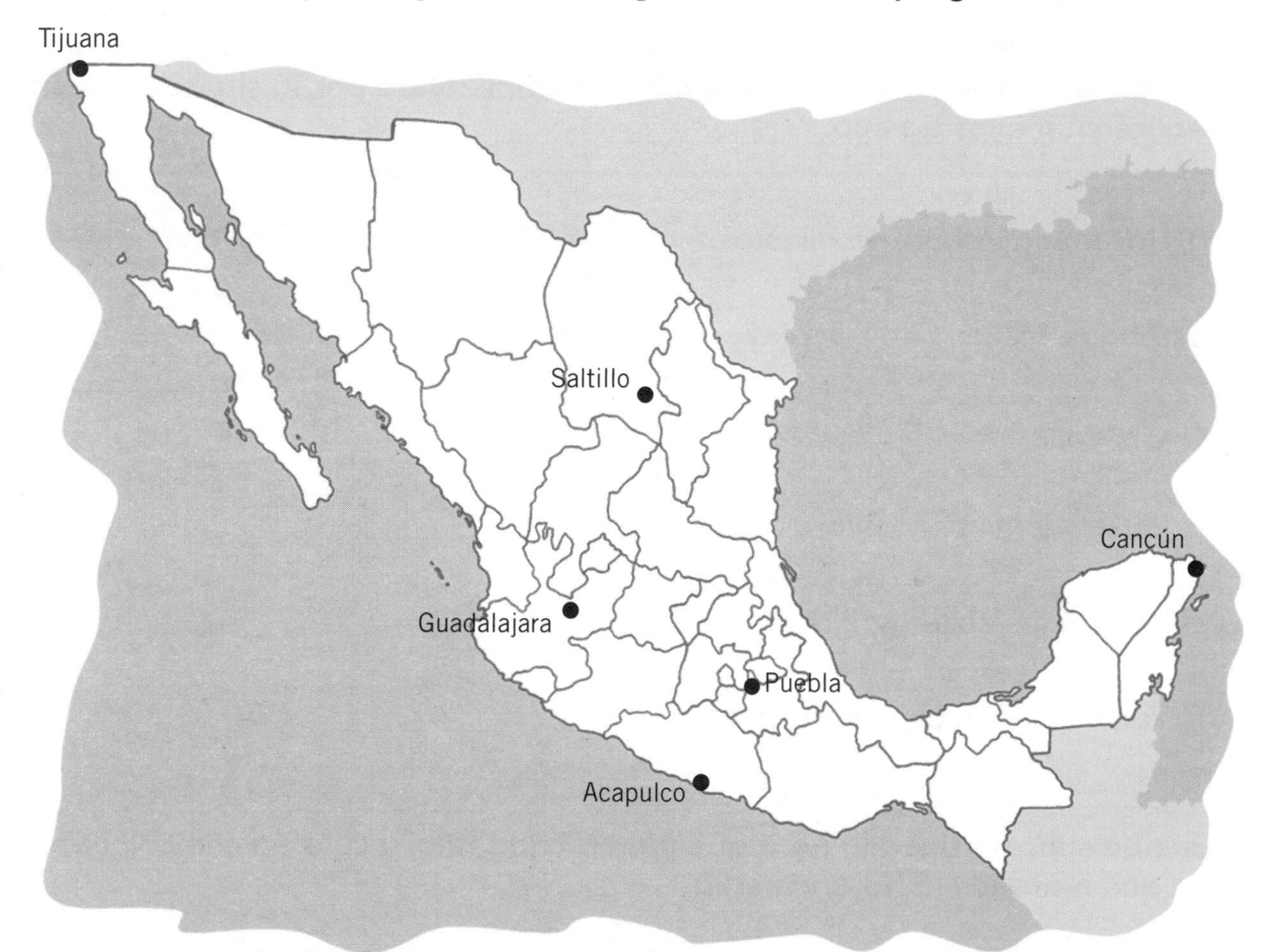

a) ¿Qué ciudades están más lejos entre sí?

____

b) ¿Qué ciudades están más cerca entre sí?

____

c) ¿Qué ciudad está más cerca de Saltillo?

____

d) ¿Cuántos centímetros hay entre Cancún y Tijuana? ________________

e) ¿Qué distancia es mayor, de Acapulco a Puebla o de Acapulco a Guadalajara?

____

f) ¿Qué distancia es menor, de Tijuana a Guadalajara o de Tijuana a Saltillo?

____

Repaso

1. **Lee las siguientes situaciones y fíjate en cuánto tiempo se realiza cada una. Escribe en la línea los números del 1 al 6 empezando por la situación que se realice en menos tiempo.**

   a) Hacer una lasaña: 45 minutos. __________

   b) ¡Ahorré $50 en una semana! __________

   c) Lavar un auto: 30 minutos. __________

   d) Recorrido en tren: 2 horas. __________

   e) Visita a los abuelos: 2 días __________

   f) Vacaciones en el pueblo: un mes __________

2. **Escribe sobre la línea la hora que marca cada reloj y colorea con color verde los que marquen la hora y media.**

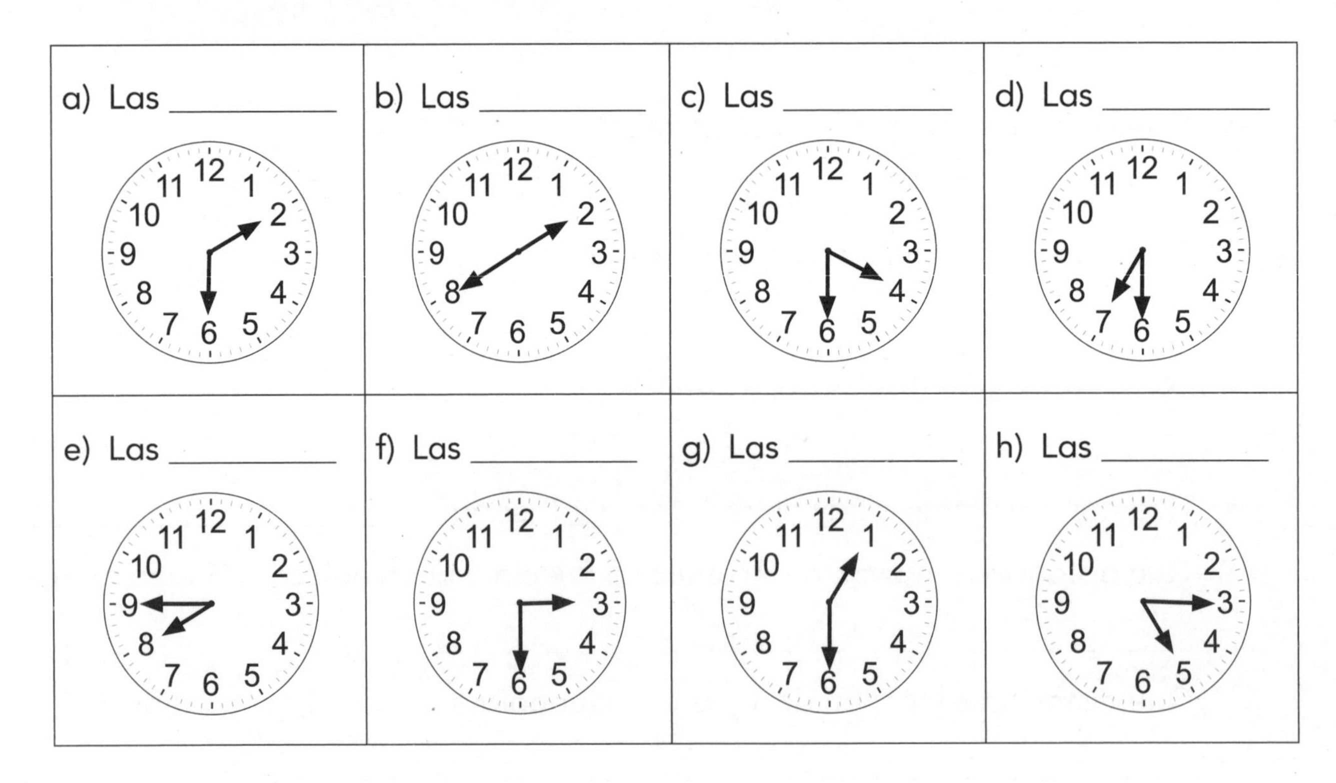

3. **Resuelve las siguientes operaciones. Escribe con letra el resultado mayor y encierra en un círculo el menor.**

a) $\begin{array}{r} 72 \\ \times \quad 3 \\ \hline \end{array}$

b) $\begin{array}{r} 4\,602 \\ + \; 3\,419 \\ \hline \end{array}$

c) $\begin{array}{r} 7\,314 \\ - \; 2\,504 \\ \hline \end{array}$

d) $\begin{array}{r} 5\,937 \\ + \; 1\,078 \\ \hline \end{array}$

e) $\begin{array}{r} 65 \\ \times \quad 4 \\ \hline \end{array}$

f) $\begin{array}{r} 8\,607 \\ - \; 5\,418 \\ \hline \end{array}$

- Resultado mayor: ____

4. **Mide con una regla la cuerda de cada papalote y escribe su tamaño dentro de cada uno.**

5. **Observa la imagen y realiza lo que se indica.**

a) El niño más cercano a Pili es ______________________________.

b) Lucía está cerca de __________________ y de __________________.

c) Dibuja una pelota cerca de Memo y lejos de Lucía.

d) Dibuja una nube lejos de Pepe.

e) Hay dos papalotes que miden lo mismo. Sus dueños son: ______________

____.

Números hasta el 10 000

Aprendizaje esperado. Lee, escribe y ordena números naturales hasta 10 000.

1. Completa la tabla.

	100	200	300	400	500	600	700	800	900	1 000
a)	1 100	1 200		1 400	1 500				1 900	2 000
b)	2 100		2 300		2 500	2 600	2 700	2 800	2 900	
c)		3 200	3 300	3 400		3 600	3 700		3 900	4 000
d)	4 100	4 200		4 400	4 500		4 700	4 800	4 900	5 000
e)	5 100	5 200	5 300	5 400	5 500	5 600	5 700	5 800	5 900	
f)	6 100		6 300	6 400		6 600	6 700	6 800	6 900	7 000
g)	7 100	7 200	7 300	7 400	7 500	7 600		7 800	7 900	8 000
h)		8 200	8 300		8 500	8 600	8 700		8 900	9 000
i)	9 100	9 200	9 300	9 400	9 500		9 700	9 800	9 900	10 000

2. Menciona en voz alta los nombres de los números que acabas de escribir.

3. Escribe los nombres de todos los números de la tabla que tienen 7 centenas.

____

____

____

4. Gaby dijo algunos nombres de la columna que tiene 5 centenas. Menciona los que le faltaron y escríbelos.

____

____

____

____

____

5. **Lalo reparte congeladas por toda la Ciudad de México. Observa la imagen y contesta.**

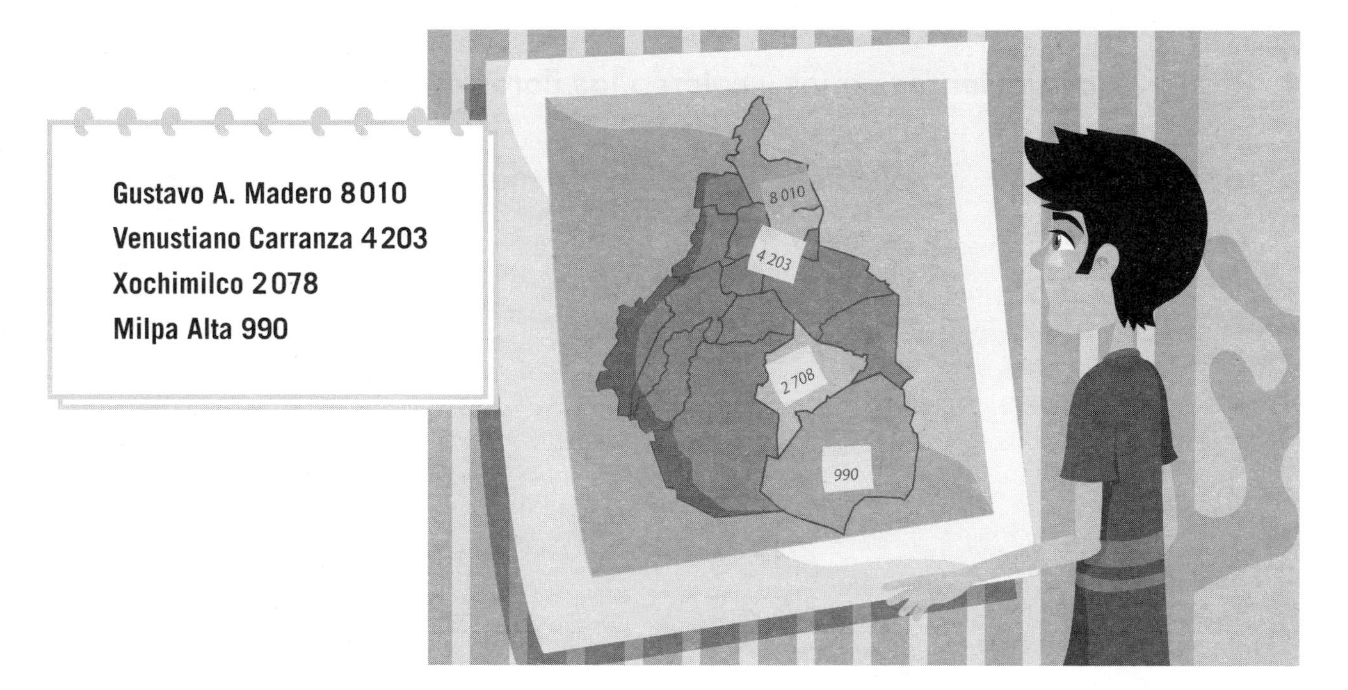

a) ¿En qué alcaldía entrega menos congeladas? ______________________

b) ¿Cómo lograste identificar el número menor? ______________________

____

c) ¿En qué alcaldía entrega la cantidad más cercana a tres mil? ____________

6. **Completa la tabla para saber cuántas congeladas se entregaron en cada alcaldía.**

Alcaldía	Unidad de millar	Centenas	Decenas	Unidades
Milpa Alta				
Xochimilco				
G. A. Madero				
V. Carranza				

Sumas hasta unidad de millar

Aprendizaje esperado. Resuelve problemas de suma y resta con números naturales hasta 10 000.

1. Resuelve las siguientes sumas y colorea las flores como se indica.

a) azul marino

$$\begin{array}{r} 4356 \\ +\ 2738 \\ \hline \end{array}$$

b) café

$$\begin{array}{r} 7186 \\ +\ 1302 \\ \hline \end{array}$$

c) morado

$$\begin{array}{r} 3404 \\ +\ 5861 \\ \hline \end{array}$$

d) naranja

$$\begin{array}{r} 2693 \\ +\ 3208 \\ \hline \end{array}$$

e) rosa

$$\begin{array}{r} 7176 \\ +\ 2590 \\ \hline \end{array}$$

f) verde

$$\begin{array}{r} 6435 \\ +\ 3525 \\ \hline \end{array}$$

g) azul cielo

$$\begin{array}{r} 2876 \\ +\ 4865 \\ \hline \end{array}$$

h) amarillo

$$\begin{array}{r} 4905 \\ +\ 3178 \\ \hline \end{array}$$

i) rojo

$$\begin{array}{r} 5463 \\ +\ 2287 \\ \hline \end{array}$$

j) gris

$$\begin{array}{r} 8167 \\ +\ 196 \\ \hline \end{array}$$

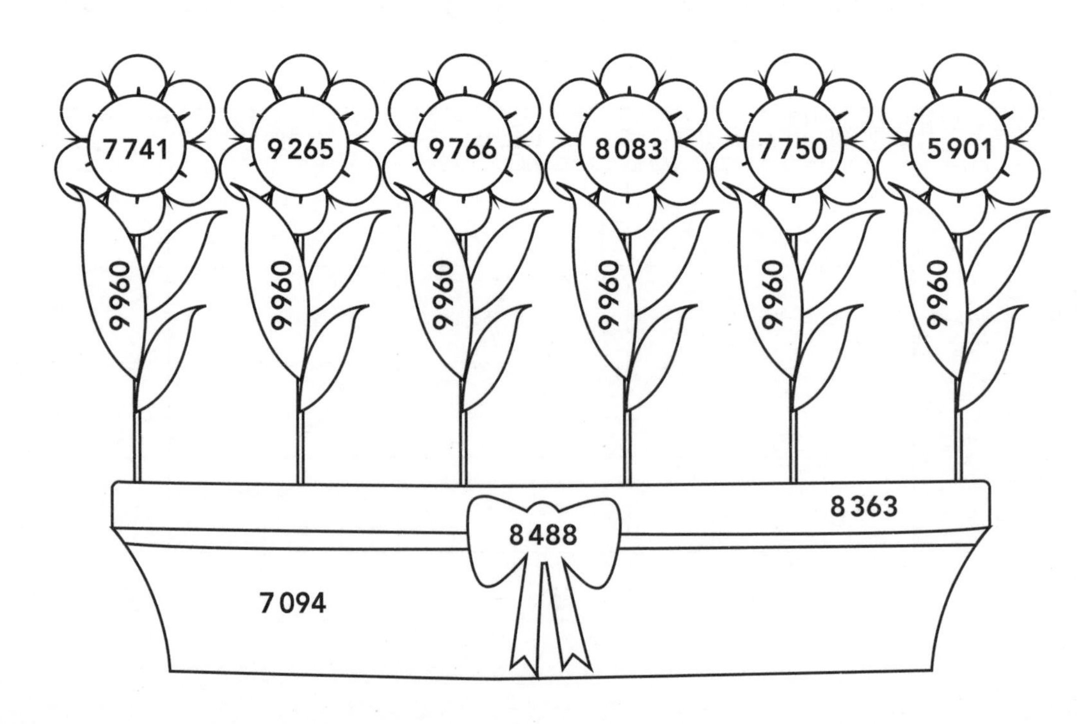

Restas hasta unidad de millar

Aprendizaje esperado. Usa el algoritmo convencional para restar.

1. **¿Sabías que hay aves que no puede volar? Resuelve las restas y escribe la letra que le corresponde a cada resultado. Descubrirás el nombre de dos. Fíjate en el ejemplo.**

i = 2929	o = 678	u = 4759	p = 5098	n = 3855	g = 2728

1) p ____ ____ ____ ____ ____ ____ ____

a) $7454 - 2356 = 5098$

b) $4755 - 1826$

c) $9527 - 5672$

d) $5374 - 2646$

e) $8326 - 3567$

f) $7421 - 4492$

g) $5743 - 1888$

h) $6063 - 5385$

a = 4186	e = 1637	u = 3425	r = 2018	s = 1808	t = 2689	v = 3726	z = 1648

2) ____ ____ ____ ____ ____ ____ ____ ____

a) $5782 - 1596$

b) $7565 - 3839$

c) $4276 - 2639$

d) $3754 - 1946$

e) $9256 - 6567$

f) $6217 - 4199$

g) $8273 - 4848$

h) $3032 - 1384$

Multiplicaciones

Aprendizaje esperado. Resuelve problemas de multiplicación.

1. Une los puntos con los resultados de la tabla de multiplicar que se indica y descubre los diferentes animales.

2. **Resuelve las multiplicaciones y después coloca el signo > o <, según corresponda. Fíjate en el ejemplo.**

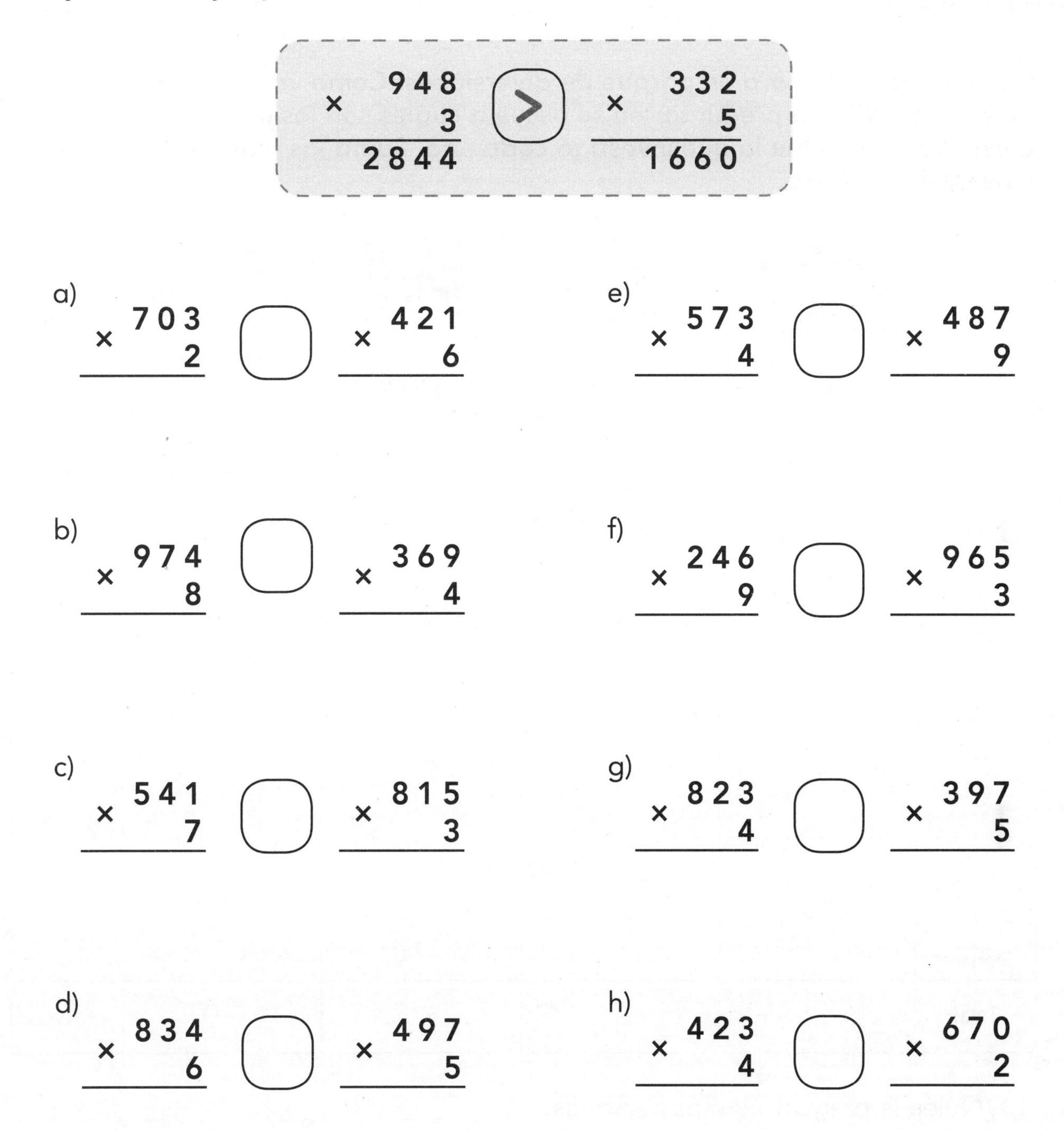

Recolección y representación de datos

Aprendizaje esperado. Recolecta, registra y lee datos en tablas.

1. Unos primos van a ir a un parque de diversiones. Como van a estar poco tiempo, decidieron preguntar en su escuela cuáles son los juegos más divertidos y esto fue lo que investigó cada uno. Suma las filas y las columnas y después contesta.

	Carrusel	Rueda de la fortuna	Casa de los sustos	Montaña rusa	Total
Tomy	25	10	35	80	
Paola	50	8	63	19	
Carlos	10	22	27	71	
Mariana	15	30	15	20	
Total					

a) ¿Quién le preguntó a más personas? ____________________

b) ¿A cuántas personas le preguntaron entre todos? ____________________

c) ¿Qué diferencia hay entre el niño que le preguntó a más personas y el que le preguntó a menos? ____________________

d) Entre las dos niñas, ¿a cuántas personas le preguntaron? ____________________

2. Colorea los cuadros de acuerdo a los votos totales que obtuvo cada juego.

	 Carrusel	 Rueda de la fortuna	 Casa de los sustos	 Montaña rusa
200				
190				
180				
170				
160				
150				
140				
130				
120				
110				
100				
90				
80				
70				
60				
50				
40				
30				
20				
10				

3. De acuerdo a la gráfica que elaboraste contesta las siguientes preguntas.

a) ¿Qué juego obtuvo menos votos?

___

b) ¿A qué juego deben ir primero?

___

c) ¿Qué juegos obtuvieron más de 100 votos?

___

d) ¿De acuerdo con la encuesta qué juego es más divertido, la rueda de la fortuna o el carrusel? ___

Resolución de problemas

Aprendizaje esperado. Resuelve problemas de suma, resta y multiplicación con números naturales hasta 10 000.

1. Observa y contesta.

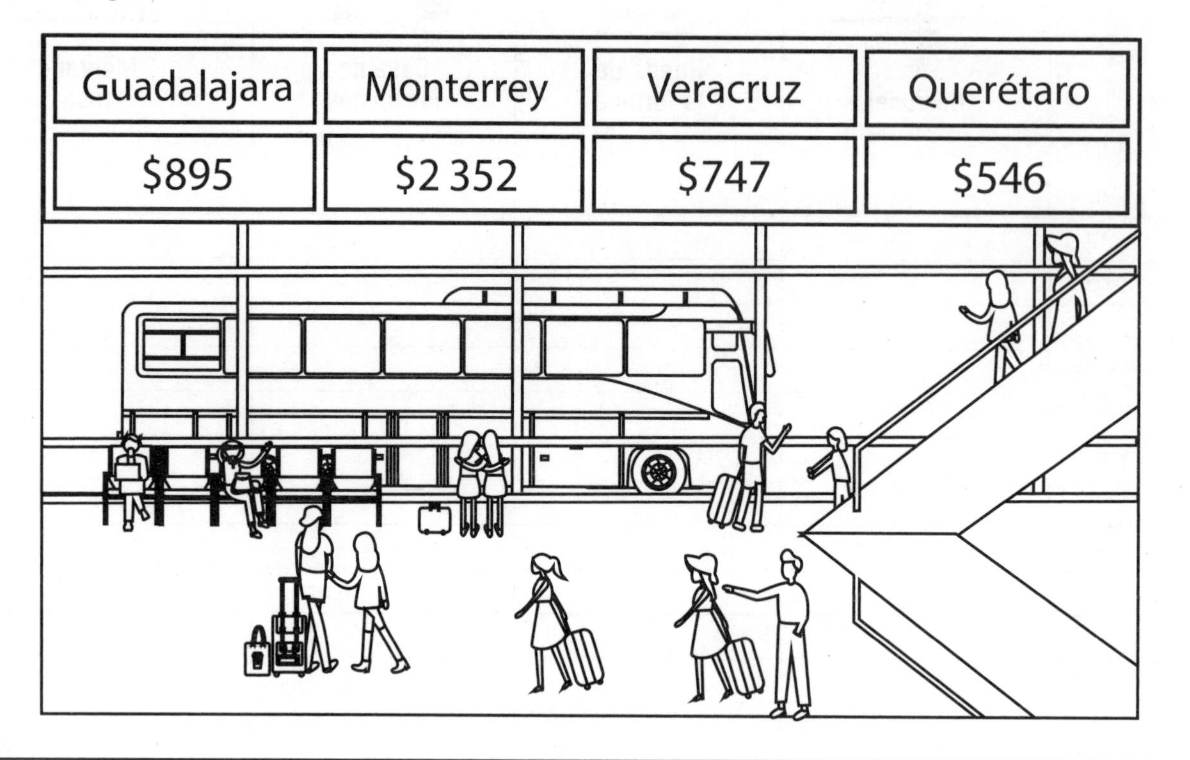

a) La familia Hernández quiere 4 boletos para Veracruz, ¿cuánto deben pagar?

Datos **Operación**

R: ______________

b) El señor Rodríguez quiere comprar un boleto para cada lugar, ¿cuánto pagará en total?

Datos **Operación**

R: ______________

c) Sara compró dos viajes a Querétaro. Si pagó $2 000, ¿cuánto dinero recibió de cambio?

Datos **Operación**

R: ___________

d) Juan compró 3 boletos para Monterrey y uno para Guadalajara, ¿cuánto dinero pagó?

Datos **Operación**

R: ___________

e) Ordena el precio de los boletos del más caro al más barato.

____

____

____

____

f) Jesús tiene $1 300. ¿A qué lugares puede ir?

____

____

Fracciones

Aprendizaje esperado. Usa fracciones para expresar relaciones parte-todo.

Cuando queremos partir un objeto en partes iguales utilizamos las **fracciones**.

Cada parte tiene un nombre dependiendo del número en que lo dividamos.

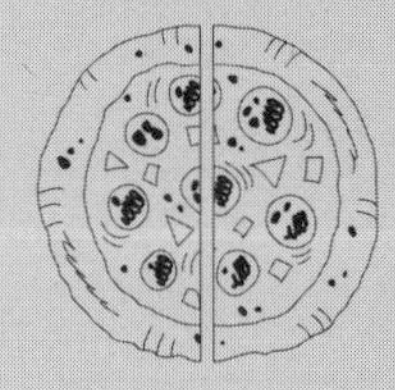

Si lo divides en **2**, cada parte se llama **medio**.

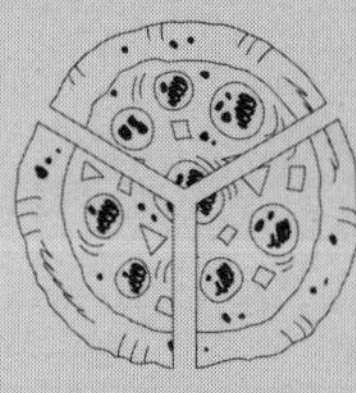

Si lo divides en **3**, cada parte se llama **tercio**.

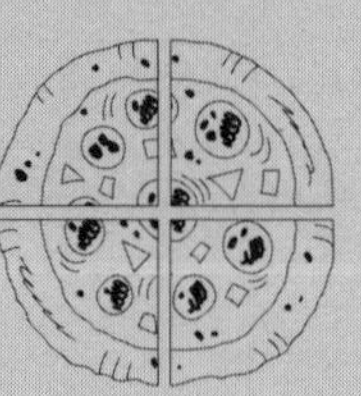

Si lo divides en **4**, cada parte se llama **cuarto**.

Si lo divides en **5**, se llama **quinto**.

Si lo divides en **6**, se llama **sexto**.

Si lo divides en **7**, se llama **séptimo**.

Si lo divides en **8**, se llama **octavo**.

1. Colorea la figura que represente lo que dice cada enunciado.

A B

a) La figura que está dividida en medios.

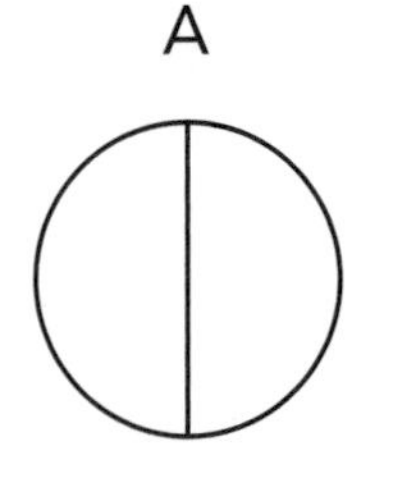

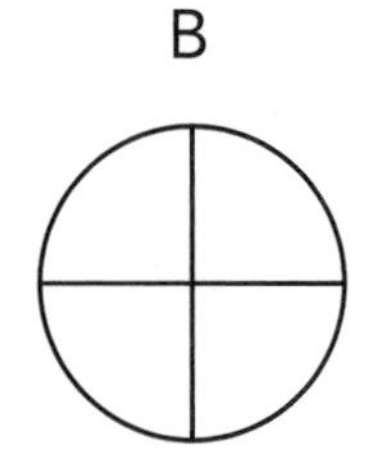

b) La figura que está dividida en quintos.

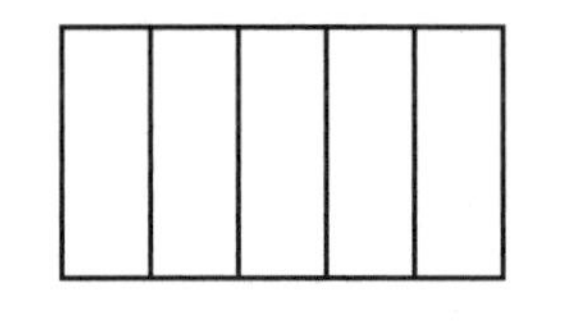

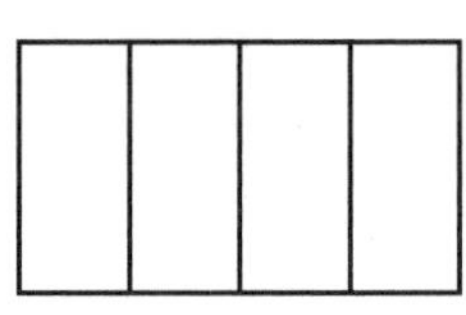

c) La figura que está dividida en sextos.

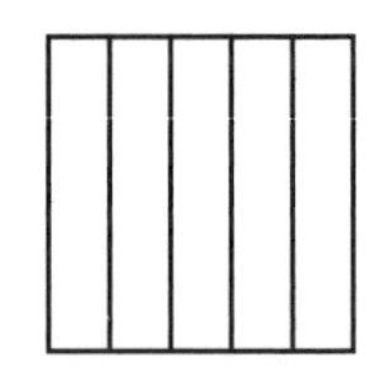

d) La figura que está dividida en tercios.

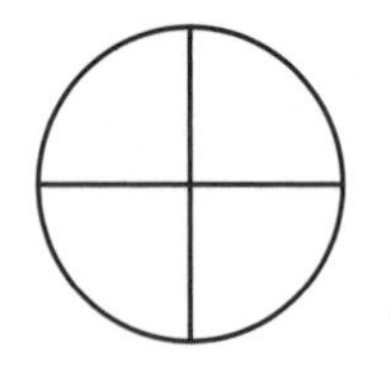

e) La figura que está dividida en cuartos.

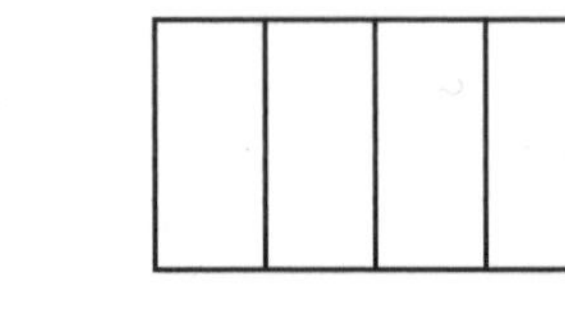

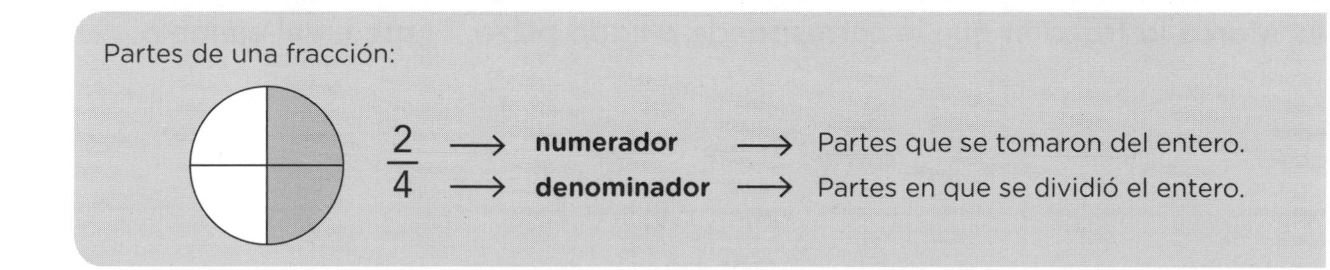

2. Escribe el numerador de cada figura. Fíjate en el ejemplo.

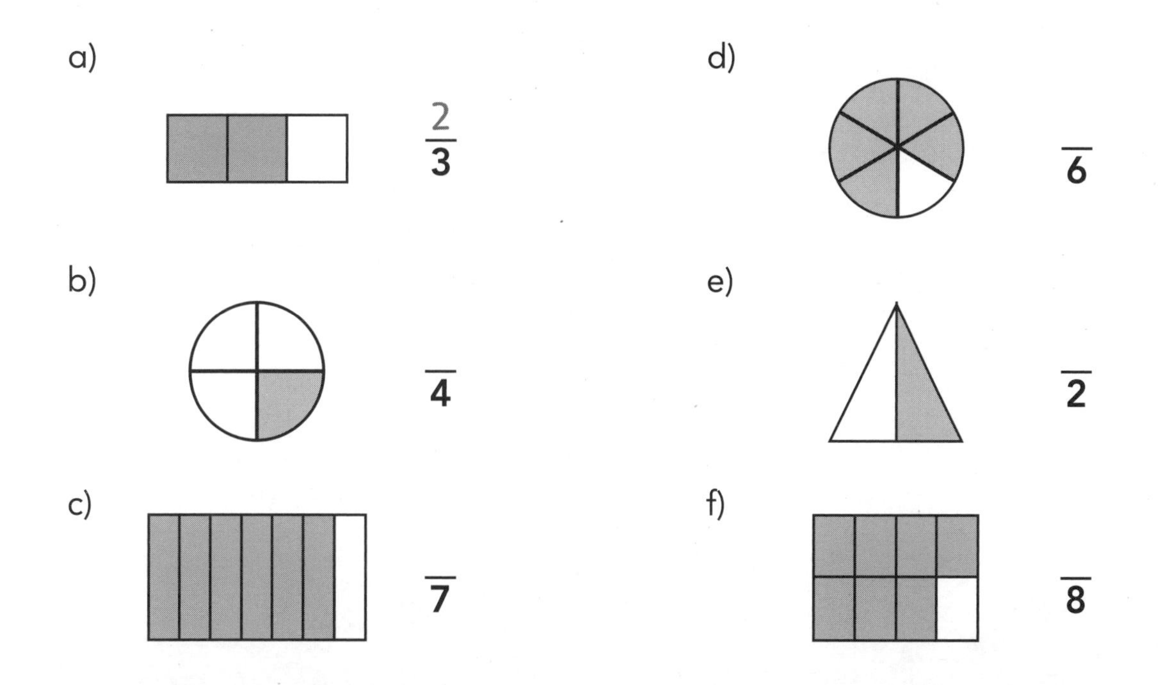

3. Colorea el numerador en cada figura. Fíjate en el ejemplo.

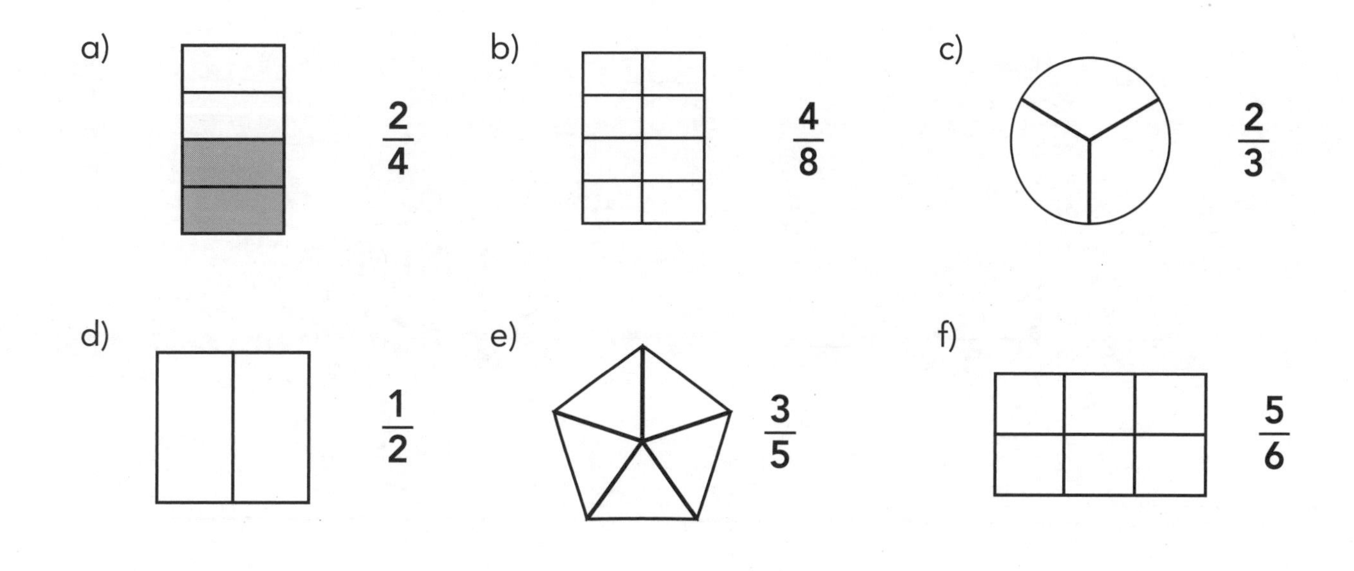

4. Marca la fracción que le corresponde a cada pizza. Fíjate en el ejemplo.

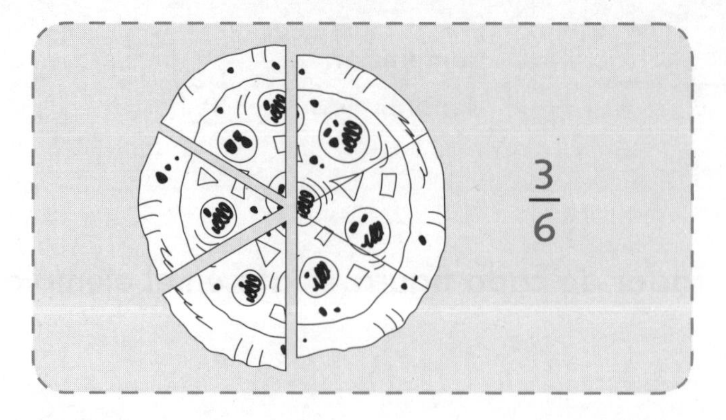

a) 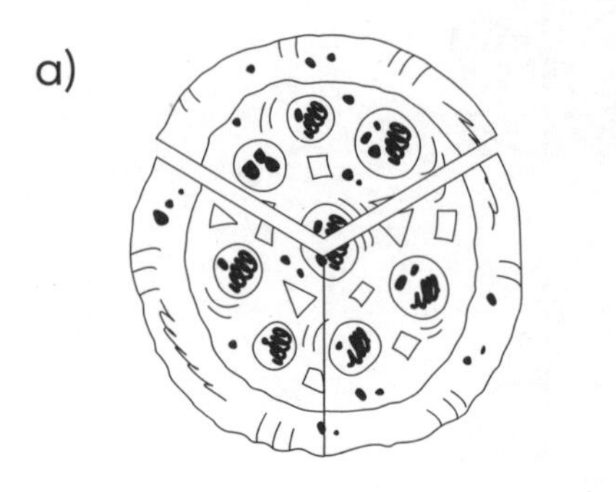 ____

d) 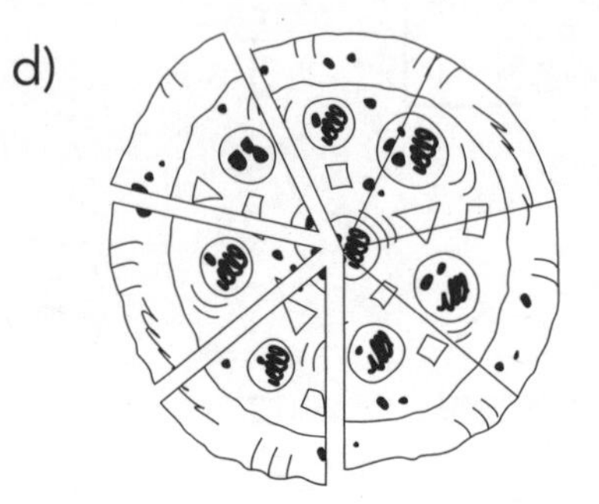 ____

b) 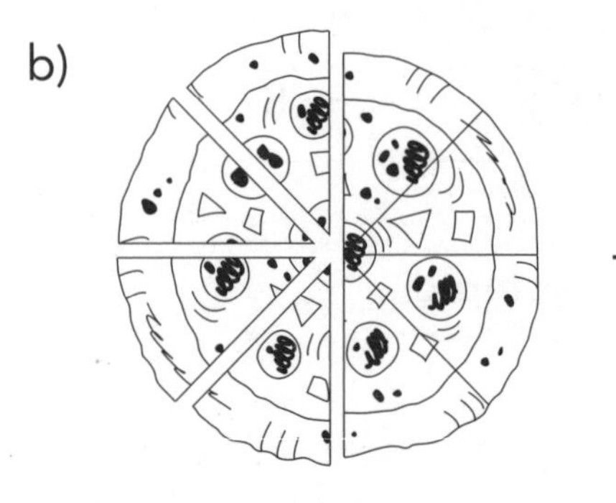 ____

e) 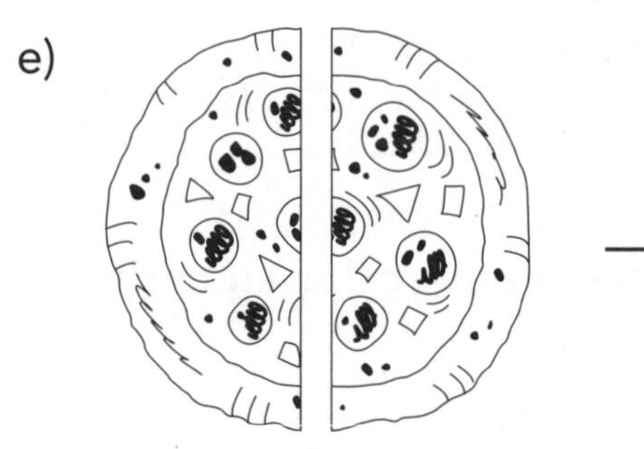 ____

c) 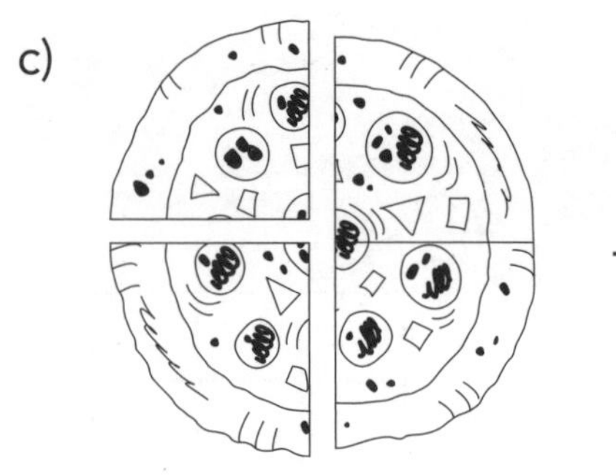 ____

f) 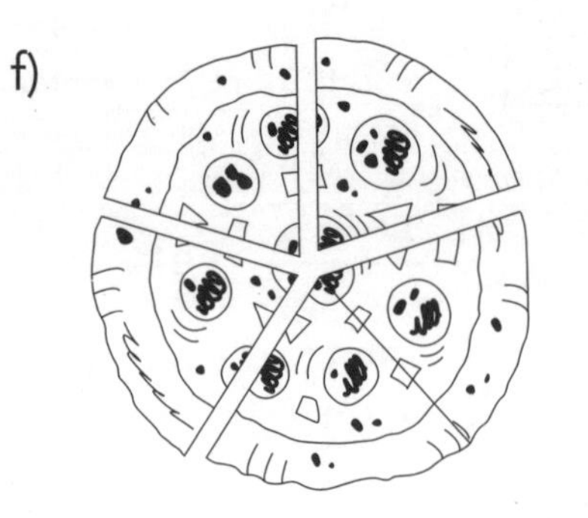 ____

5. Elsa quiere repartir un chocolate en partes iguales entre sus 3 primos. Dibuja las divisiones en el chocolate para saber cómo lo hizo y escribe la fracción que le corresponde.

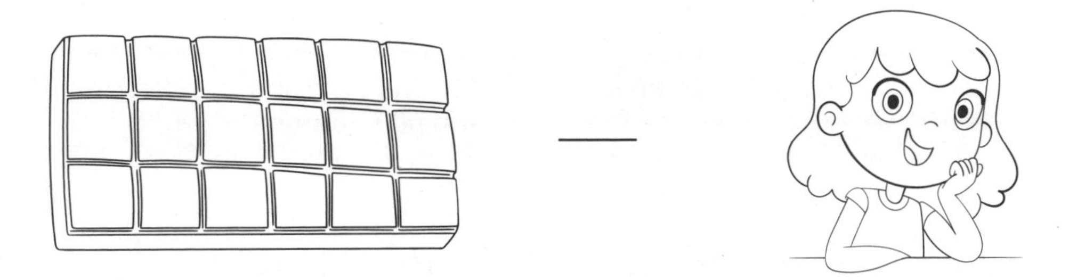

6. Elsa también quiere repartir esta pizza en partes iguales entre sus 4 primos. Dibuja las divisiones para saber cómo lo hizo y la fracción que le corresponde.

El reparto exhaustivo y equitativo son condiciones para construir las fracciones.

7. Elsa comparte este pan entre todos sus amigos.

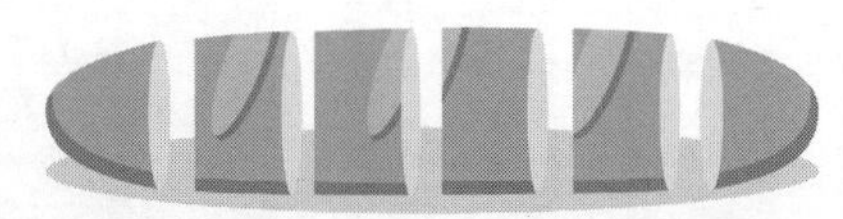

a) ¿Entre cuántos amigos lo repartió?

____

b) ¿Cómo lo representarías en fracción?

____

Un entero dividido en ocho partes iguales es un entero dividido en octavos.

8. Encierra en un círculo los pasteles que están divididos en octavos.

Un octavo es también la mitad de un cuarto.

¿Cuál sigue?

Aprendizaje esperado. Resuelve problemas de suma y resta.

> Para identificar la **regularidad** en una **sucesión con figuras**, debemos poner atención al color, el tamaño y la posición de cada una de ellas, además del número que se suma o se resta a cada término anterior.

1. Dibuja la figura que falta en la sucesión y las dos figuras que siguen.

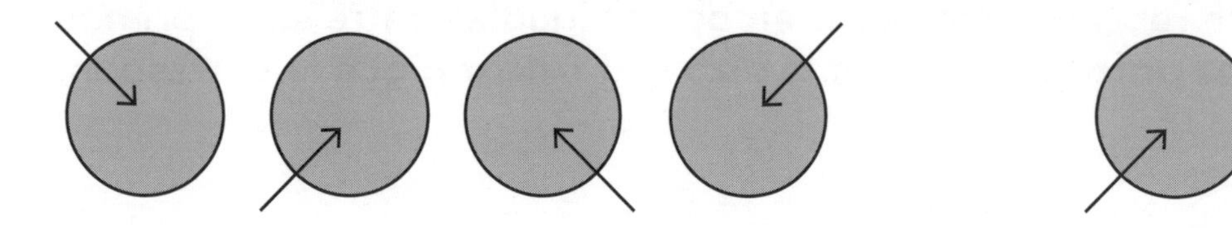

a) Marca con una ✘ el tipo de regularidad de la sucesión anterior.

2. Colorea en la cuadrícula los 2 siguientes elementos en la sucesión.

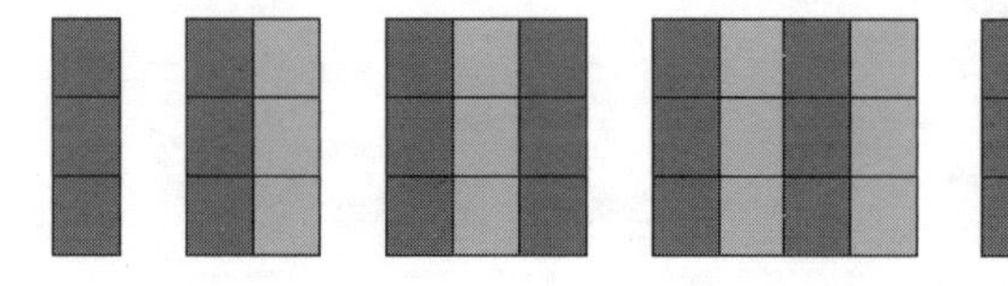

a) Marca con una ✘ el tipo de regularidad de la sucesión anterior. Recuerda que pueden ser más de uno.

tamaño

posición

número

3. Colorea en la cuadrícula el elemento que sigue en la sucesión.

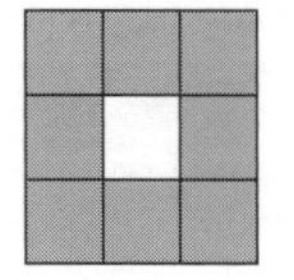

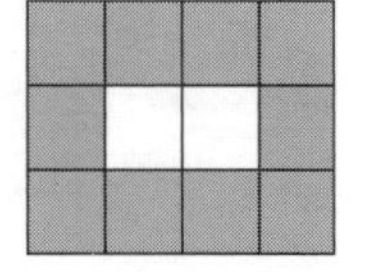

a) Marca con una ✘ el tipo de regularidad de la sucesión anterior. Recuerda que pueden ser más de uno.

4. Completa las series numéricas y escribe en la línea la operación que empleaste. Guíate con el ejemplo:

10 9 8 7 <u>6</u> <u>5</u> <u>4</u> <u>3</u> <u>2</u> <u>1</u> Restar un número

a) **100 150 200 _____ _____ 350 _____ _____ _____ 550**

____

b) **1000 3000 _____ 7000 _____ _____ 13000 _____ _____ _____**

____

c) **2000 2030 2060 2090 _____ _____ _____ _____ 2240 _____**

____

d) **400 375 350 _____ _____ 275 _____ _____ _____ 175**

____

e) **_____ 5040 5080 5120 _____ _____ _____ 5280 _____ 5360**

____

División

Aprendizaje esperado. Resuelve problemas de división con números naturales hasta 100, con divisores de una cifra.

Si tienes 4 panes y los quieres repartir entre dos personas, lo que tienes que hacer es:

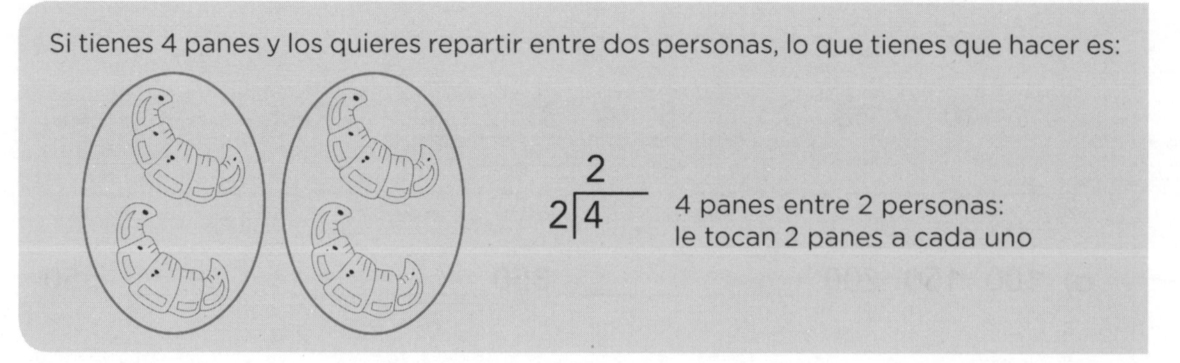

$$2\overline{\smash{)}4}\quad 2$$

4 panes entre 2 personas:
le tocan 2 panes a cada uno

1. Reparte los panes como se pide haciendo grupos como en el ejemplo anterior.

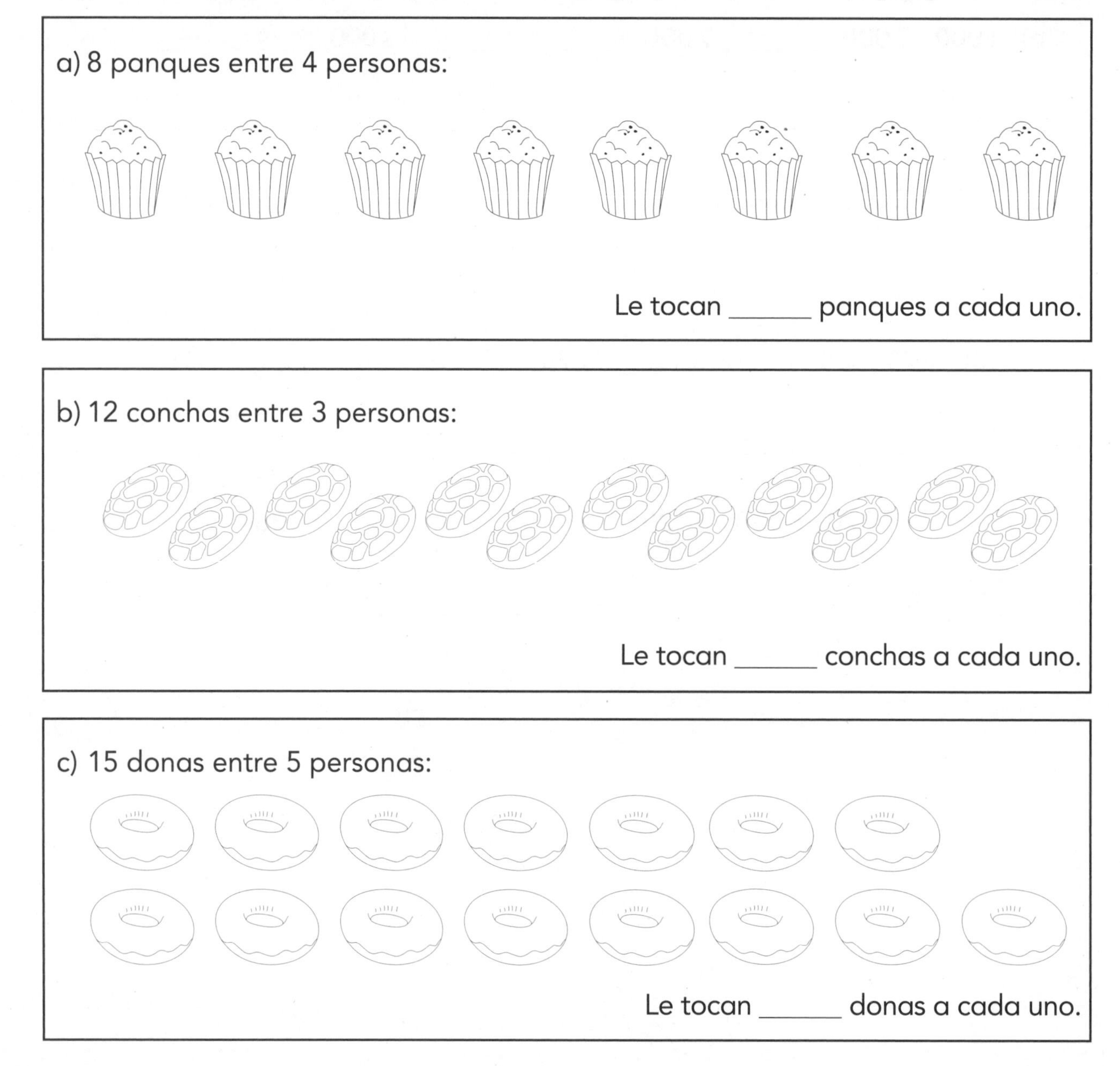

a) 8 panques entre 4 personas:

Le tocan ______ panques a cada uno.

b) 12 conchas entre 3 personas:

Le tocan ______ conchas a cada uno.

c) 15 donas entre 5 personas:

Le tocan ______ donas a cada uno.

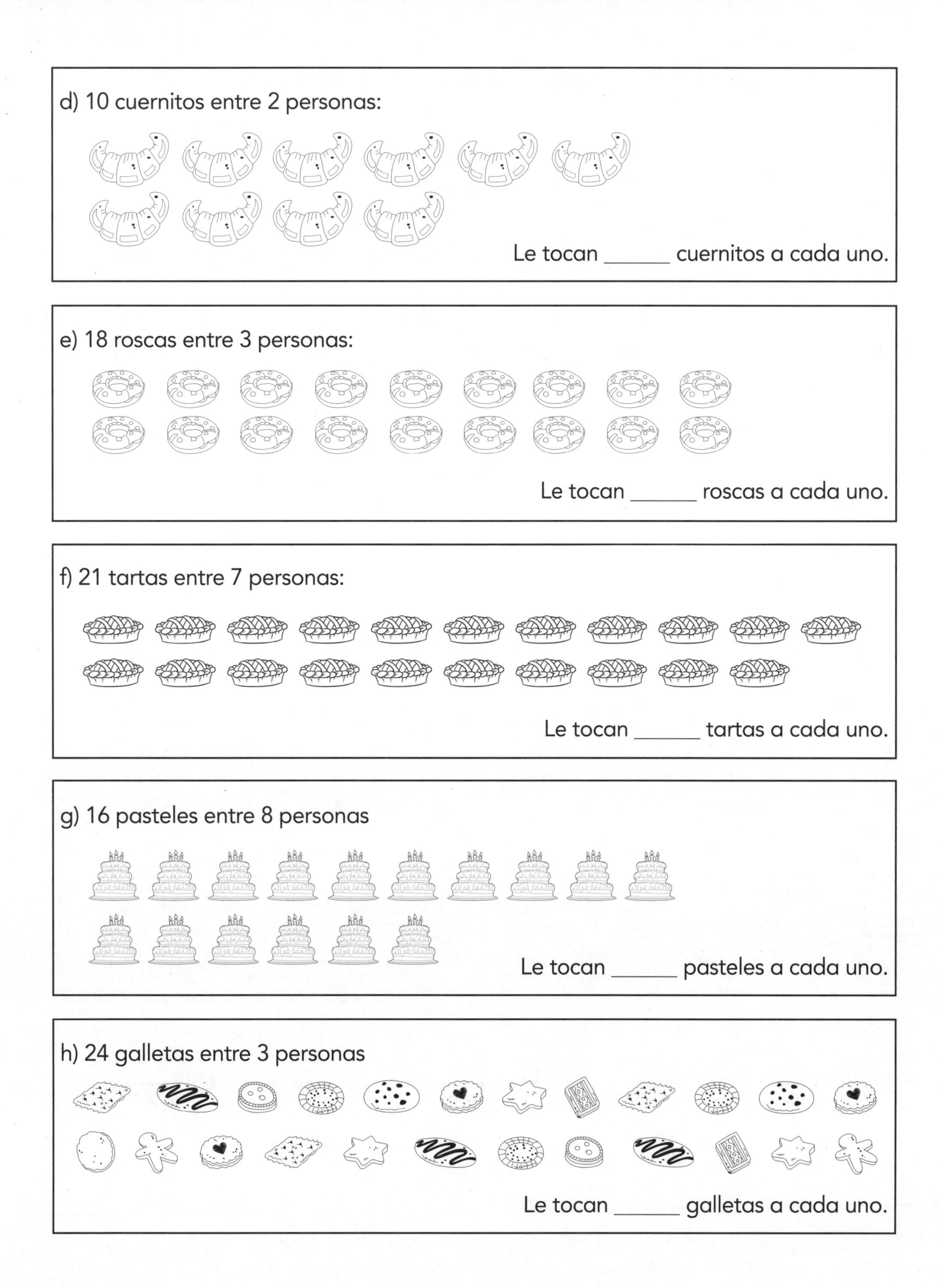
d) 10 cuernitos entre 2 personas:
Le tocan ______ cuernitos a cada uno.
e) 18 roscas entre 3 personas:
Le tocan ______ roscas a cada uno.
f) 21 tartas entre 7 personas:
Le tocan ______ tartas a cada uno.
g) 16 pasteles entre 8 personas
Le tocan ______ pasteles a cada uno.
h) 24 galletas entre 3 personas
Le tocan ______ galletas a cada uno.

2. Resuelve las siguientes divisiones. Fíjate en el ejemplo.

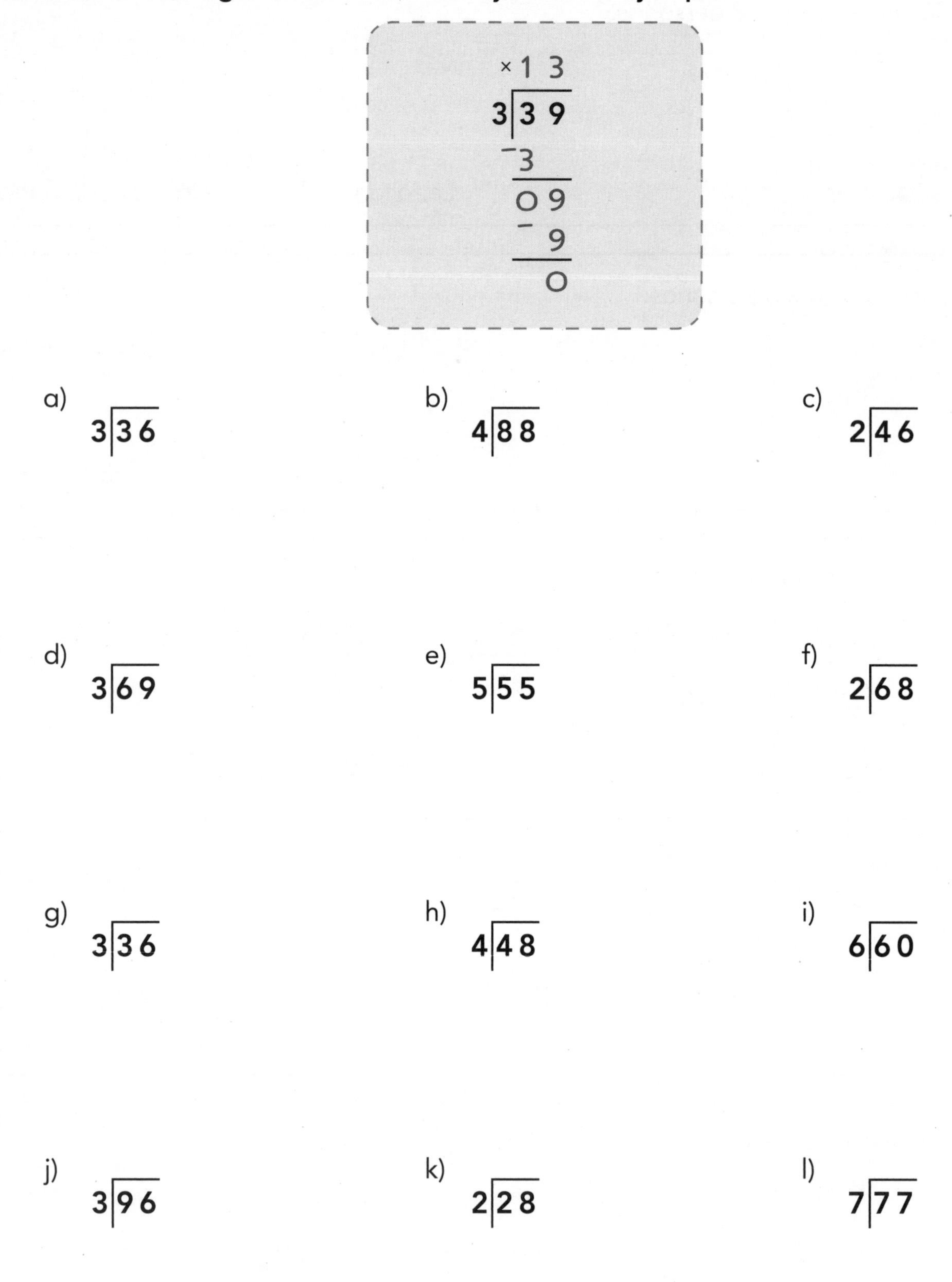

Resolución de problemas con división

Aprendizaje esperado. Resuelve problemas de división con números naturales hasta 100, con divisores de una cifra.

1. Resuelve los siguientes problemas.

a) Mariana quiere guardar 32 ligas en 8 bolsas. ¿Cuántas ligas habrá en cada bolsa?

Datos **Operación**

R: ______________ ligas.

b) Claudia regaló a sus 4 hijos 36 pelotas. Si todos recibieron el mismo número, ¿cuántas pelotas recibió cada uno?

Datos **Operación**

R: ______________ pelotas.

c) Armando tiene 56 peces. Si puso 8 en cada pecera, ¿cuántas peceras utilizó?

Datos **Operación**

R: ______________ peces.

d) Paty recibió 24 flores. Si puso el mismo número de flores en 3 floreros, ¿cuántas puso en cada uno?

Datos **Operación**

R: ______________ flores.

Multiplicaciones por múltiplos de 10

Aprendizaje esperado. Calcula mentalmente multiplicaciones por múltiplos de 10.

Multiplicar un número **por 10**, por **100** o por **1000** es algo muy sencillo. Sólo tienes que agregar el número de ceros de cada cantidad a la derecha del producto. Observa:

8 × 10 = 80 **8 × 100 = 800** **8 × 1 000 = 8 000**

1. Resuelve las siguientes multiplicaciones.

a) 7 × 1 000 = ____ b) 28 × 10 = ____ c) 76 × 10 =

d) 9 × 1 000 = ____ e) 152 × 10 = ____ f) 63 × 100 = ____

g) 32 × 100 = ____ h) 439 × 10 = ____

i) $\begin{array}{r} 100 \\ \times \quad 6 \\ \hline \end{array}$

j) $\begin{array}{r} 10 \\ \times \quad 2 \\ \hline \end{array}$

k) $\begin{array}{r} 1000 \\ \times \quad 5 \\ \hline \end{array}$

l) $\begin{array}{r} 100 \\ \times \quad 3 \\ \hline \end{array}$

m) $\begin{array}{r} 1000 \\ \times \quad 8 \\ \hline \end{array}$

n) $\begin{array}{r} 100 \\ \times \quad 4 \\ \hline \end{array}$

o) $\begin{array}{r} 10 \\ \times \quad 7 \\ \hline \end{array}$

p) $\begin{array}{r} 100 \\ \times \quad 9 \\ \hline \end{array}$

Para multiplicar cualquier número por 10, 20, 30, etc., multiplica el número de las **decenas** y agrega un cero.

Para multiplicar cualquier número por 100, 200, 300, etc., multiplica por el número de las **centenas** y agrega dos ceros.

2. Reyna propone a sus amigas Tere y Flor mantener un ahorro continuo hasta lograr comprar un celular. Reyna ahorró $35 cada día, Tere $52 y Flor $68.

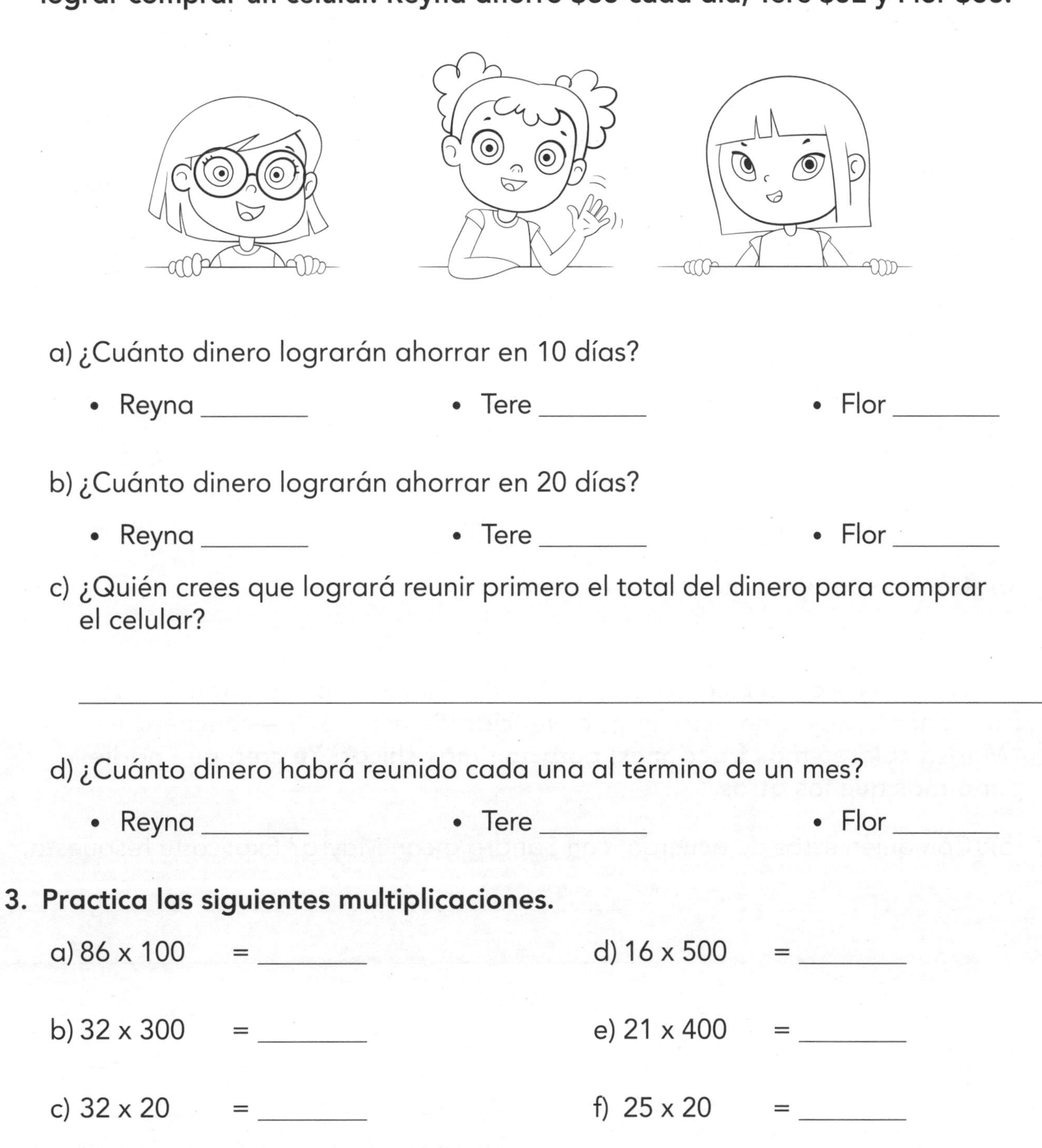

a) ¿Cuánto dinero lograrán ahorrar en 10 días?

- Reyna ________
- Tere ________
- Flor ________

b) ¿Cuánto dinero lograrán ahorrar en 20 días?

- Reyna ________
- Tere ________
- Flor ________

c) ¿Quién crees que logrará reunir primero el total del dinero para comprar el celular?

____

d) ¿Cuánto dinero habrá reunido cada una al término de un mes?

- Reyna ________
- Tere ________
- Flor ________

3. Practica las siguientes multiplicaciones.

a) 86 x 100 = ________

b) 32 x 300 = ________

c) 32 x 20 = ________

d) 16 x 500 = ________

e) 21 x 400 = ________

f) 25 x 20 = ________

Fracciones equivalentes

Aprendizaje esperado. Usa fracciones para expresar relaciones parte-todo, medidas y resultados de repartos.

1. Margarita dividió el rectángulo y coloreó una fracción.

a) ¿En cuántas partes lo dividió? ______________________

b) ¿Cómo representas las fracciones coloreadas? __________

2. Mónica dividió también su rectángulo y coloreó dos fracciones.

a) ¿En cuántas partes lo dividió? ______________________

b) ¿Cómo representas las fracciones coloreadas? __________

3. Marisa, por su parte, también lo dividió y coloreó cuatro fracciones.

a) ¿En cuántas partes lo dividió? ______________________

b) ¿Cómo representas las fracciones coloreadas? __________

4. "Yo creo que Marisa coloreó más", —dice Sandra— "porque tomó más fracciones". Mayra no está muy convencida de eso. "Sí", —concuerda— "Marisa coloreó más fracciones, pero son más chicas. Yo creo que nadie pintó más que las otras."

a) ¿Con quién estás de acuerdo, con Sandra o con Mayra? Explica tu respuesta.

____

____

____

____

Este tipo de fracciones se llaman **equivalentes** porque representan la misma cantidad.

Comparación de fracciones

Aprendizaje esperado. Usa fracciones para expresar relaciones parte-todo, medidas y resultados de repartos.

Si 2 fracciones tienen el **mismo denominador**, la que tiene el numerador más alto es mayor.

Si 2 fracciones tienen el **mismo numerador**, la que tienen el denominador más bajo es mayor.

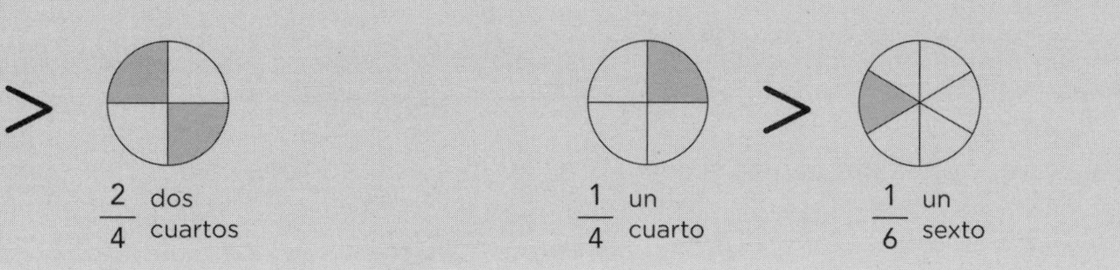

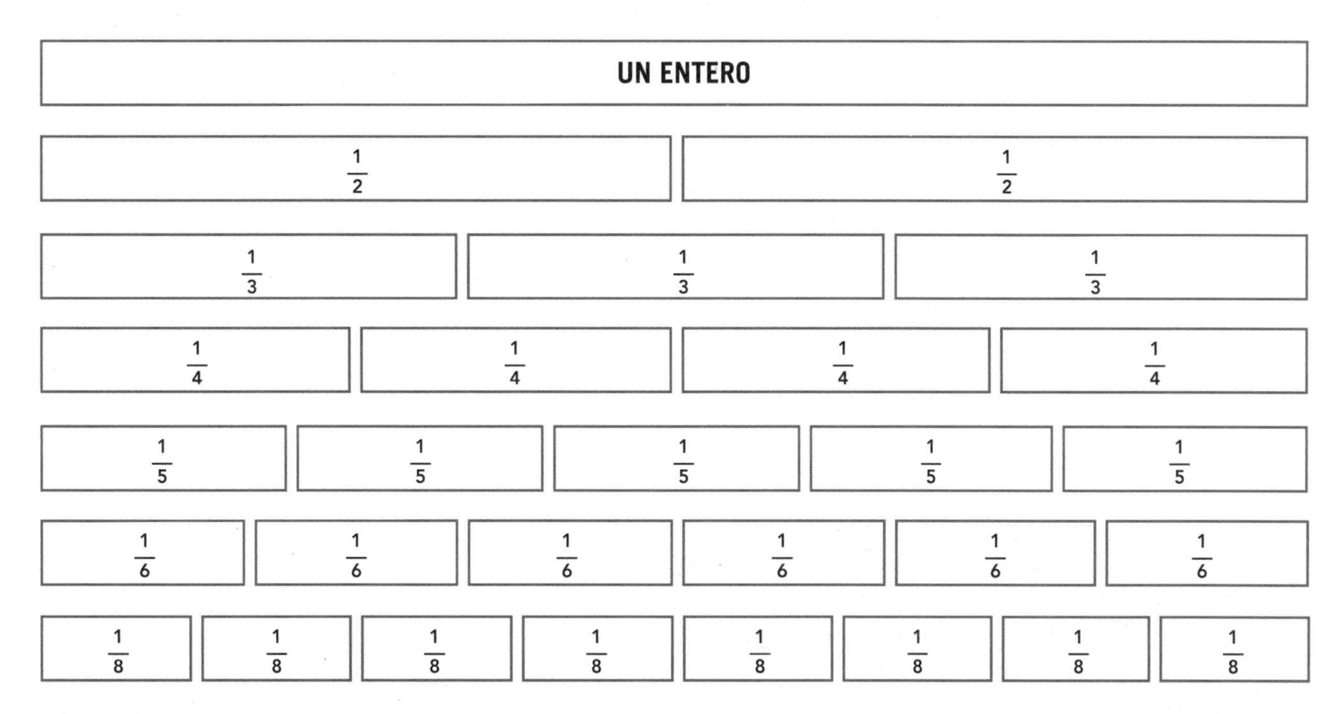

1. Observa la tabla y escribe el signo >, < o = según corresponda. Fíjate en el ejemplo.

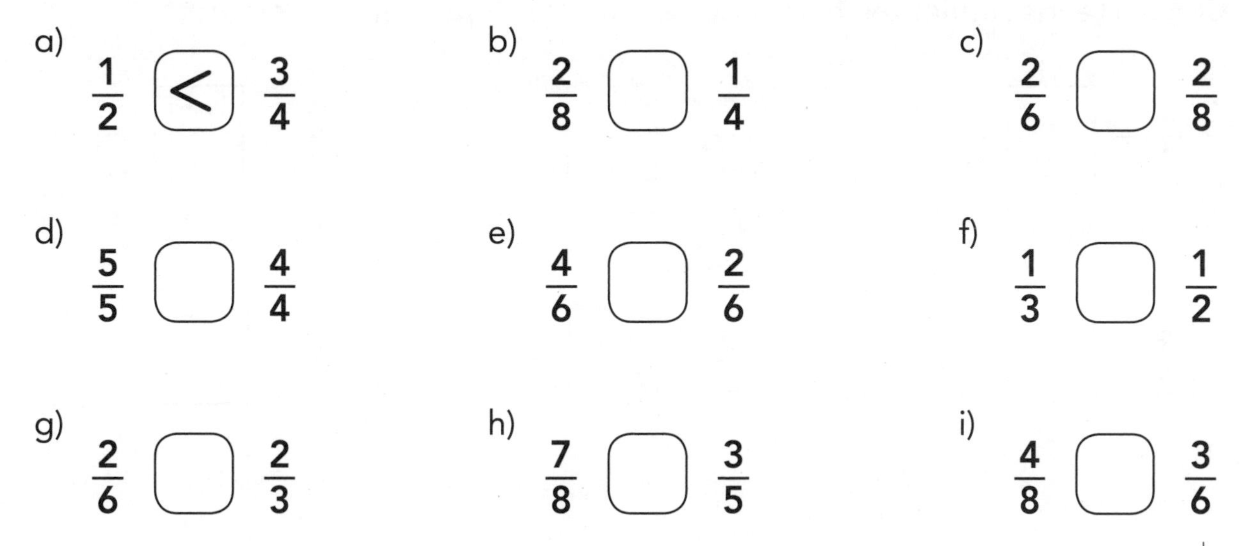

Fracciones propias, impropias y mixtas

Aprendizaje esperado. Usa fracciones para expresar relaciones parte-todo, medidas y resultados de repartos.

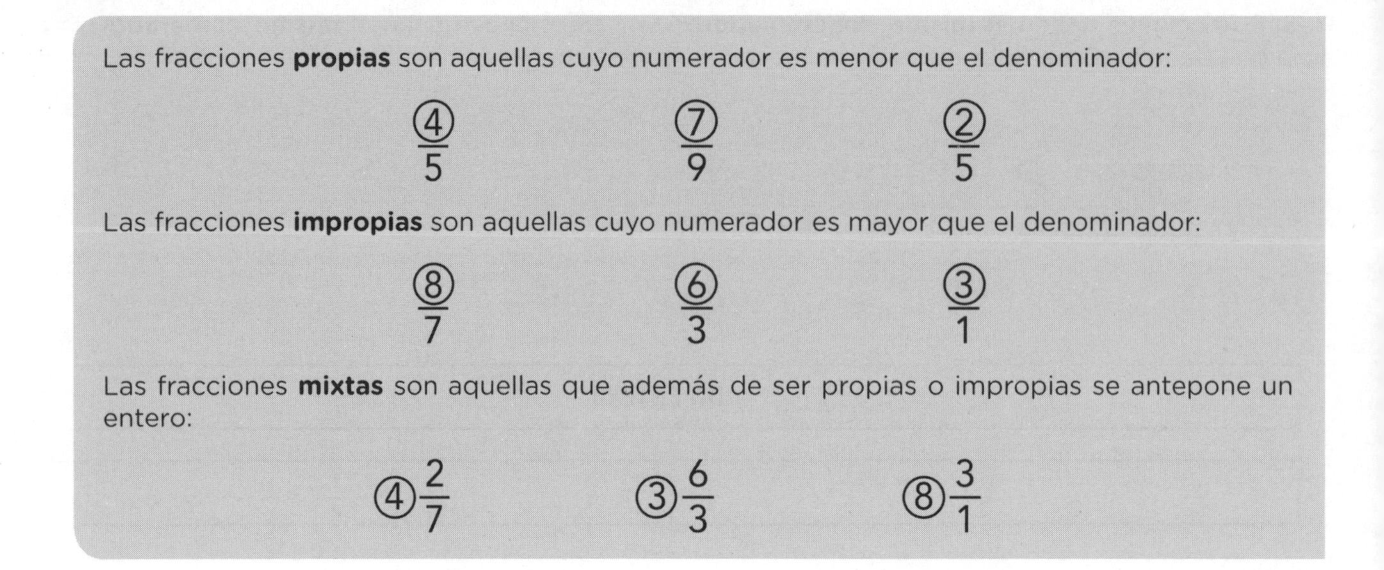
Las fracciones **propias** son aquellas cuyo numerador es menor que el denominador:

$\frac{4}{5}$ $\frac{7}{9}$ $\frac{2}{5}$

Las fracciones **impropias** son aquellas cuyo numerador es mayor que el denominador:

$\frac{8}{7}$ $\frac{6}{3}$ $\frac{3}{1}$

Las fracciones **mixtas** son aquellas que además de ser propias o impropias se antepone un entero:

$4\frac{2}{7}$ $3\frac{6}{3}$ $8\frac{3}{1}$

1. **Escribe una *P* si la fracción es propia y una *I* si es impropia. Fíjate en el ejemplo.**

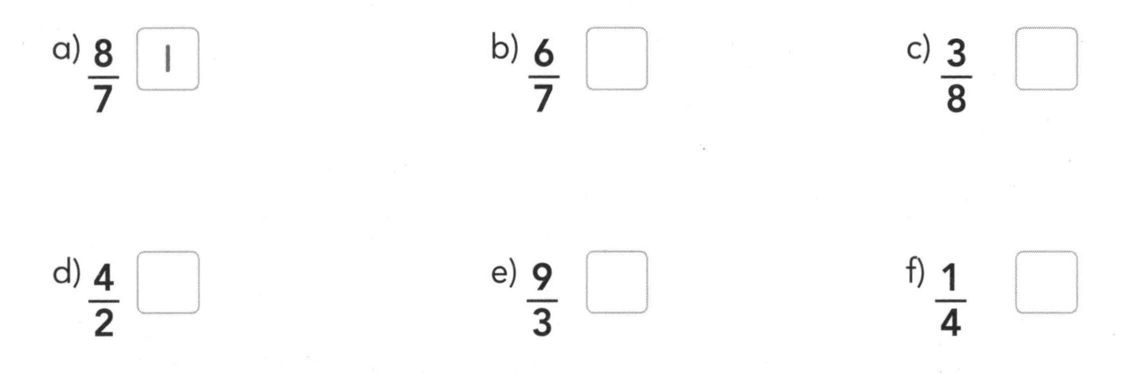
a) $\frac{8}{7}$ I b) $\frac{6}{7}$ c) $\frac{3}{8}$

d) $\frac{4}{2}$ e) $\frac{9}{3}$ f) $\frac{1}{4}$

2. **Convierte las siguientes fracciones en mixtas. Fíjate en el ejemplo.**

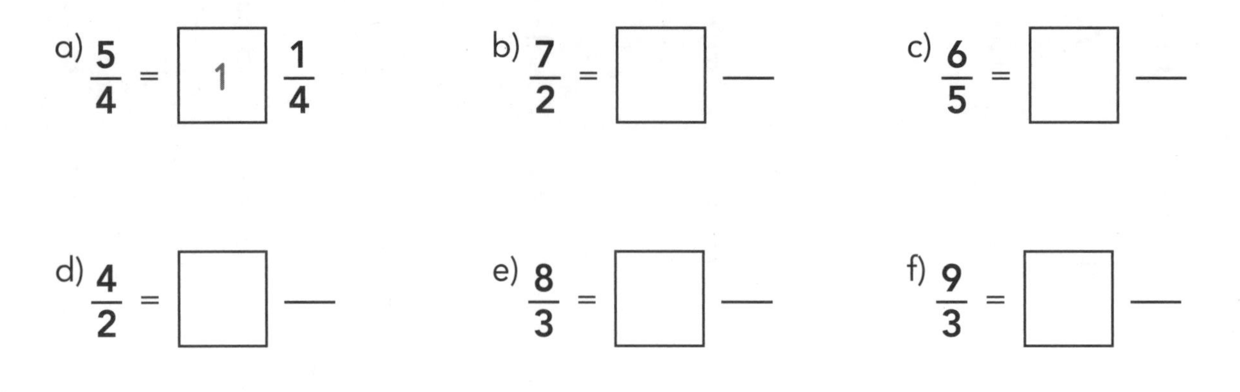
a) $\frac{5}{4} = 1\frac{1}{4}$ b) $\frac{7}{2} =$ c) $\frac{6}{5} =$

d) $\frac{4}{2} =$ e) $\frac{8}{3} =$ f) $\frac{9}{3} =$

3. De la siguiente hilera de números, elige el que debe ir en la línea para hacer las fracciones propias o impropias. Fíjate en el ejemplo.

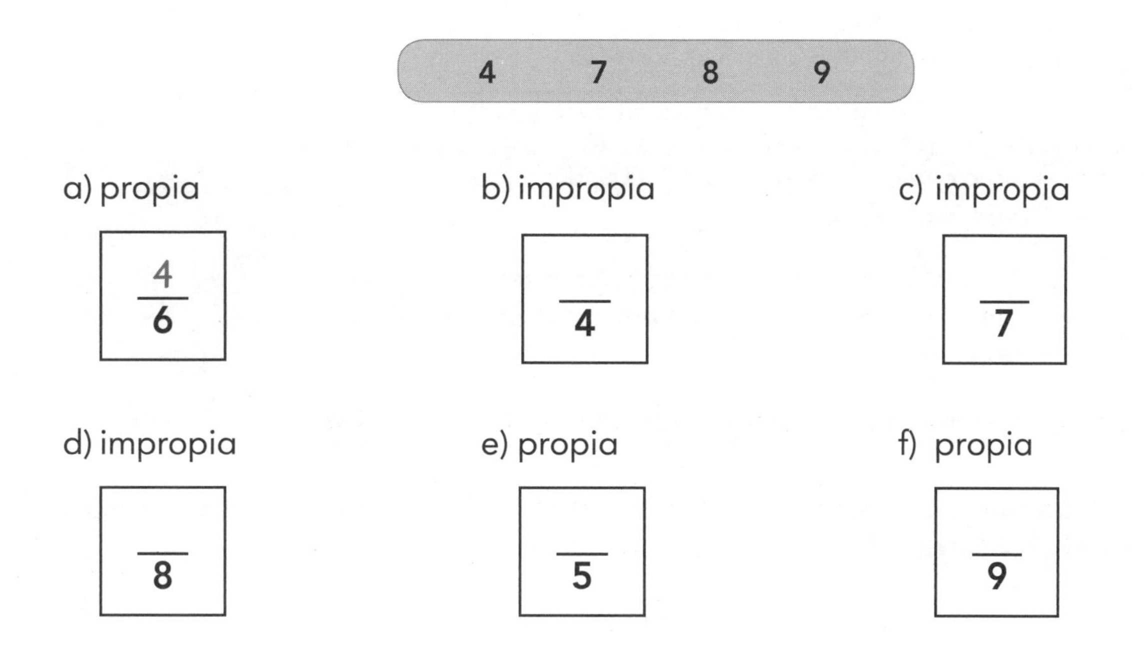

4. Escribe 5 fracciones mixtas. Fíjate en el ejemplo.

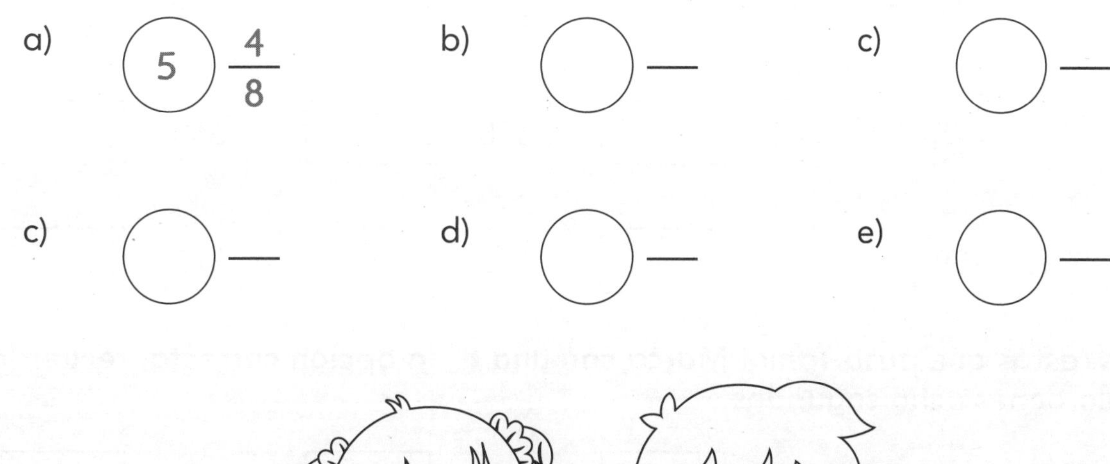

Estimación del resultado de una suma o resta

Aprendizaje esperado. Calcula mentalmente, de manera exacta y aproximada, sumas y restas.

1. Lee el siguiente texto.

—Oigan, hace mucho que no jugamos a "ocho segundos". ¿Se acuerdan cómo se juega? —pregunta Tania a sus amigos.

("Ocho segundos" es un juego que consiste en hallar el resultado de una suma, sin sumar cifra por cifra, sino haciendo estimaciones en el menor tiempo posible. Sólo una de las opciones propuestas es correcta.)

—Sí, juguemos. Yo pongo las sumas y tomo el tiempo, ¿sale? —dice Alicia.

2. Lee las sumas que puso Alicia. Marca con una ✔ la opción correcta y recuerda que sólo tienes 8 segundos para elegir.

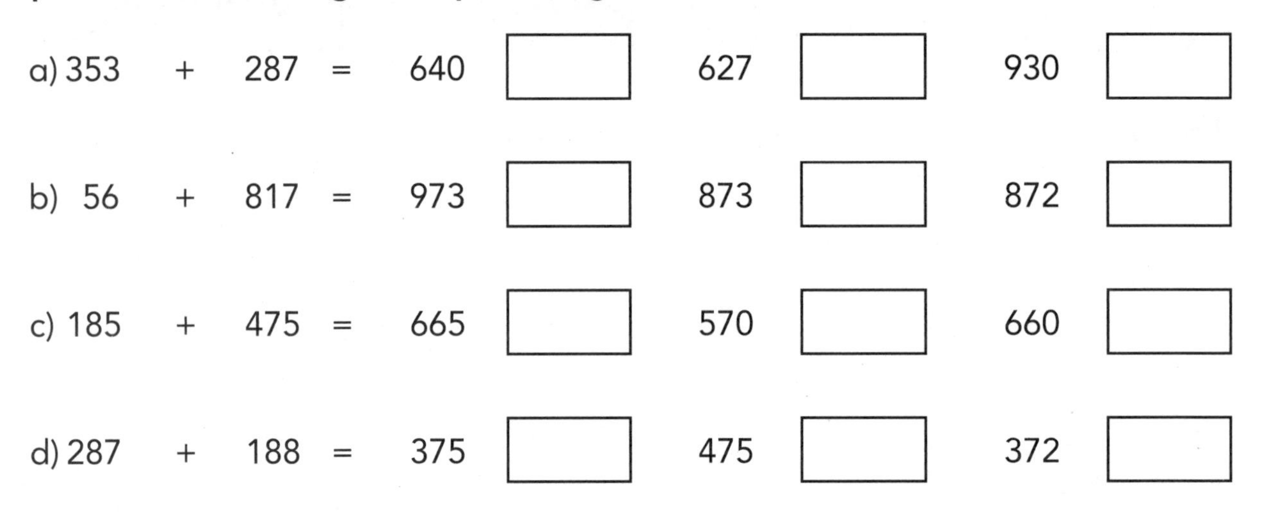

a) 353 + 287 = 640 ☐ 627 ☐ 930 ☐

b) 56 + 817 = 973 ☐ 873 ☐ 872 ☐

c) 185 + 475 = 665 ☐ 570 ☐ 660 ☐

d) 287 + 188 = 375 ☐ 475 ☐ 372 ☐

3. Lee las restas que puso Tania. Marca con una ✔ la opción correcta, recuerda que solo tienes ocho segundos.

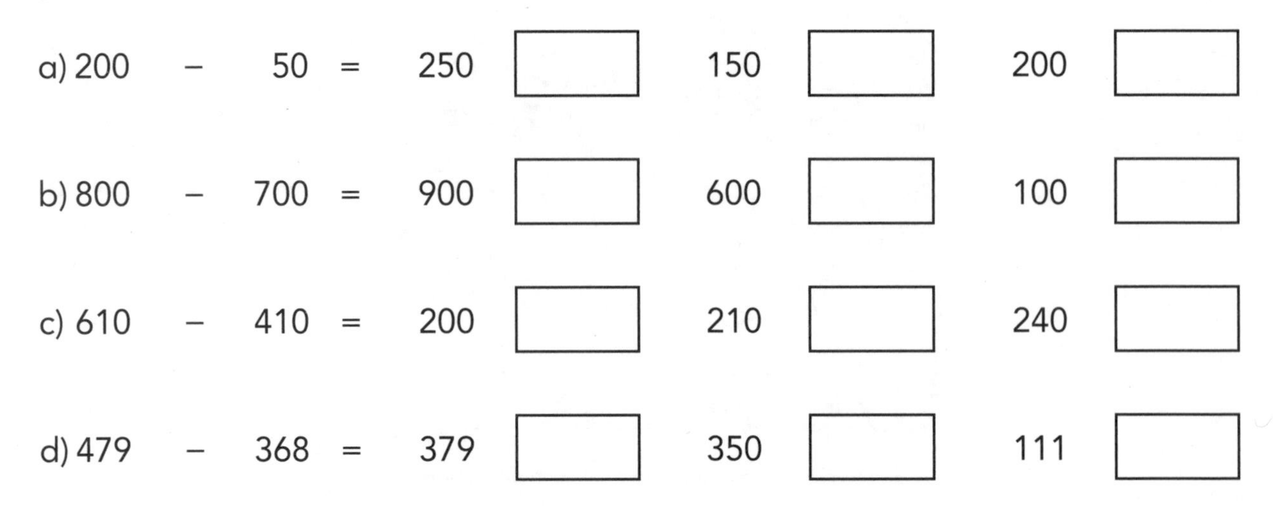

a) 200 − 50 = 250 ☐ 150 ☐ 200 ☐

b) 800 − 700 = 900 ☐ 600 ☐ 100 ☐

c) 610 − 410 = 200 ☐ 210 ☐ 240 ☐

d) 479 − 368 = 379 ☐ 350 ☐ 111 ☐

Resolución de problemas

Aprendizaje esperado. Resuelve problemas de suma, resta y multiplicación.

Doña Cata vende antojitos los fines de semana.

1. La familia Rodríguez acude con doña Cata y consumen 3 pozoles, 15 quesadillas, 6 pambazos y 8 refrescos.

a) ¿Crees que un billete de $200 sea suficiente para pagar la cuenta? ___________

b) ¿Cuánto debe pagar la señora Rodríguez exactamente? ___________

c) Si la señora Rodríguez paga con un billete de $500, ¿cuánto dinero deben entregarle de cambio? ___________

d) Si doña Cata tenía 5 cajas de refresco, cada caja trae 24 botellas y quedan 18, ¿cuántos refrescos vendió? ___________

e) Si doña Cata vendió 40 quesadillas. ¿Cuánto dinero recibió por la venta? ___________

f) Doña Cata necesita 7 quesos para preparar 20 quesadillas y cada queso cuesta $60, ¿cuánto dinero pagó por los quesos?

____

g) Si además de los quesos, Doña Cata compró $70 en masa y $120 en aceite, ¿cuánto gastó en total? ___________

Suma de fracciones

Aprendizaje esperado. Resuelve problemas de suma con fracciones del mismo denominador.

Para **sumar fracciones** con el **mismo denominador**, se suman las cantidades del numerador y el denominador queda igual.

$$\frac{2}{5} + \frac{1}{5} = \frac{3}{5}$$

1. Relaciona con una flecha las dos columnas y colorea lo indicado en cada operación. Fíjate en el ejemplo.

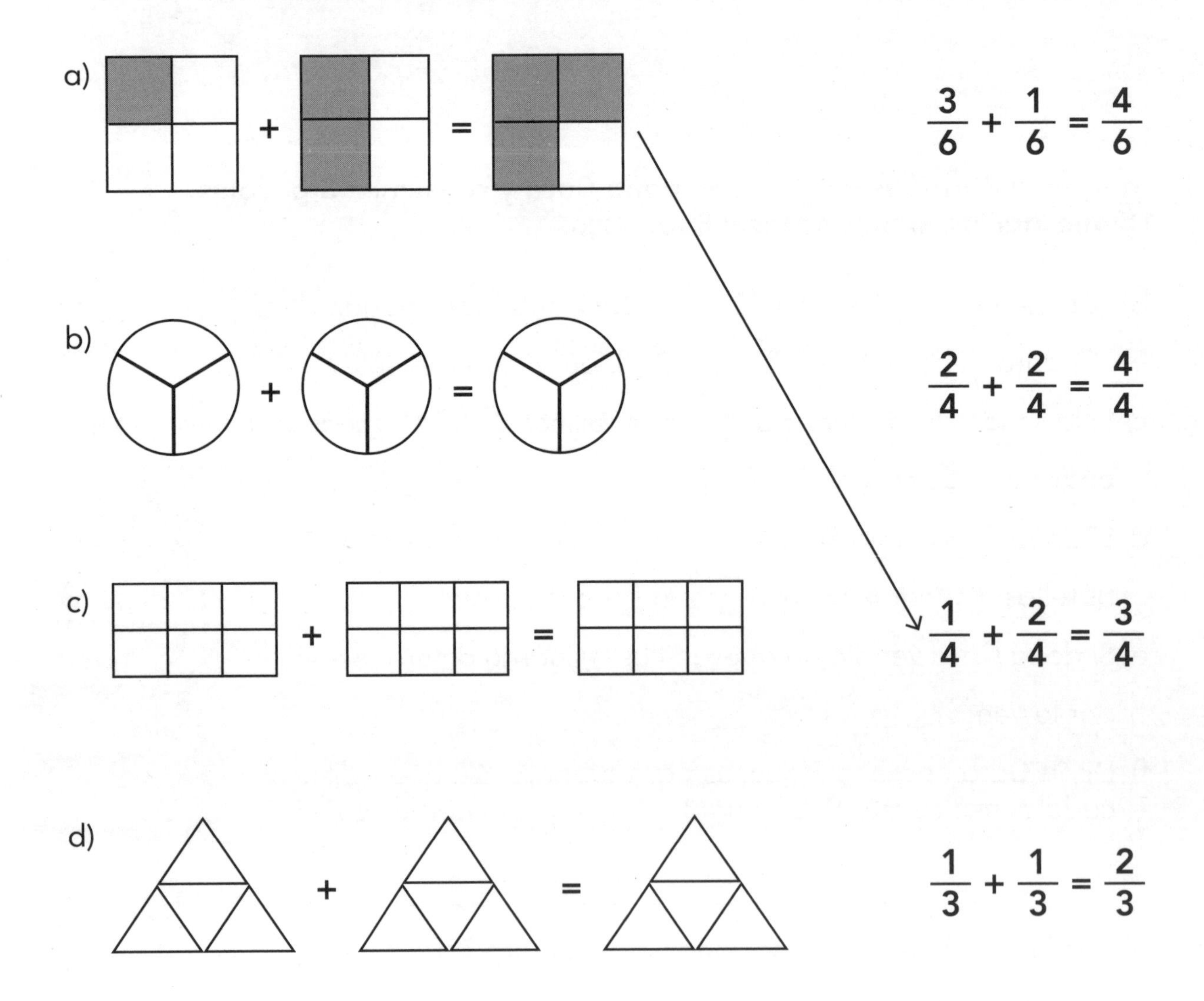

e) $\frac{1}{4} + \frac{1}{4} = \frac{2}{4}$

f) $\frac{2}{3} + \frac{1}{3} = \frac{3}{3}$

g)

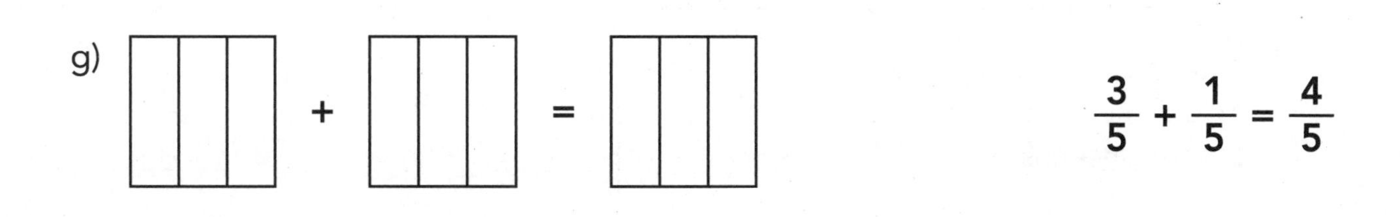

$\frac{3}{5} + \frac{1}{5} = \frac{4}{5}$

h)

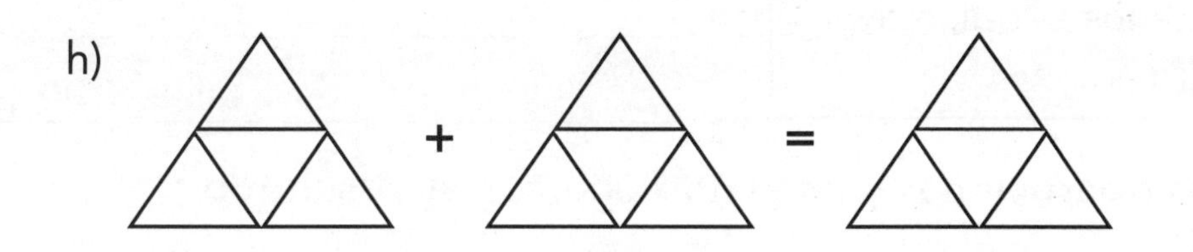

$\frac{4}{6} + \frac{1}{6} = \frac{5}{6}$

i) $\frac{1}{2} + \frac{1}{2} = \frac{2}{2}$

Repaso

1. **Lee la información de cada recuadro y escribe en las líneas con número y con letra la cantidad que se forma. Fíjate en el ejemplo.**

Tiene cinco unidades de millar y seis centenas. Es un número par. Es menor que 5 681.	5 680 Cinco mil seiscientos ochenta

a) Tiene una unidad de millar
Es un número non.
Tiene cero decenas y dos centenas.
Es menor que 1 205 y mayor que 1 201.

b) Tiene 5 unidades y 7 centenas.
Cuatro unidades de millar
y tres decenas.

c) Tiene nueve unidades y una centena.
Tiene tres unidades de millar.
El número de las decenas es par, mayor que dos y menor que seis.

2. **Resuelve las siguientes operaciones y une cada una con su resultado.**

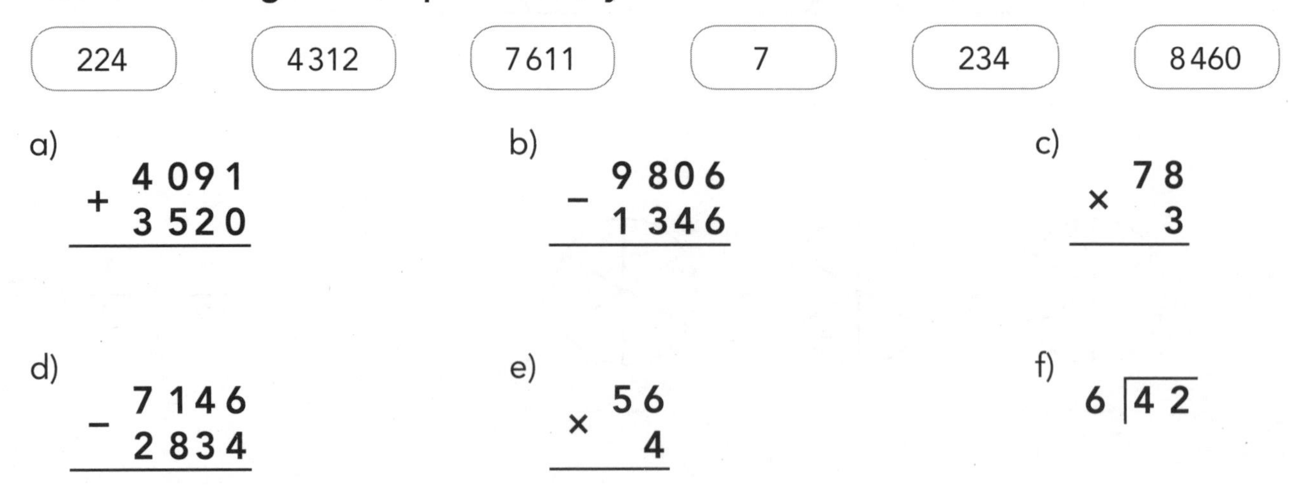

3. **Escribe a cada figura la fracción que le corresponde, después suma las fracciones y colorea el resultado.**

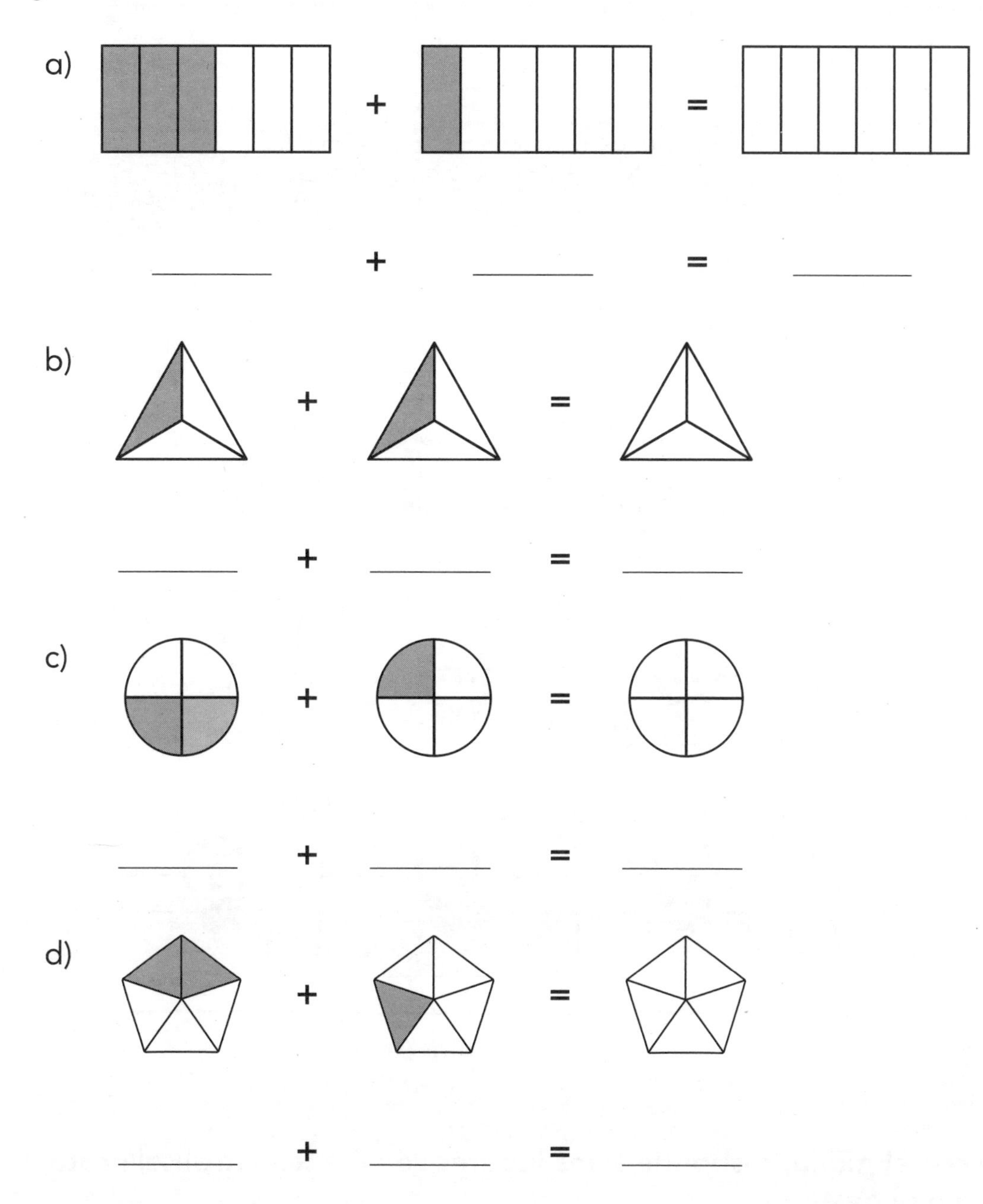

4. **Dibuja el signo >, < o = según corresponda y encierra en un círculo las fracciones que son equivalentes.**

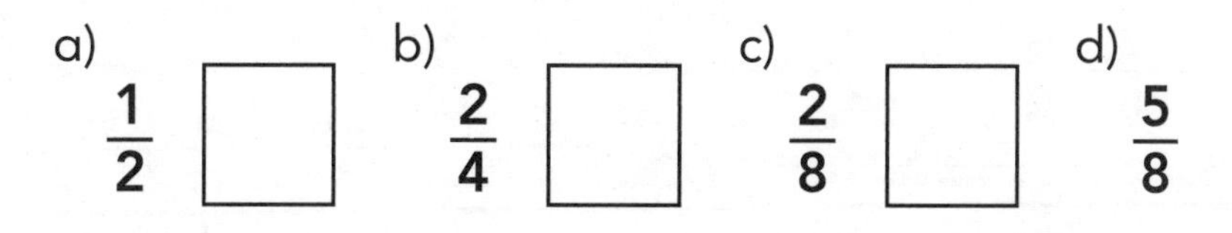

Planos

Aprendizaje esperado. Representa y describe oralmente la ubicación de seres u objetos, y de trayectos para ir de un lugar a otro en su entorno cercano.

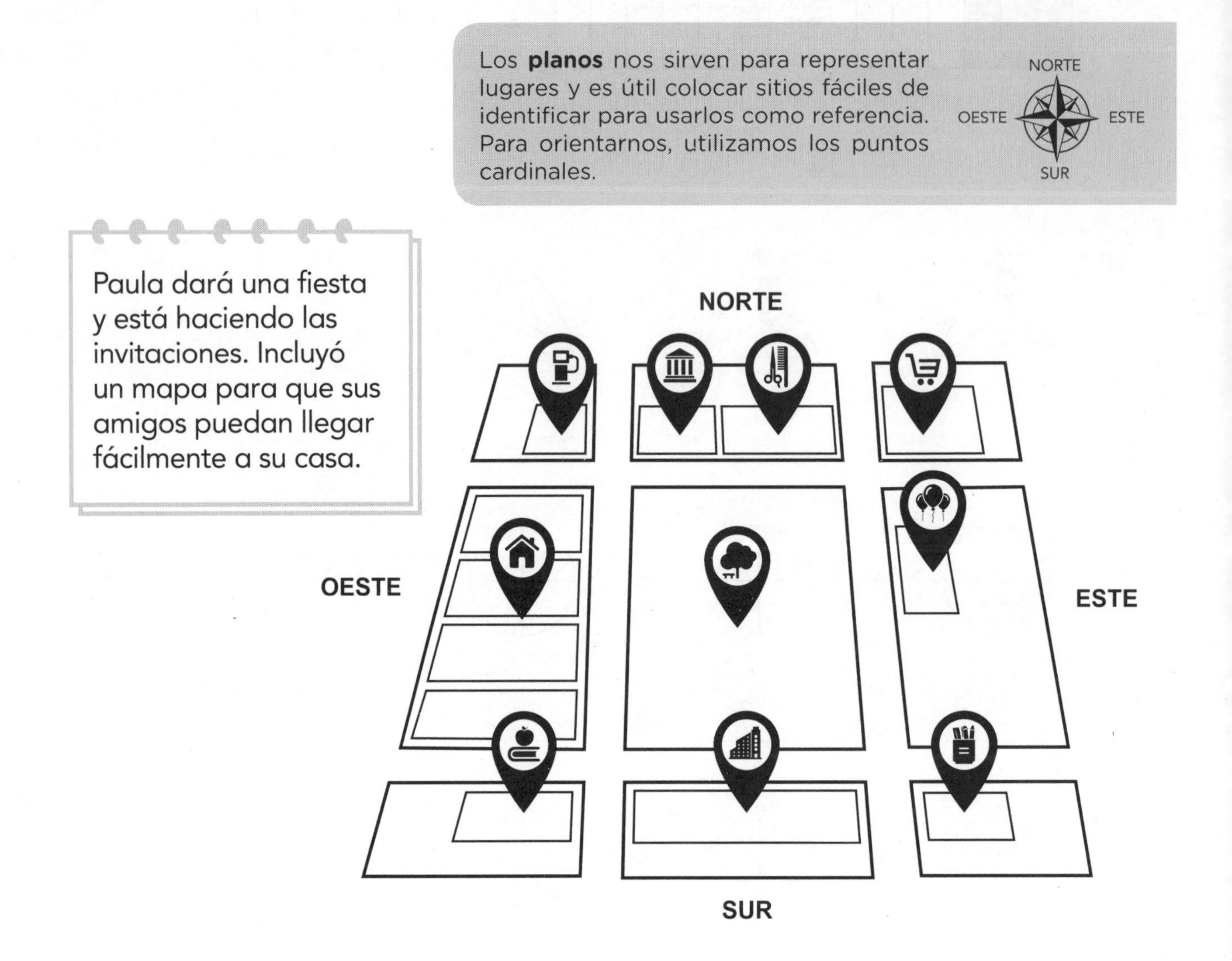

1. De acuerdo con el plano, responde si los lugares se en encuentran al norte, al sur, al este o al oeste.

a) El banco: ______________________

b) La fiesta: ______________________

c) El condominio: ______________________

d) Las casas: ______________________

2. Carlos le explicó a Paula cómo llegó: "Fui hacia el oeste y al llegar a la escuela di vuelta hacia el norte, hasta llegar al banco; ahí giré hacia el este y al llegar al mercado giré hacia el sur hasta llegar a la fiesta". ¿De dónde venía Carlos?

____

3. Traza en el plano el camino que debes seguir de la escuela a la fiesta y escribe las indicaciones.

Salgo de la escuela y... ______________________________

____

____

4. Sigue las instrucciones y escribe qué animal encontró el niño, guíate con el ejemplo. ______________________________

4 cuadros hacia el este, 5 cuadros hacia el norte, 5 cuadros hacia el este, 3 cuadros hacia el sur, 6 cuadros hacia el este, 4 cuadros hacia el norte, 4 cuadros hacia el oeste, 2 cuadros hacia el norte, 9 cuadros hacia el este, 8 cuadros hacia el sur, 4 cuadros hacia el oeste, 3 cuadros hacia el sur y 6 cuadros hacia el este.

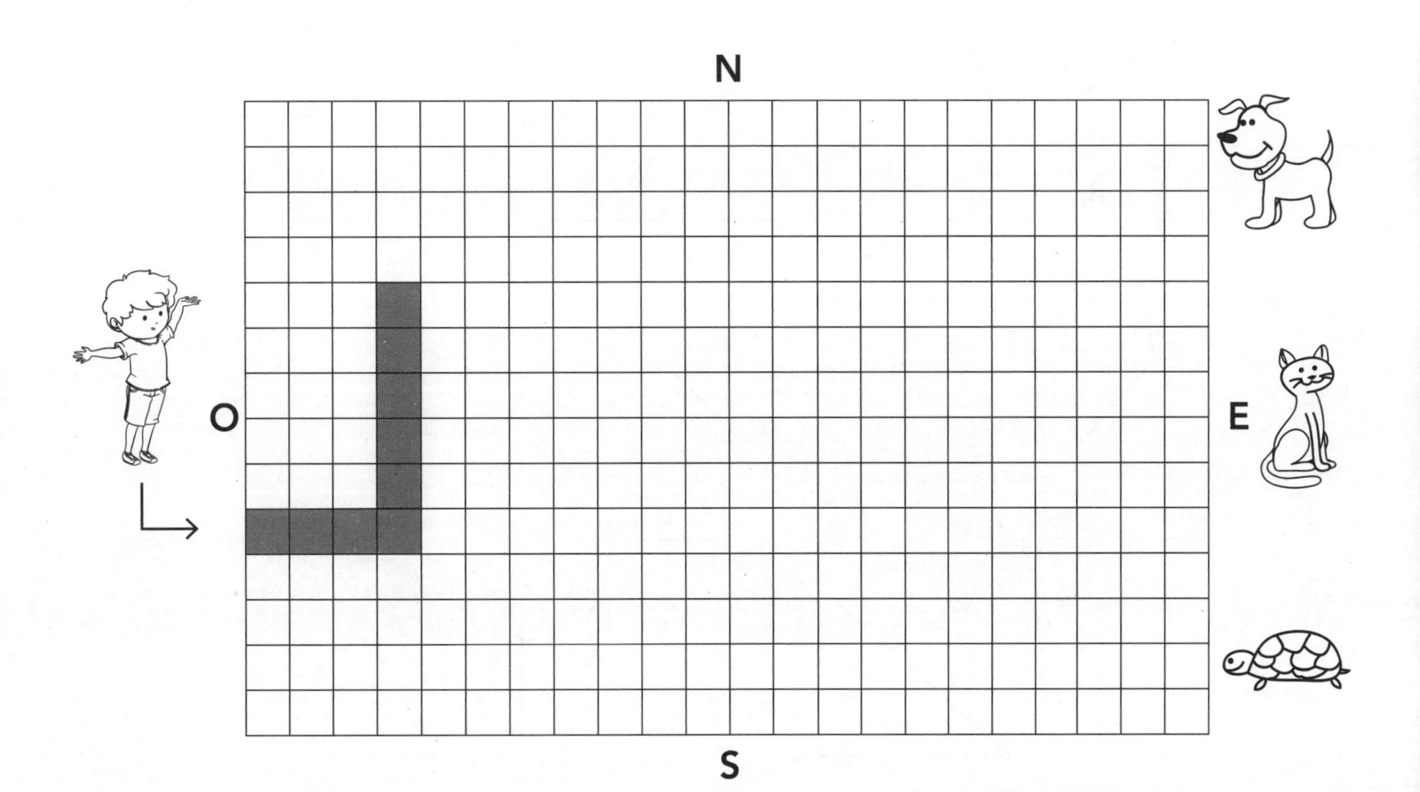

Ángulos

Aprendizaje esperado. Analiza figuras geométricas a partir de comparar sus ángulos.

Un **ángulo** es la porción de un plano comprendida entre dos semirrectas que coinciden en un punto.

Los ángulos pueden ser **agudos**, **rectos**, **obtusos** de acuerdo con la abertura que hay entre los lados.

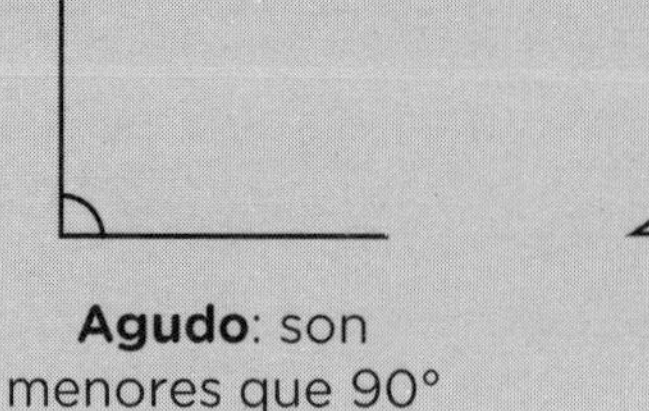

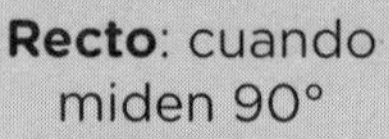

Agudo: son menores que 90°

Recto: cuando miden 90°

Obtuso: cuando son mayores que 90°

1. **Observa los ángulos y escribe en las líneas qué tipo de ángulo es. Traza los ángulos agudos de rojo, los ángulos rectos de azul y los ángulos obtusos de verde. Fíjate en el ejemplo.**

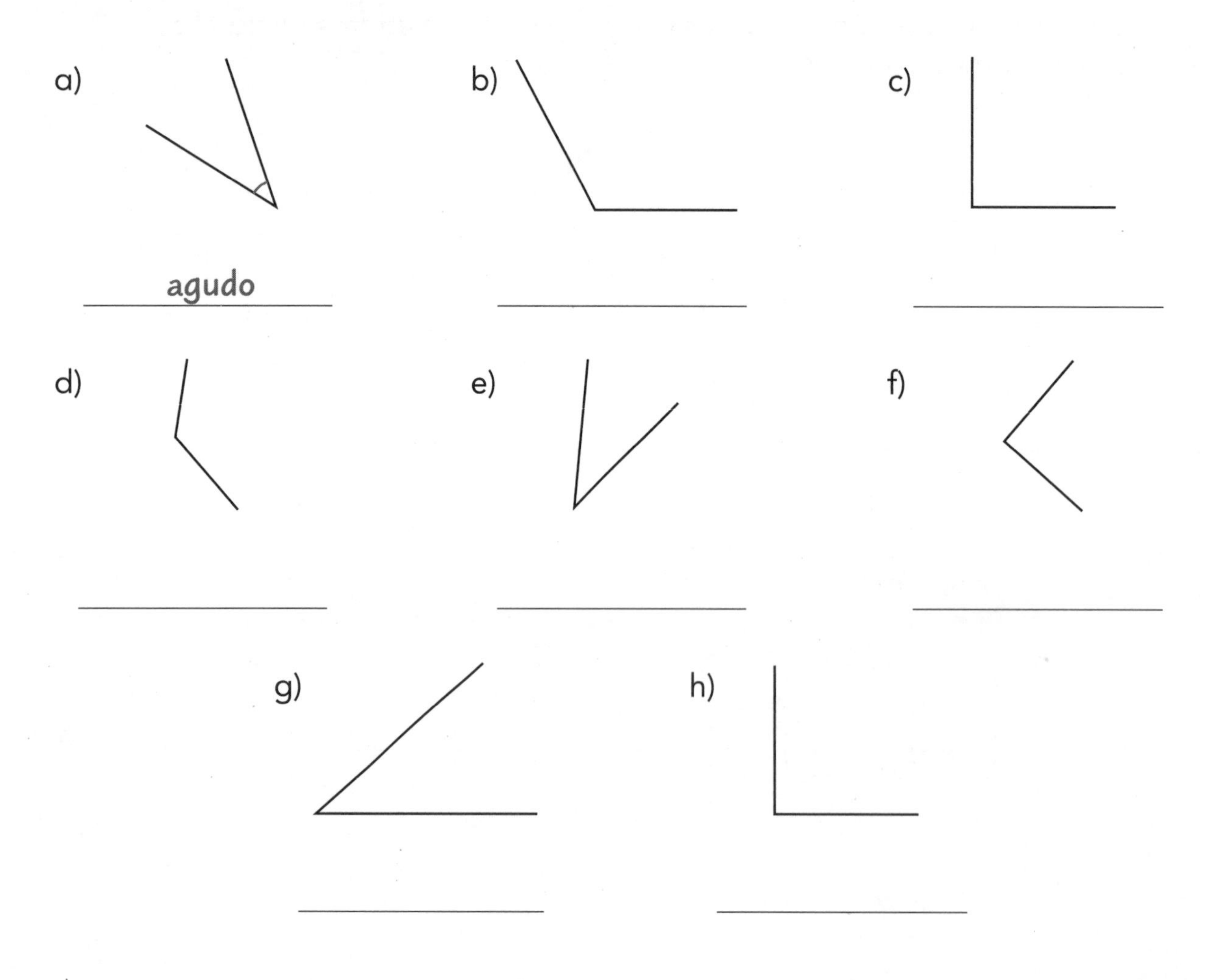

2. Traza una línea para formar el ángulo que se te pide. Fíjate en el ejemplo.

a) ángulo recto

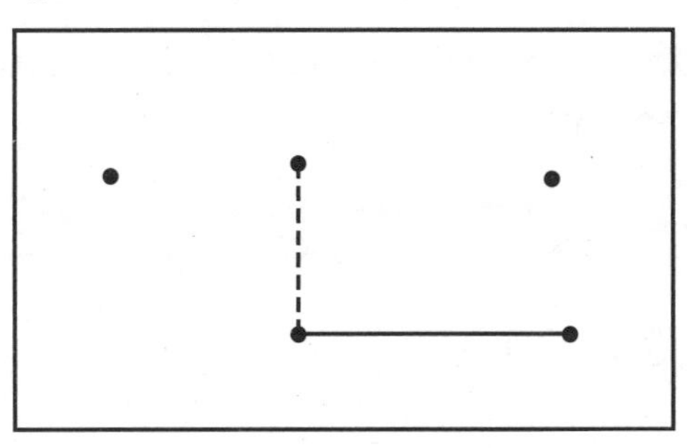

d) ángulo recto

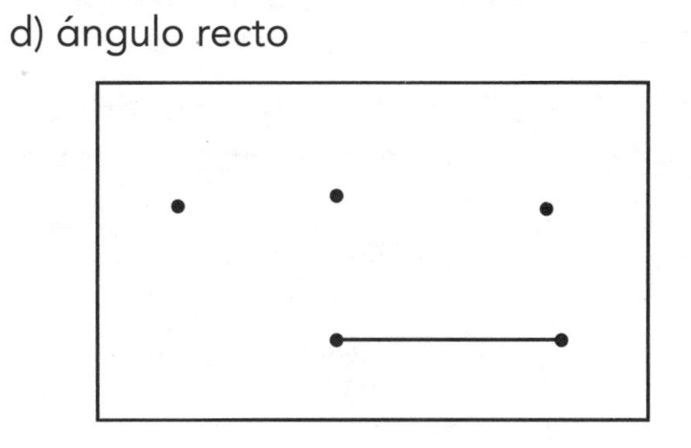

b) ángulo agudo

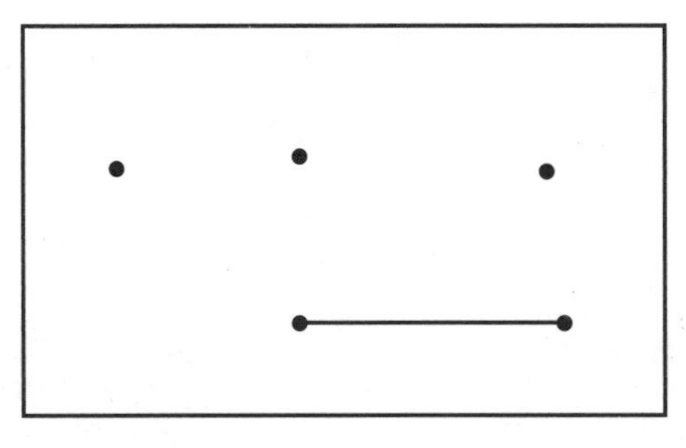

e) ángulo agudo

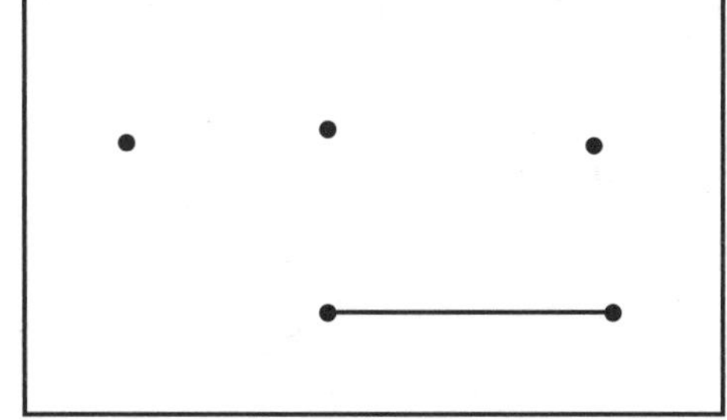

c) ángulo obtuso

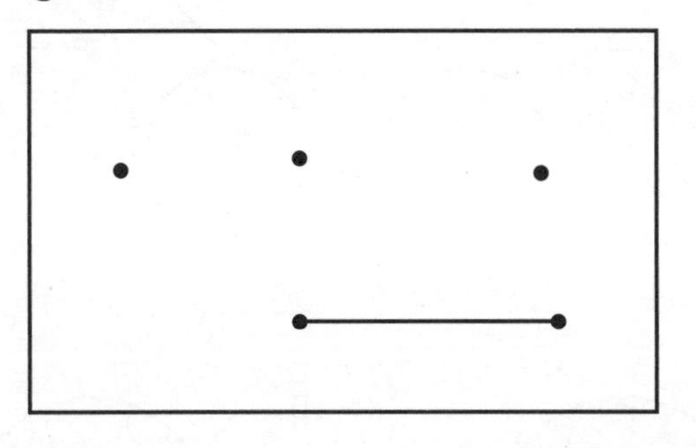

f) ángulo obtuso

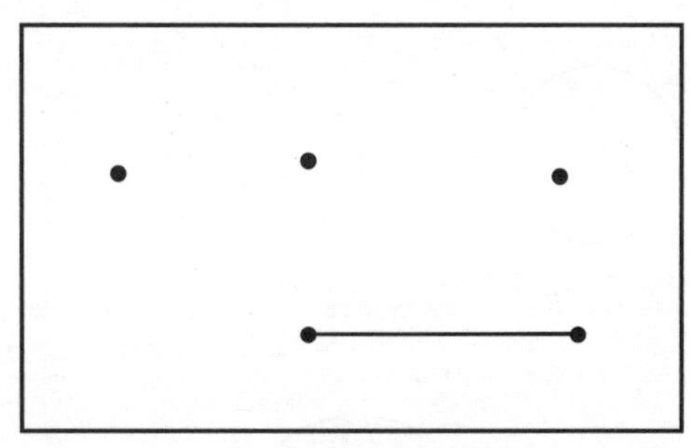

Cálculo mental

Aprendizaje esperado. Calcula mentalmente, sumas, restas, multiplicaciones y divisiones.

1. Realiza la operación que se indica en cada caso para obtener el resultado del círculo que está arriba. Fíjate en el ejemplo.

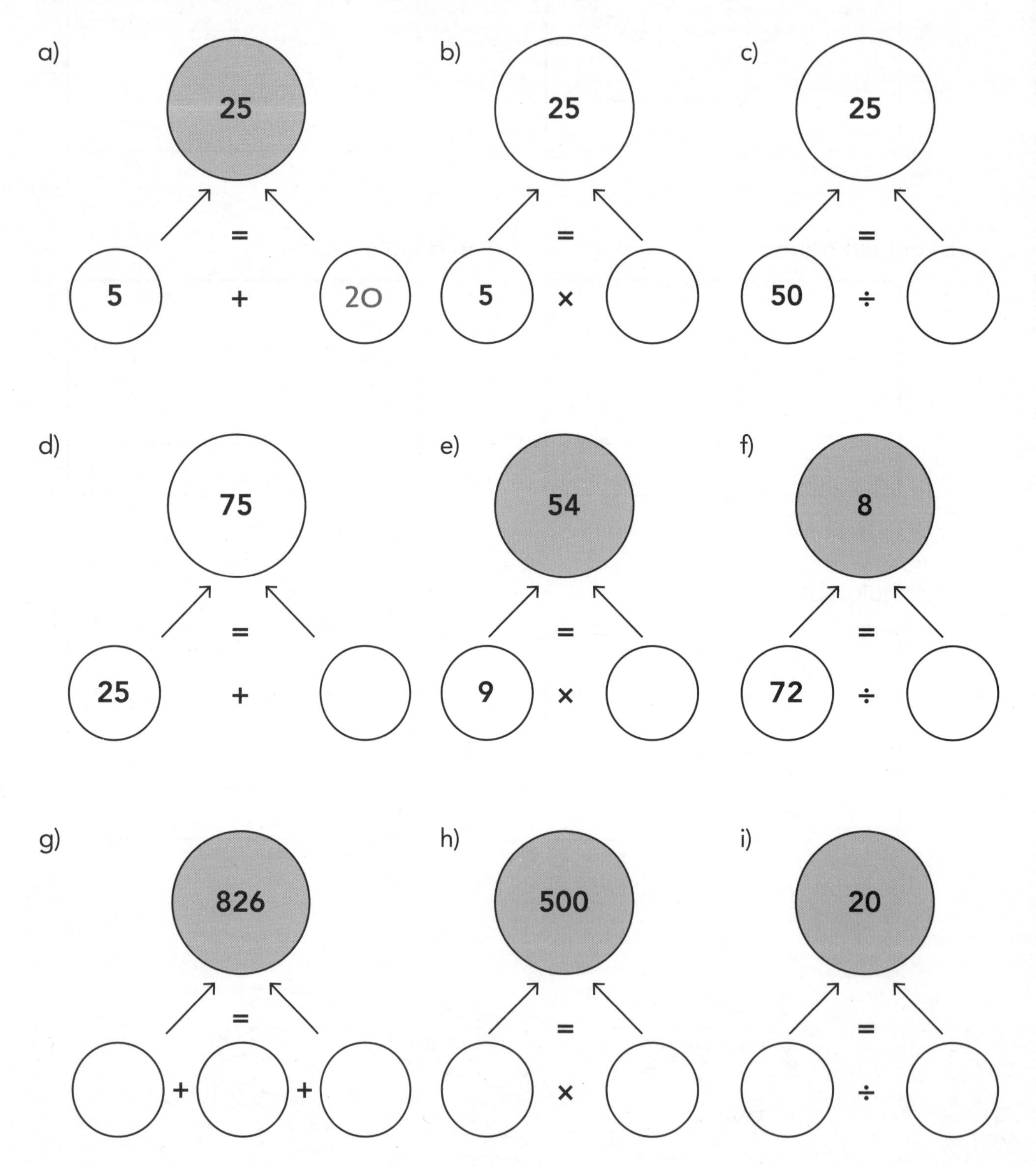

Identificación de fracciones

Aprendizaje esperado. Usa fracciones para expresar relaciones parte-todo, medidas y resultados de repartos.

1. **Escribe en el recuadro la fracción ($\frac{1}{4}$, $\frac{1}{2}$ o $\frac{3}{4}$) que representan las cuadrículas del lado derecho. Para cada una de las fracciones colorea dos representaciones diferentes, como en el ejemplo.**

a)

b)

c)

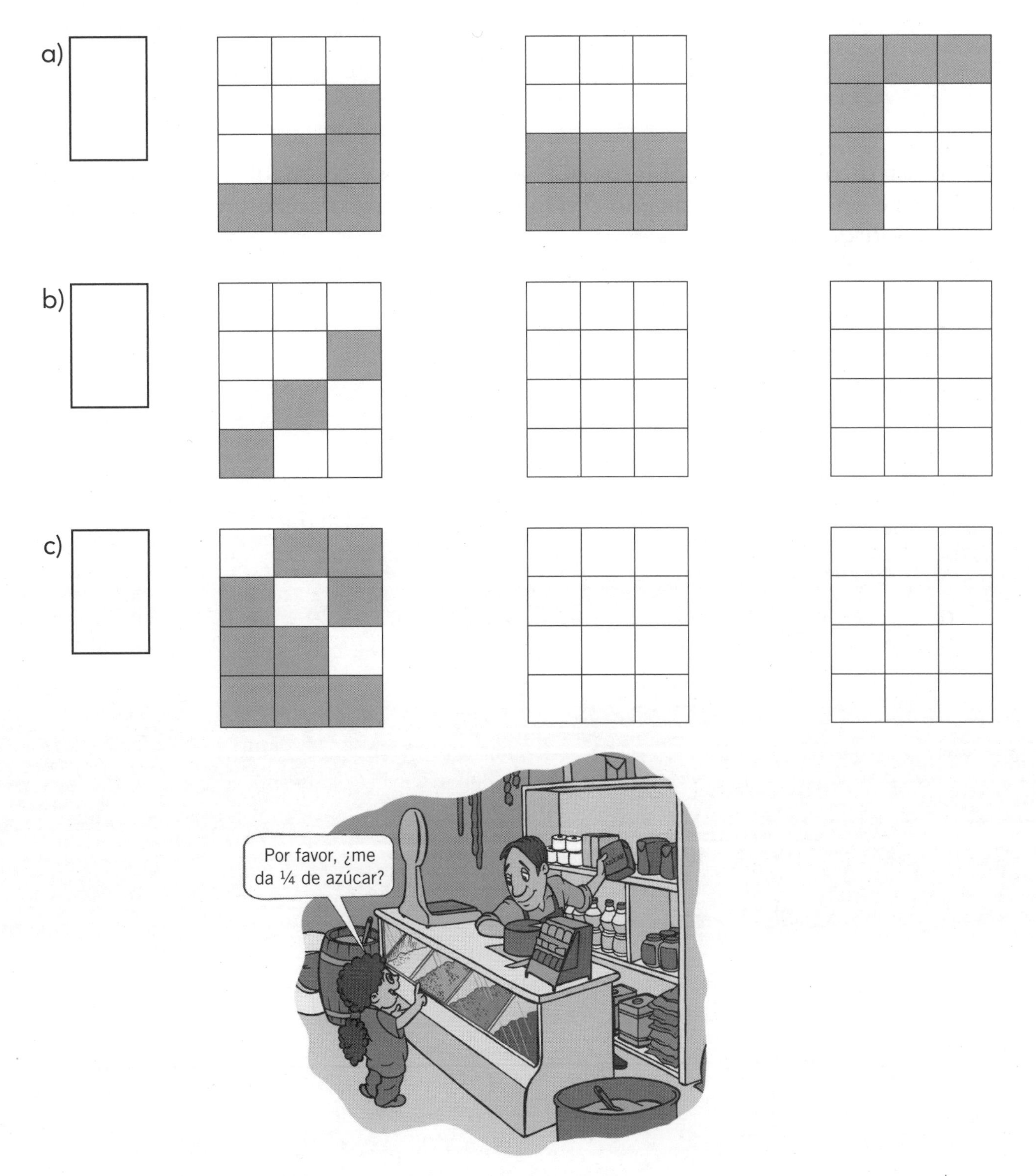

Medidas de peso

Aprendizaje esperado. Estima, compara y ordena pesos usando kilogramo.

Las medidas de peso nos ayudan a saber cuán pesados o ligeros son los objetos, las personas o cualquier cosa que nos rodea.

La unidad principal es el **gramo** y se representa con una **g**.

Para medir cosas pesadas se toma por unidad el **kilogramo** (**kg**).

Para medir cosas ligeras se toma por unidad el **miligramo** (**mg**).

1. Encierra con verde los objetos que son pesados y con azul los que son ligeros. Escribe en los paréntesis una *g* si lo pesarías en gramos o una *kg* si lo pesarías en kilogramos.

a) 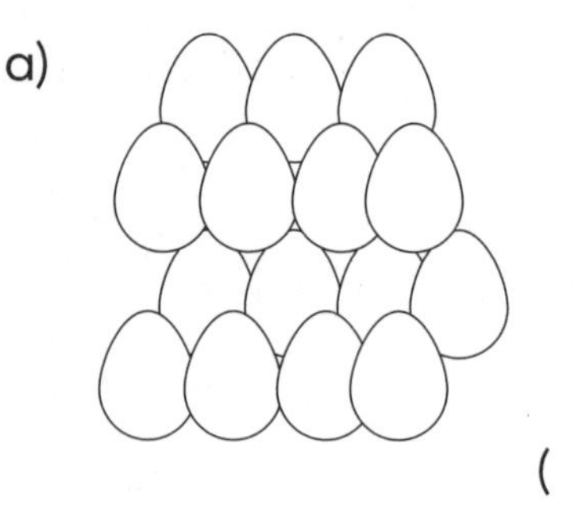 (   )

b) 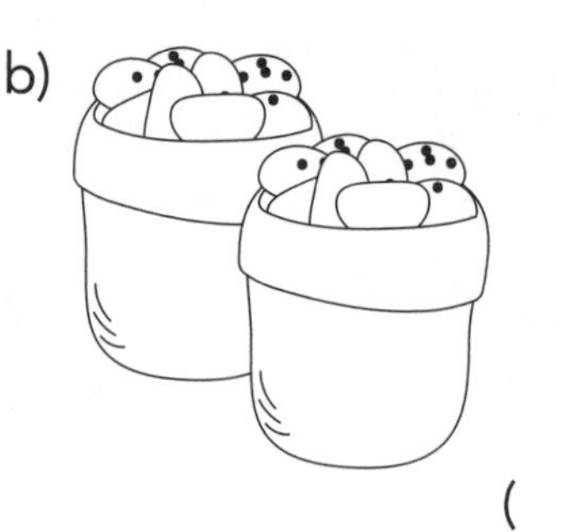 (   )

c) 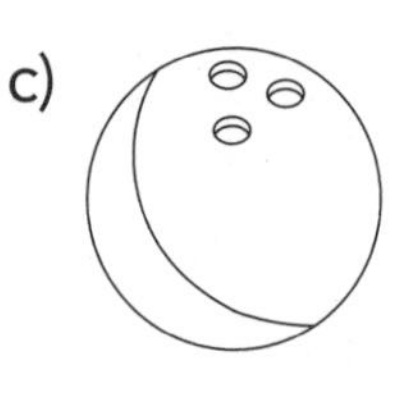 (   )

d)  (   )

e) 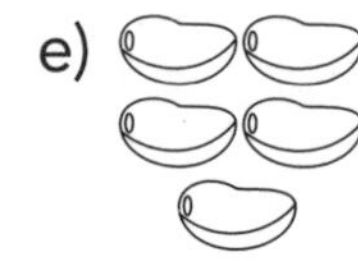 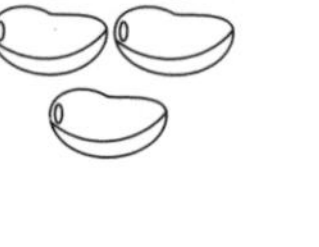 (   )

f) 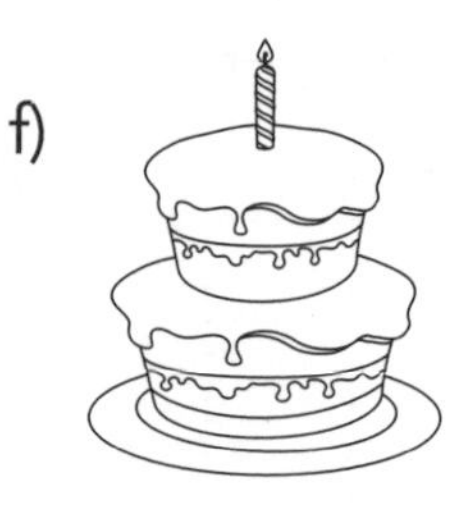 (   )

g) h) 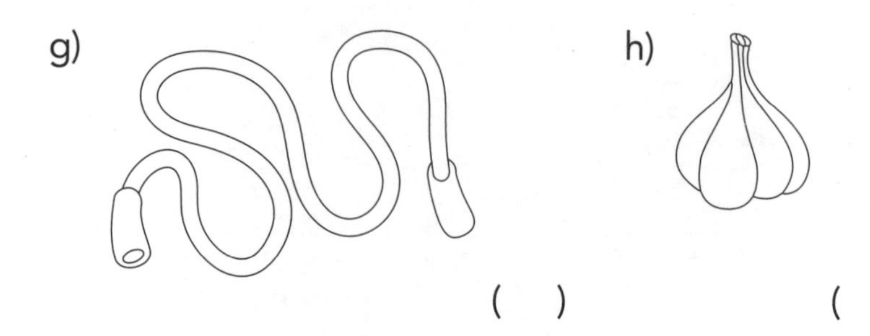

(   ) (   )

2. Colorea con rojo los tres objetos que pesan más. Marca con una ✗ el objeto que crees que pesa menos.

3. Observa la balanza, considera el peso de cada caja y dibújalas en el platillo que les corresponde.

a)

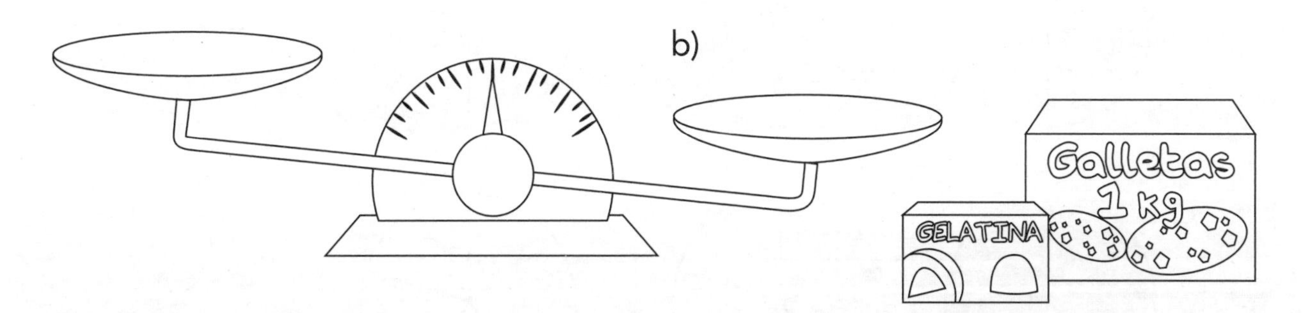

4. Observa la balanza, considera el peso de cada cuchara y dibújalas en el platillo que les corresponde.

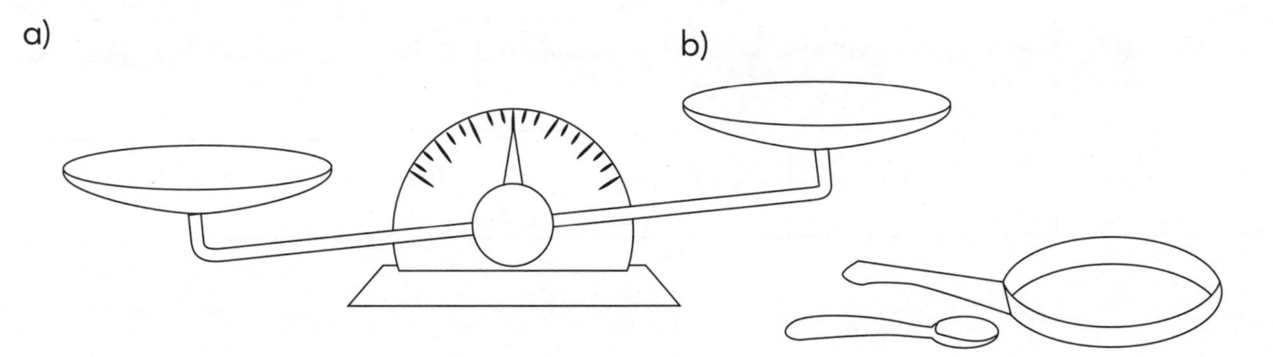

Restas de fracciones

Aprendizaje esperado. Resuelve problemas de suma y resta con fracciones del mismo denominador.

Para resolver una **resta de fracciones** con **igual denominador**, recuerda que se restan los numeradores y se deja el mismo denominador.

$$\frac{6}{4} - \frac{2}{4} = \frac{6-2}{4} = \frac{4}{4}$$

1. Resuelve las siguientes restas de fracciones, escribiendo los números que hacen falta y colorea los resultados. Fíjate en el ejemplo.

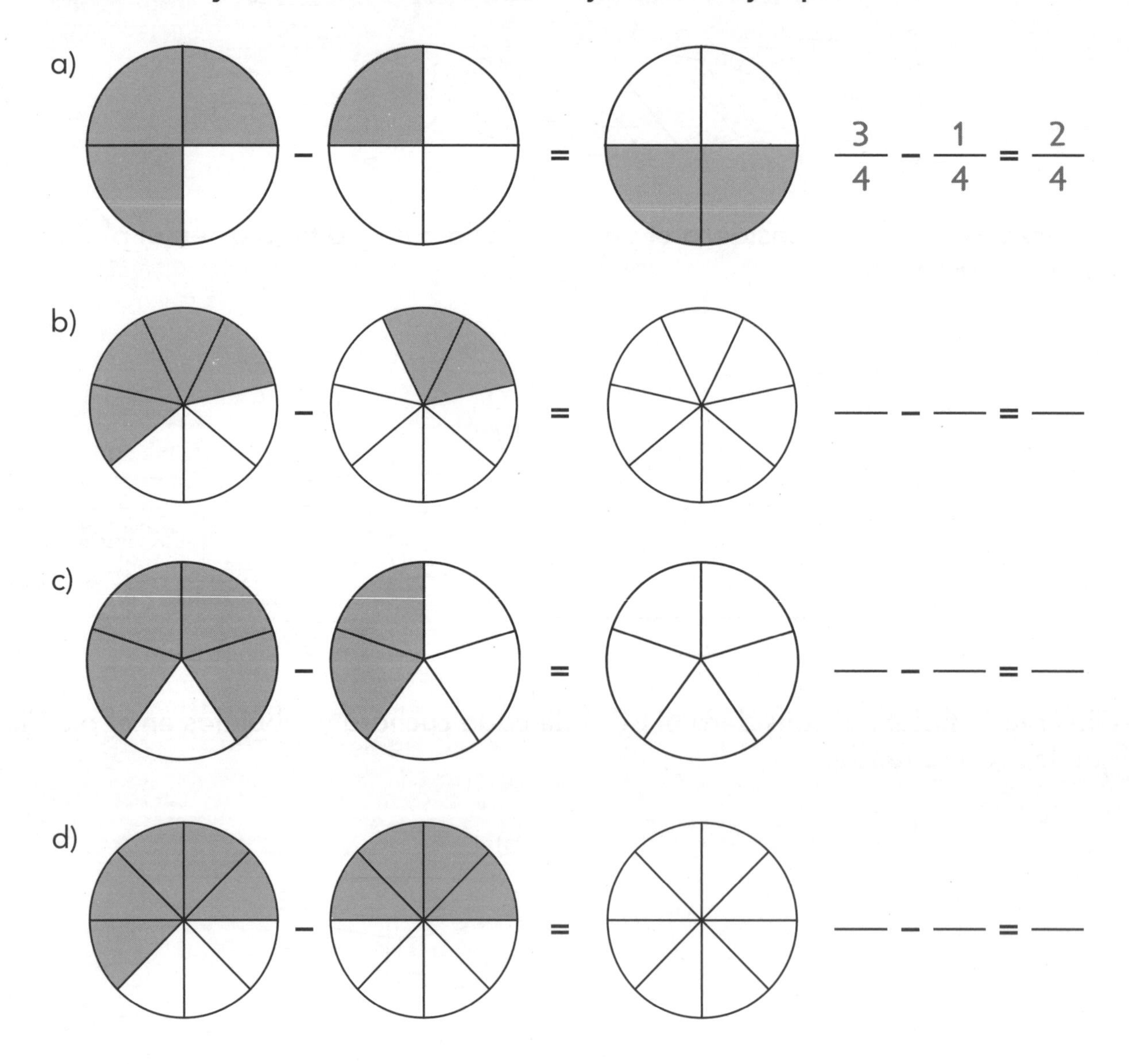

2. **Resuleve las siguientes restas de fracciones escribiendo los números que hacen falta. Fíjate en el ejemplo.**

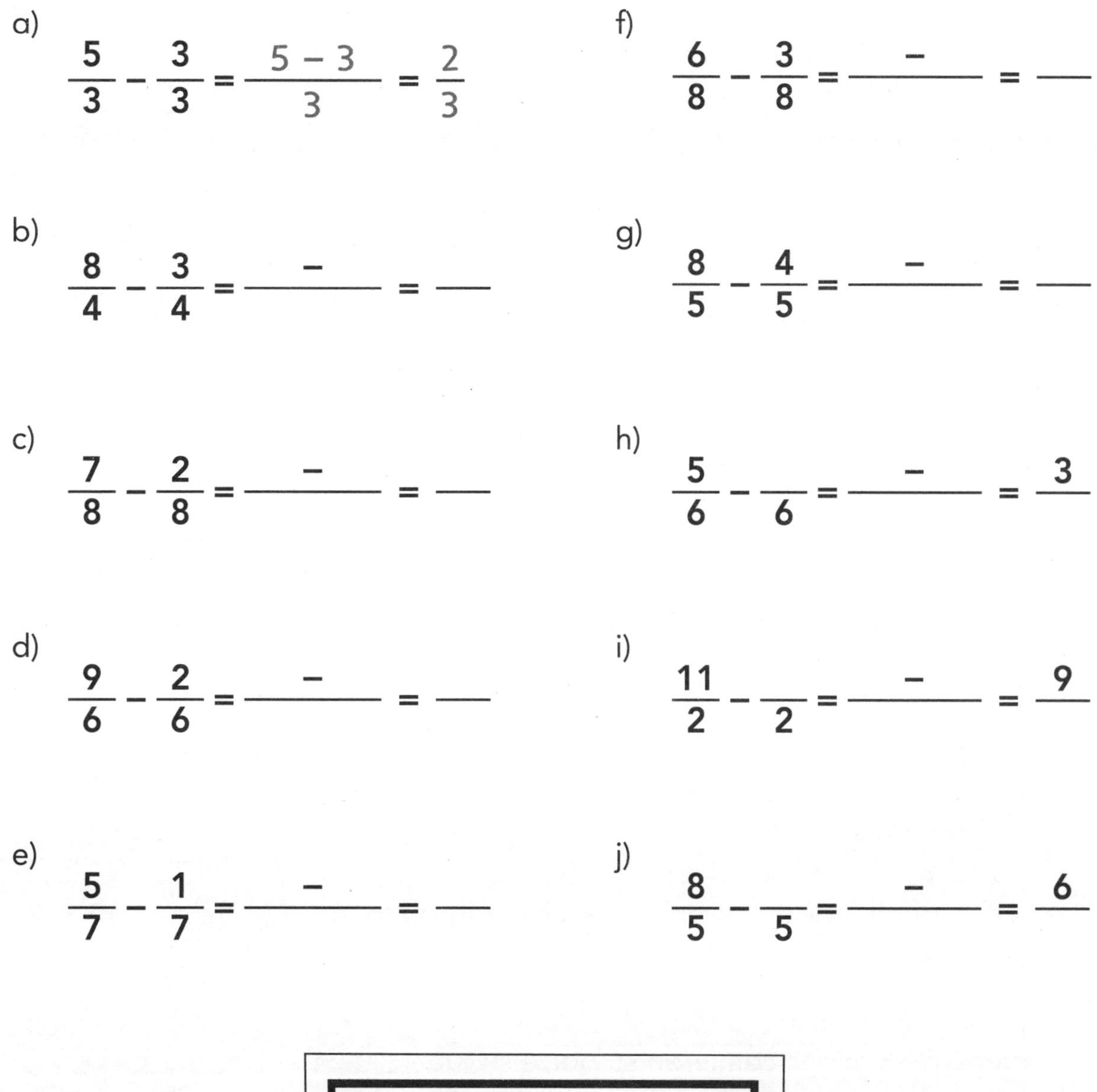

a) $\frac{5}{3} - \frac{3}{3} = \frac{5 - 3}{3} = \frac{2}{3}$

b) $\frac{8}{4} - \frac{3}{4} = \frac{\quad - \quad}{\quad} = \frac{\quad}{\quad}$

c) $\frac{7}{8} - \frac{2}{8} = \frac{\quad - \quad}{\quad} = \frac{\quad}{\quad}$

d) $\frac{9}{6} - \frac{2}{6} = \frac{\quad - \quad}{\quad} = \frac{\quad}{\quad}$

e) $\frac{5}{7} - \frac{1}{7} = \frac{\quad - \quad}{\quad} = \frac{\quad}{\quad}$

f) $\frac{6}{8} - \frac{3}{8} = \frac{\quad - \quad}{\quad} = \frac{\quad}{\quad}$

g) $\frac{8}{5} - \frac{4}{5} = \frac{\quad - \quad}{\quad} = \frac{\quad}{\quad}$

h) $\frac{5}{6} - \frac{\quad}{6} = \frac{\quad - \quad}{\quad} = \frac{3}{\quad}$

i) $\frac{11}{2} - \frac{\quad}{2} = \frac{\quad - \quad}{\quad} = \frac{9}{\quad}$

j) $\frac{8}{5} - \frac{\quad}{5} = \frac{\quad - \quad}{\quad} = \frac{6}{\quad}$

Resolución de problemas con fracciones

Aprendizaje esperado. Resuelve problemas de suma y resta con fracciones del mismo denominador.

1. Resuelve los siguientes problemas.

a) Vanesa hizo un pastel para vender y lo partió en 6 rebanadas iguales.

- En la mañana vendió 2 rebanadas. ¿Qué fracción del pastel vendió?

  ____

- En la tarde vendió 3 rebanada más. En total, ¿qué fracción del pastel vendió?

  ____

- ¿Qué fracción del pastel sobró?

  ____

b) Ocho amigos fueron por pizza y cada uno va a comer la misma porción.

- ¿En cuántas partes tuvieron que dividir la pizza?

  ____

- Primero 3 amigos comieron su parte. ¿Qué fracción de pizza se comieron?

  ____

- Después, 4 amigos comieron la suya. ¿Qué fracción de pizza queda?

  ____

- ¿Qué fracción de pizza se comieron en total?

  ____

2. **Omar vende tiras de filete de pescado. Observa la imagen y responde las siguientes preguntas.**

a) ¿Cuánto costará una tira completa de pescado? ____________________

b) Doña Margarita compró $\frac{1}{2}$ de tira los días lunes, jueves y sábado. ¿Cuántas tiras de pescado compró? ____________________

c) Pedro compró una porción de $\frac{1}{4}$ a cada uno de sus hijos. Si tiene 5 hijos, ¿cuántas porciones compró? __________. ¿Cuánto dinero pagó? __________

d) Mariana compró $\frac{1}{8}$ de tira de pescado durante 2 semanas. ¿Cuántas porciones compró? __________. ¿Cuánto dinero gastó? __________

e) Juan Pablo compró $\frac{7}{8}$ de pescado, si se comió $\frac{5}{8}$ ¿cuánto le sobró?

____

Tipos de triángulos

Aprendizaje esperado. Construye y analiza figuras geométricas, en particular triángulos, a partir de comparar sus lados y su simetría.

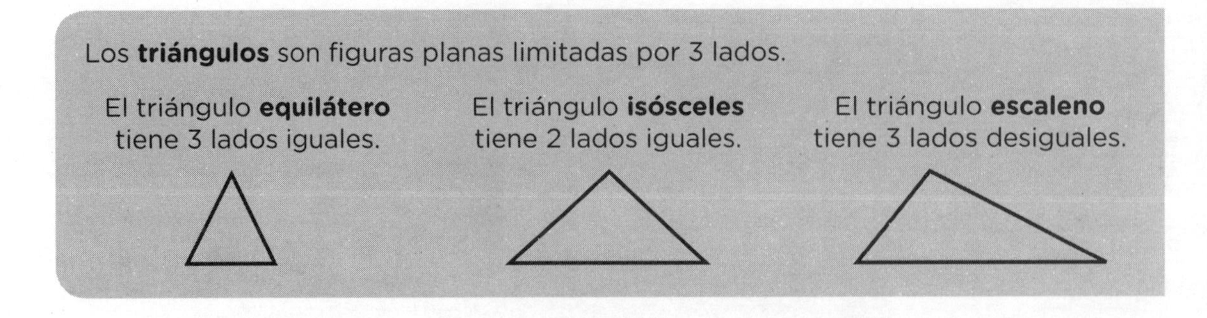

1. Une con una línea roja los triángulos equiláteros, con una línea morada los triángulos isósceles y con una línea amarilla los triángulos escalenos. Después escribe en las líneas lo que se te pide.

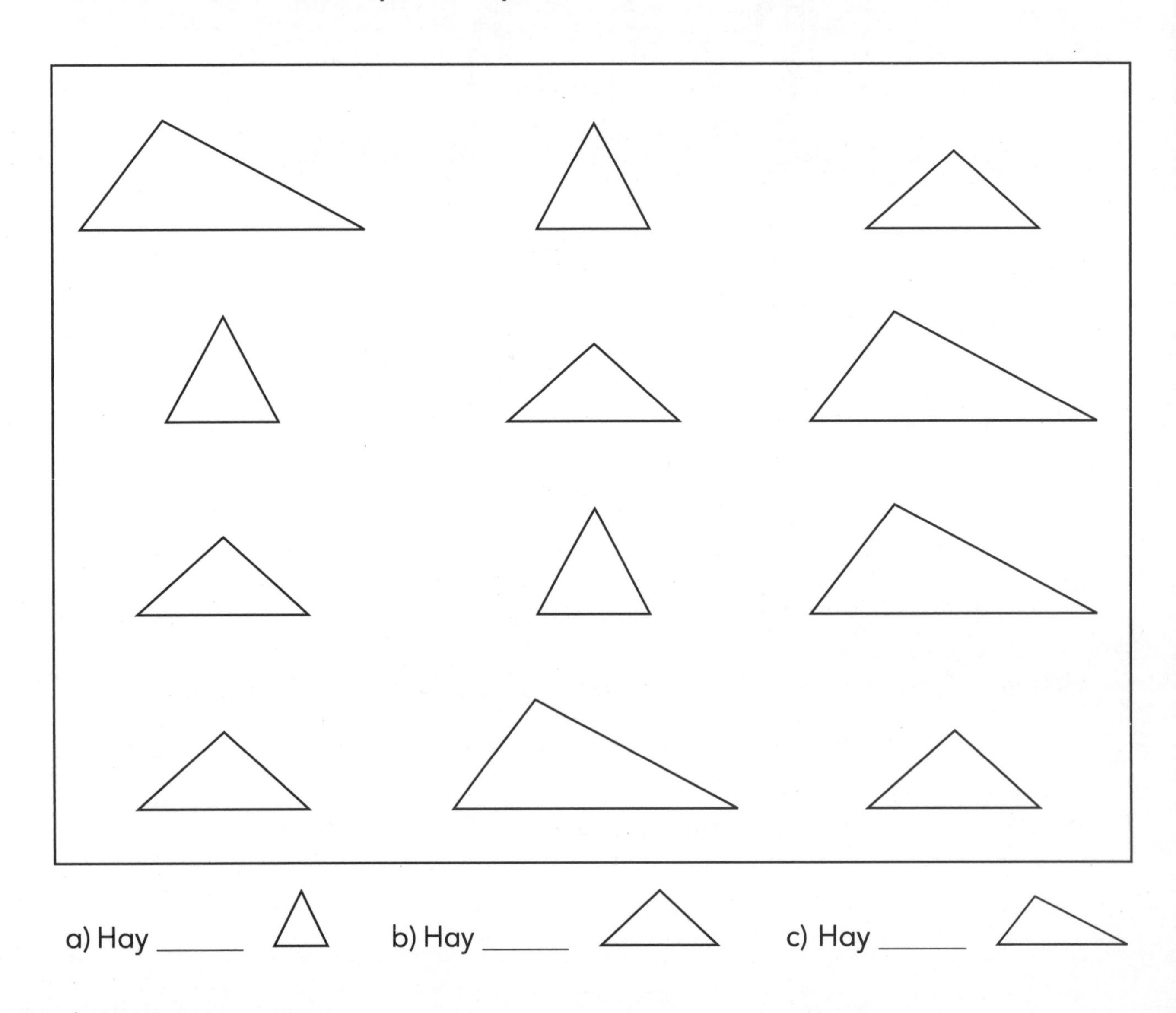

2. Dibuja un triángulo equilátero y realiza un dibujo con él.

3. Dibuja un triángulo isósceles y realiza un dibujo con él.

4. Dibuja un triángulo escaleno y realiza un dibujo con él.

Cálculo mental

Aprendizaje esperado. Calcula mentalmente, de manera exacta y aproximada sumas.

1. **Rafael fue a comprar varios instrumentos musicales. Escribe en la línea qué instrumento musical compró con el dinero que aparece. Fíjate en el ejemplo.**

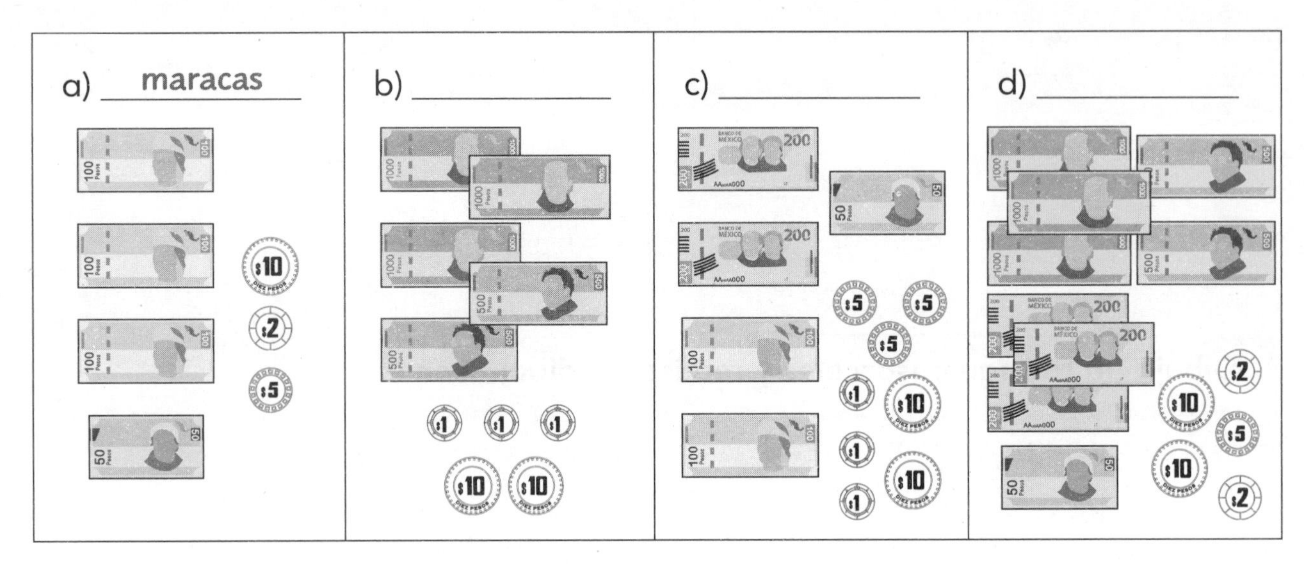

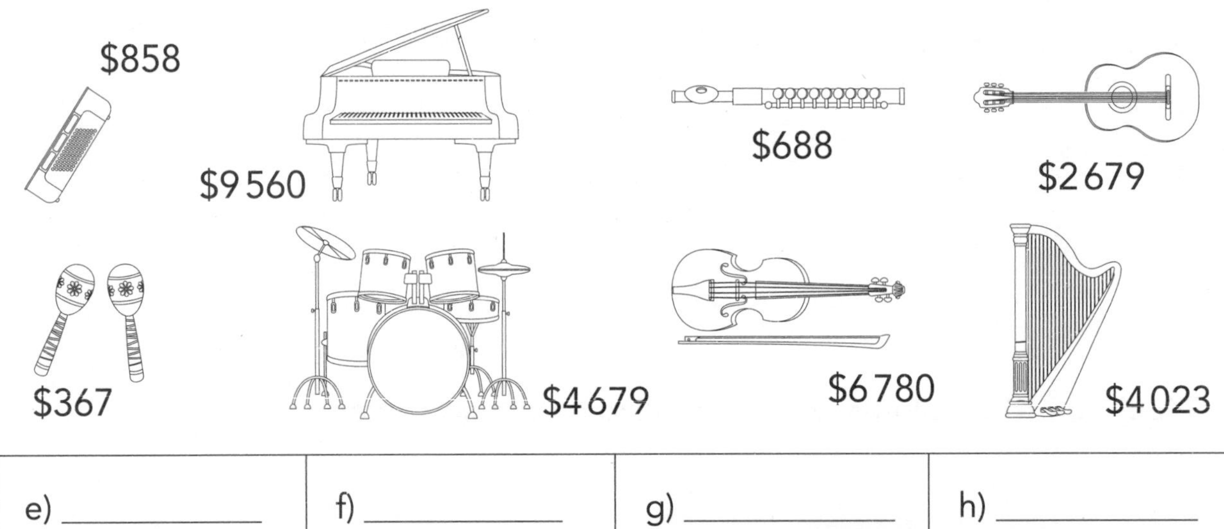

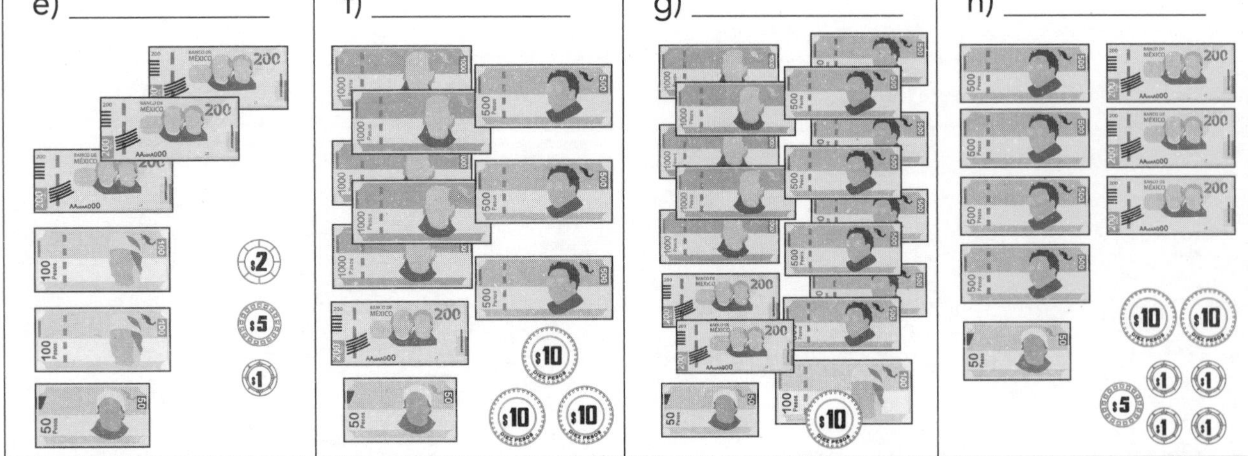

Repaso sumas y restas

Aprendizaje esperado. Resuelve problemas de suma y resta con números naturales hasta 10 000.

1. **Ayuda a la maestra Claudia a calificar realizando la comprobación de la resta. Dibuja una carita feliz si está bien realizada y una triste si no. Fíjate en el ejemplo. Vuelve a realizar las restas que están incorrectas y escribe el resultado correcto.**

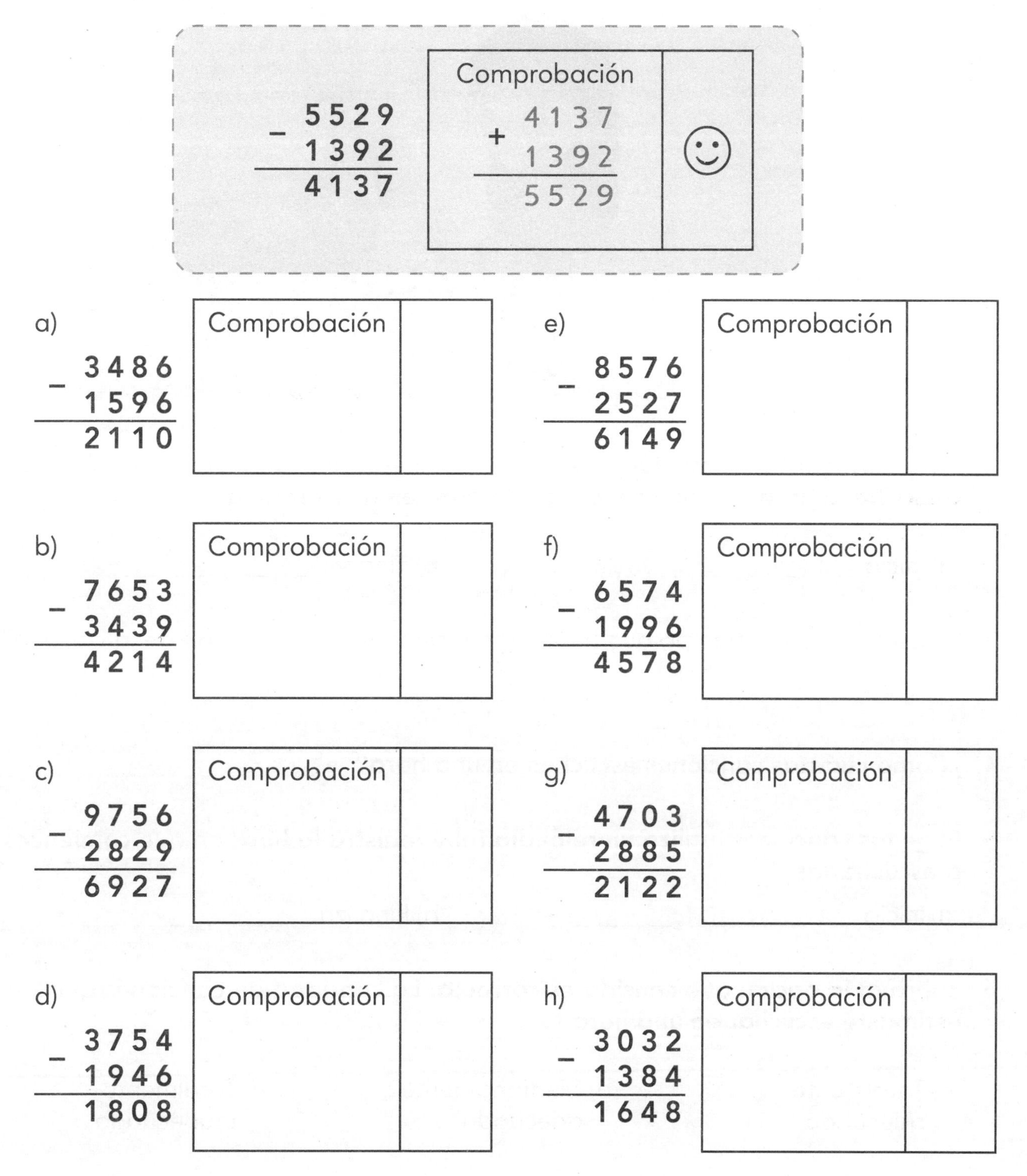

Uso del reloj para verificar estimaciones de tiempo

Aprendizaje esperado. Compara y ordena la duración de diferentes sucesos usando la hora, media hora, cuarto de hora y los minutos.

1. Elige una de tus canciones favoritas y señala cuánto tiempo crees que dura.

- ☐ 1 minuto
- ☐ 2 minutos
- ☐ 3 minutos

2. Para verificar tu estimación, prepárate para escucharla. Busca un reloj digital y escribe la hora en que comienza y la hora en que termina.

a) Inicia ______________________ b) Finaliza ______________________

3. La estimación del tiempo que hiciste, ¿fue cercana a la duración de la canción?

____

4. ¿Como cuántas canciones escuchas en una hora? ____________________

5. Elige las canciones, utiliza un reloj digital y registra la hora en que comiences a escucharlas.

a) Inicia ______________________ b) Finaliza ______________________

6. Subraya la opción que consideres correcta. La cantidad de canciones que estimaste escuchar en una hora fue:

a) Totalmente adecuada b) Medianamente adecuada c) Totalmente inadecuada

7. Marca con una ✔ la opción que consideres adecuada para cada actividad.

a) Tiempo necesario para preparar un panqué de frutas.

- 2 minutos ________
- 9 horas y 30 minutos ________
- 2 horas ________

b) Atarte las agujetas.

- De 20 a 30 segundos ________
- 1 minuto ________
- Más de 90 segundos ___

c) Leer un cuento de diez páginas.

- 1 hora y 30 minutos ________
- Alrededor de 20 minutos ________
- 200 segundos ________

d) Correr un atleta el maratón olímpico de modo que quede en los primeros lugares de la competencia.

- 2 horas y 15 minutos ________
- 4 horas ________
- 1 hora y 30 minutos ____

8. Lee con mucha atención y resuelve el problema.

Iris tarda 30 minutos en bañarse, 15 en vestirse, 20 en desayunar y lavarse los dientes, y 5 en preparar sus útiles. Tarda 5 minutos en caminar a la parada del camión, y éste hace entre 30 y 40 minutos. Después camina 5 minutos más para llegar a la escuela.

a) ¿Cuánto tiempo tardó? ______________

b) Observa la hora que marca el reloj. Si Iris entra a las 8 de la mañana, ¿llegará puntual a la escuela, levantándose en ese momento? Explica tu respuesta.

____

____

____

c) ¿A qué hora se debió despertar para llegar a tiempo? ______________

Repaso multiplicación y división

Aprendizaje esperado. Resuelve problemas de multiplicación y división.

1. Resuelve las operaciones y escribe las coordenas donde se encuentra su resultado. Guíate con el ejemplo.

	A	B	C	D	E	F	G
1						6	
2	342						
3			5				
4				600			
5							9000
6		7			4		
7							172

a) $57 \times 6 = 342$

A, 2

b) $5\overline{)25}$

____

c) 100×6

____

d) $8\overline{)56}$

____

e) 43×4

____

f) $9\overline{)36}$

____

g) 1000×9

____

h) $7\overline{)42}$

____

Unamos cada problema con su solución

Aprendizaje esperado. Resuelve problemas de suma, resta, multiplicación y división.

1. Une cada problema con la operación que lo resuelve. Escribe el resultado donde corresponde.

a) Una caja de chocolates tiene 88; si compro 4 cajas, ¿cuántos voy a tener?

Voy a tener _______ chocolates.

1) $\begin{array}{r} 88 \\ +\ \ 4 \\ \hline \end{array}$

b) Antonio quiere 88 estampas, pero sólo tiene 4. ¿Cuántas le faltan?

Le faltan _______ estampas.

2) $\begin{array}{r} 88 \\ -\ \ 4 \\ \hline \end{array}$

c) Aranza hizo 88 pulseras y las va a repartir en 4 tiendas. Si va a entregar el mismo número de pulseras en cada una, ¿cuántas pulseras dejará en cada tienda?

Dejará _______ pulseras.

3) $\begin{array}{r} 88 \\ \times\ \ 4 \\ \hline \end{array}$

d) Mi mamá tenía $88 en su monedero y encontró 4 más. ¿Cuánto dinero tiene ahora?

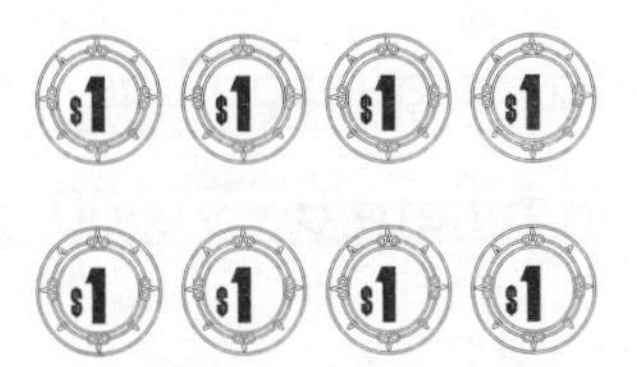

Mi mamá tiene _______ pesos.

4) $4\overline{)88}$

Resolución de problemas

Aprendizaje esperado. Resuelve problemas de suma, resta, multiplicación y división de números naturales, y de suma y resta de fracciones con el mismo denominador.

1. Unos amigos fueron a una cafetería. Observa el cuadro y contesta lo que se pide.

a) José y Armando pidieron un paquete de quesadillas para compartir. Si José se comió una quesadilla y Armando 2, ¿qué fracción del total del paquete se comieron entre los dos? ______________________ ¿Qué fracción del paquete sobró? ______________________

b) Carlos, Andrea, Sara y Paola compraron un paquete de hamburguesas cada uno. ¿Cuánto pagarán por todos los paquetes? ______________________

c) Claudia, Mariana y Pedro compraron un paquete de jugos, ¿cuántos jugos le tocarán a cada uno? ______________________

d) Hernán y Paty compraron una orden de tacos y una de quesadillas, ¿cuánto pagaron en total? ____________. Si pagaron con un billete de $1000, ¿cuánto les dieron de cambio? ______________________

e) Pepe tiene $242, ¿cuánto dinero le falta para comprar una orden de tacos? ______________

f) Con la información del recuadro, redacta un problema que se solucione con una resta y escribe el resultado.

____

____

____

R = ______________

g) Con la información del recuadro, redacta un problema que se solucione con una suma y escribe el resultado.

____

____

____

R = ______________

h) Con la información del recuadro, redacta un problema que se solucione con una multiplicación y escribe el resultado.

____

____

____

R = ______________

i) Escribe el costo de los alimentos del menor al mayor: ______________

____

____

j) Si quiero comprar un paquete de cada uno, ¿me alcanza con $500? __________

¿Cuánto dinero me falta o cuánto me sobra? ______________

Reproducción de figuras en una cuadrícula

Aprendizaje esperado. Construye y analiza figuras geométricas.

A Tadeo le gustó mucho el dibujo que su primo Higinio tiene en una pared de su cuarto. "Voy a dibujar uno igual", piensa, "pero tendrá que ser de la mitad de tamaño porque mi cuarto no es tan grande como el de Higinio".

1. **Traza en la cuadrícula una ilustración como la que se muestra. El lado de un cuadrado de la derecha mide la mitad de uno de la izquierda.**

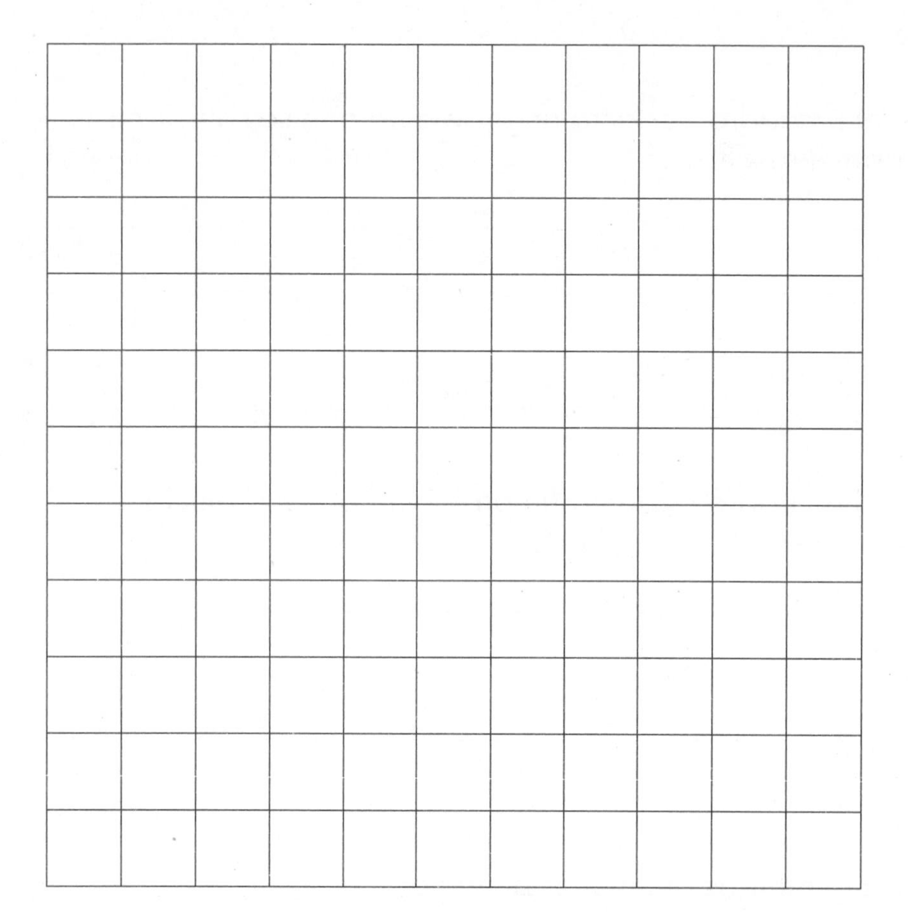

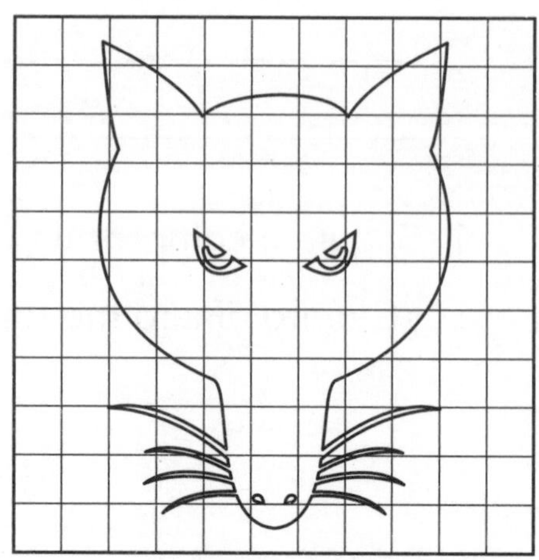

Repaso

1. **Resuelve las siguientes operaciones y escribe sobre la línea si las fracciones son *propias* o *impropias*.**

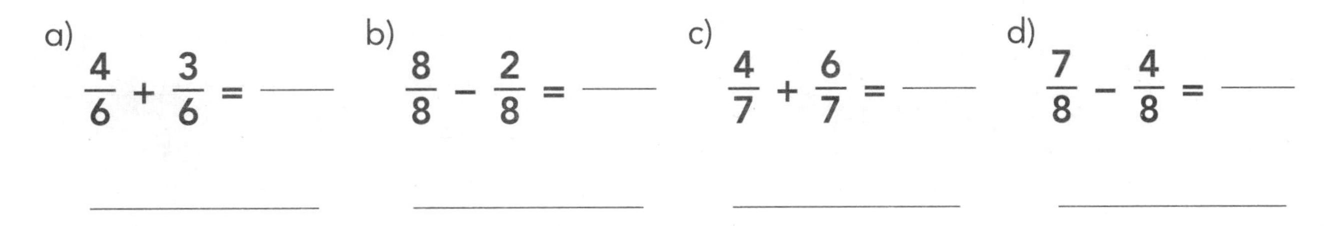

a) $\frac{4}{6} + \frac{3}{6} = \_\_\_$ b) $\frac{8}{8} - \frac{2}{8} = \_\_\_$ c) $\frac{4}{7} + \frac{6}{7} = \_\_\_$ d) $\frac{7}{8} - \frac{4}{8} = \_\_\_$

2. **Une los puntos para formar triángulos y escribe debajo de cada uno si es *equilátero, isósceles* o *escaleno*.**

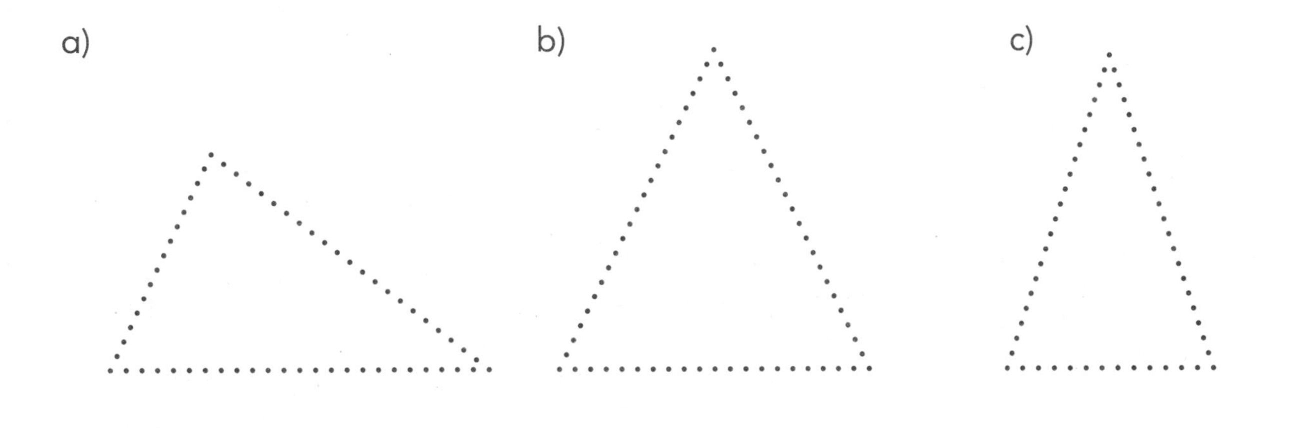

a) b) c)

3. **Une las columnas con la estimación del tiempo que requiere realizar cada actividad.**

a) Ir a un paseo con la escuela	• Más de una hora
b) Tender mi cama.	• Menos de 5 minutos
c) Ir de vacaciones a la playa.	• Menos de un día
d) Un partido de fútbol.	• Más de una semana
e) Que un bebé aprenda a caminar.	• Menos de un mes
f) Aprenderme la tabla del 8.	• Más de un año

4. **Saúl escondió el regalo de cumpleaños de Katia en un parque. Traza la ruta que debe seguir Katia para encontrarlo. Toma en cuenta que cada cuadrito equivale a un paso.**

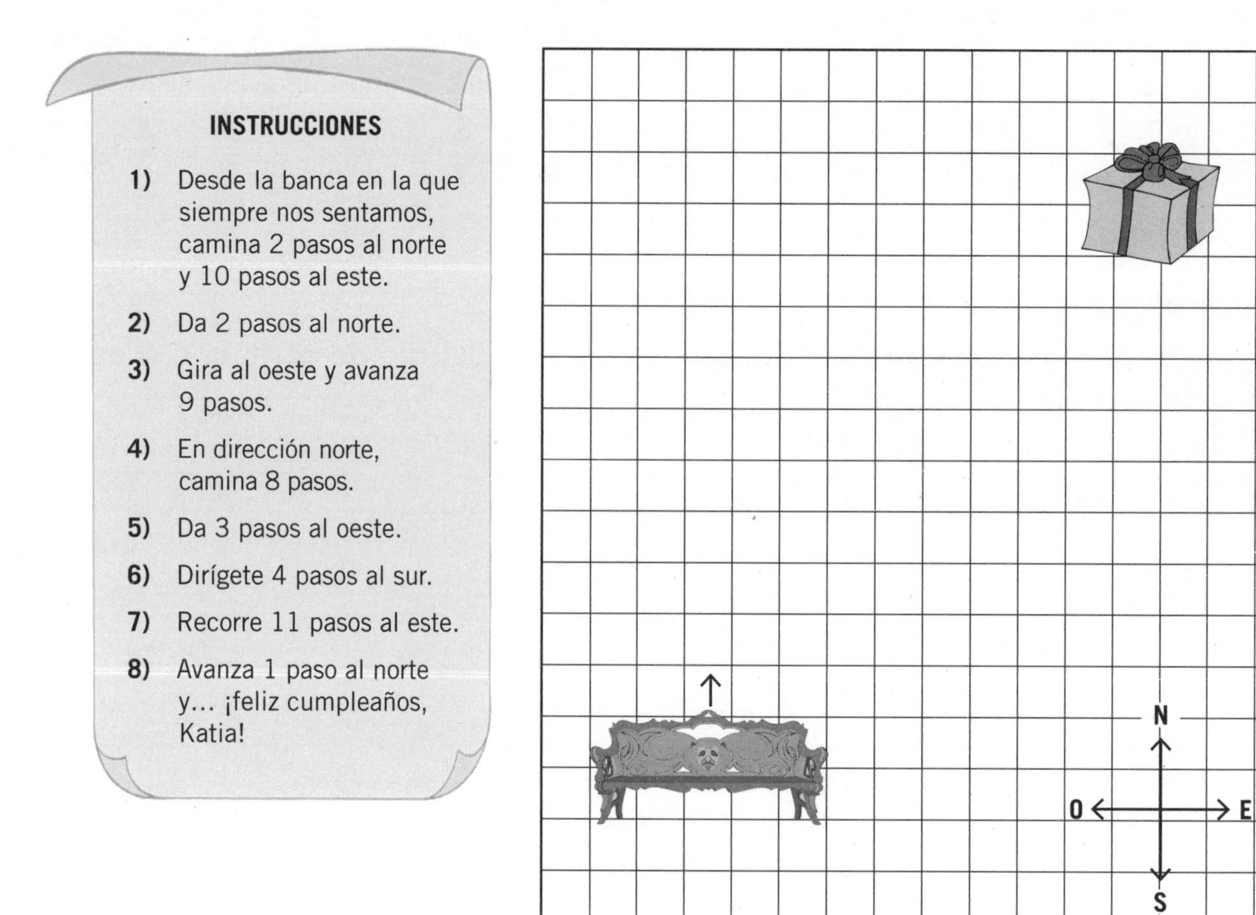

5. **Dibuja la manecilla que falta en cada reloj para formar el ángulo que se indica.**

a) agudo

b) recto

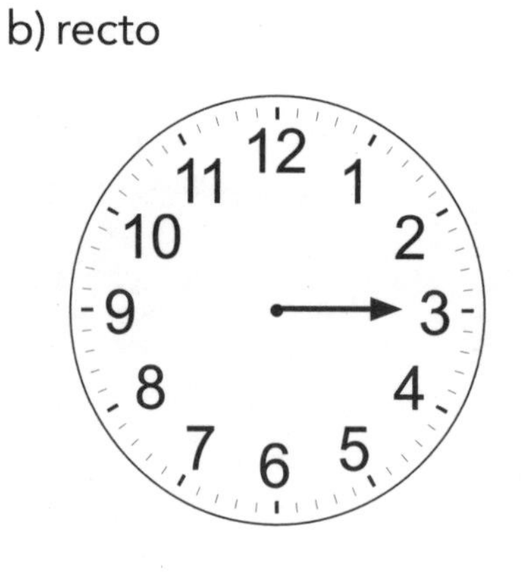

c) obtuso

El plato del bien comer

Aprendizaje esperado. Reconoce que el sostén y movimiento de su cuerpo se deben a la función del sistema locomotor y practica acciones para cuidarlo.

El ser humano aprovecha los diferentes nutrientes que le proporcionan los **alimentos** para su desarrollo y crecimiento. Por lo tanto, es de vital importancia llevar una dieta equilibrada como se recomienda en **El plato del bien comer**; mientras que la mejor forma de hidratar el cuerpo es tomando suficiente agua diariamente. Así, nuestro organismo estará en mejores condiciones para realizar todas sus funciones.

Alimento	Nutrientes	Beneficios
Leguminosas	Proteínas y grasas	Ayuda al crecimiento y fortalecimiento de músculos y huesos.
Alimentos de origen animal	Proteínas y grasas	Ayuda al crecimiento y fortalecimiento de músculos y huesos.
Cereales y tubérculos	Azúcares	Proporciona energía.
Frutas y verduras	Vitaminas, minerales, agua y azúcares	Ayuda a la asimilación de los nutrientes.

1. Analiza el cuadro anterior y escribe los alimentos que cada persona debería ingerir.

a) Ana presenta problemas digestivos. ______________________________

____

b) Enrique se cansa cuando hace deportes. ______________________________

____

c) María es de baja estatura. ______________________________

____

d) A Fernanda le faltan vitaminas. ______________________________

____

La jarra del buen beber

Aprendizaje esperado. Reconoce que el sostén y movimiento de su cuerpo se deben a la función del sistema locomotor y practica acciones para cuidarlo.

La **jarra del buen beber** es una guía informativa que muestra las bebidas saludables y la cantidad recomendada para consumir cada día. Con ella se busca el consumo adecuado de líquidos, de tal forma que no dañen tu cuerpo.

La cantidad recomendada es de 6 a 8 vasos de agua natural, evitando refrescos o bebidas gaseosas.

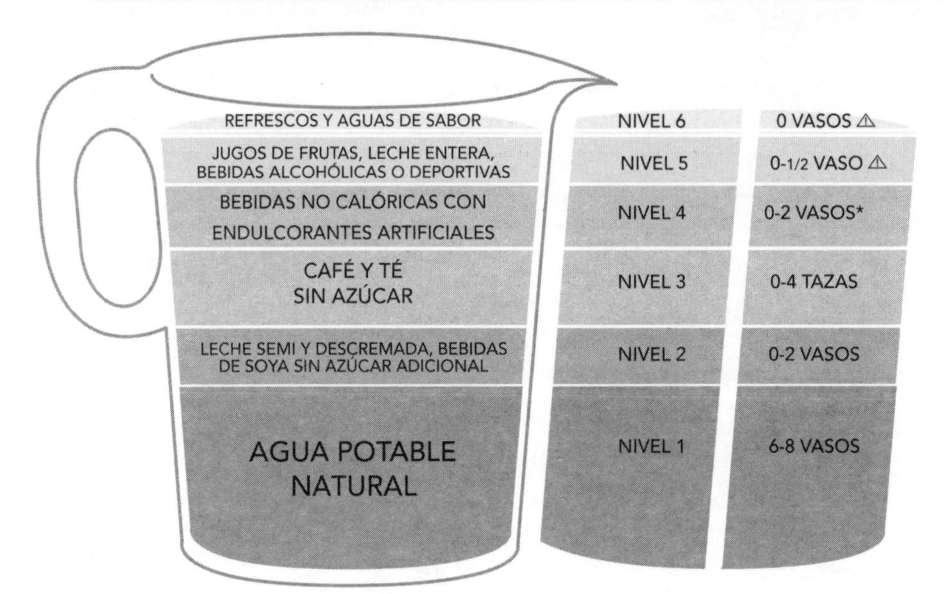

1. Dibuja el menú de una dieta equilibrada de acuerdo con lo que has aprendido.

El viaje de los alimentos

Aprendizaje esperado. Reconoce que el sostén y movimiento de su cuerpo se deben a la función del sistema locomotor y practica acciones para cuidarlo.

La función del **sistema digestivo** es absorber las sustancias nutritivas de los alimentos y eliminar los desechos (digestión).

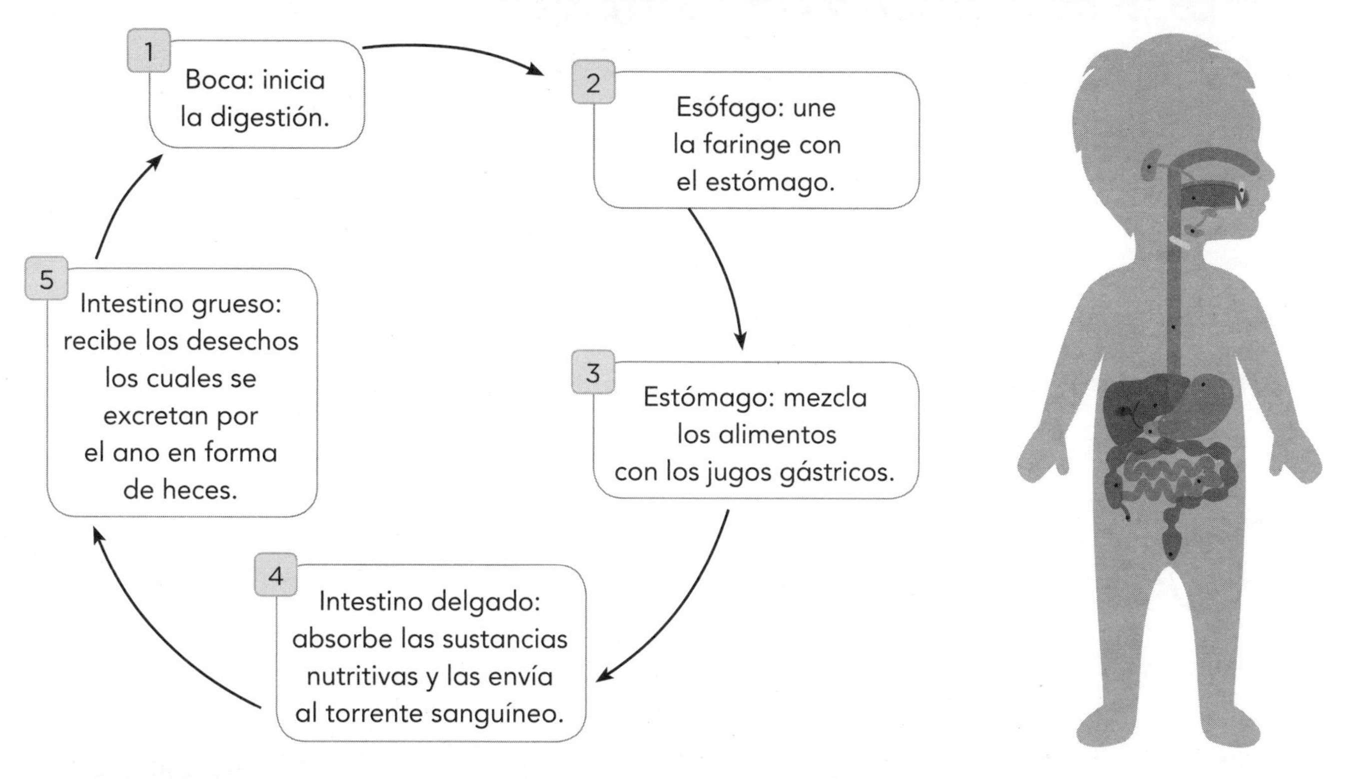

1. Ordena del 1 al 5 los pasos del proceso de digestión.

- ☐ Los alimentos se mezclan con los jugos gástricos en el estómago.
- ☐ El intestino delgado absorbe las sustancias nutritivas y las envía al torrente sanguíneo.
- ☐ Los alimentos pasan por el esófago y llenan al estómago.
- ☐ Los alimentos se mezclan en la boca con saliva.
- ☐ Los desechos se excretan por el ano.

2. ¿Qué acciones realizas para mantener sano tu sistema digestivo?

____

____

____

____

Moviendo el esqueleto

Aprendizaje esperado. Reconoce que el sostén y movimiento de su cuerpo se deben a la función del sistema locomotor y practica acciones para cuidarlo.

El **sistema locomotor** permite el desplazamiento del cuerpo y la adopción de diferentes posturas. Está formado por:

- **El sistema óseo**. Está formado por los huesos que dan soporte al cuerpo; las articulaciones que permiten flexionar y girar algunas partes del cuerpo; los cartílagos, que son blandos, pero con cierta rigidez, y los ligamentos, los cuales unen algunos huesos.
- **El sistema muscular**. Constituido por músculos que son fibras que cubren a casi todo el esqueleto, los cuales permiten los movimientos del cuerpo.

Los huesos, músculos y articulaciones trabajan en conjunto para que el cuerpo adopte distintas posiciones.

1. Une los elementos con el sistema correspondiente.

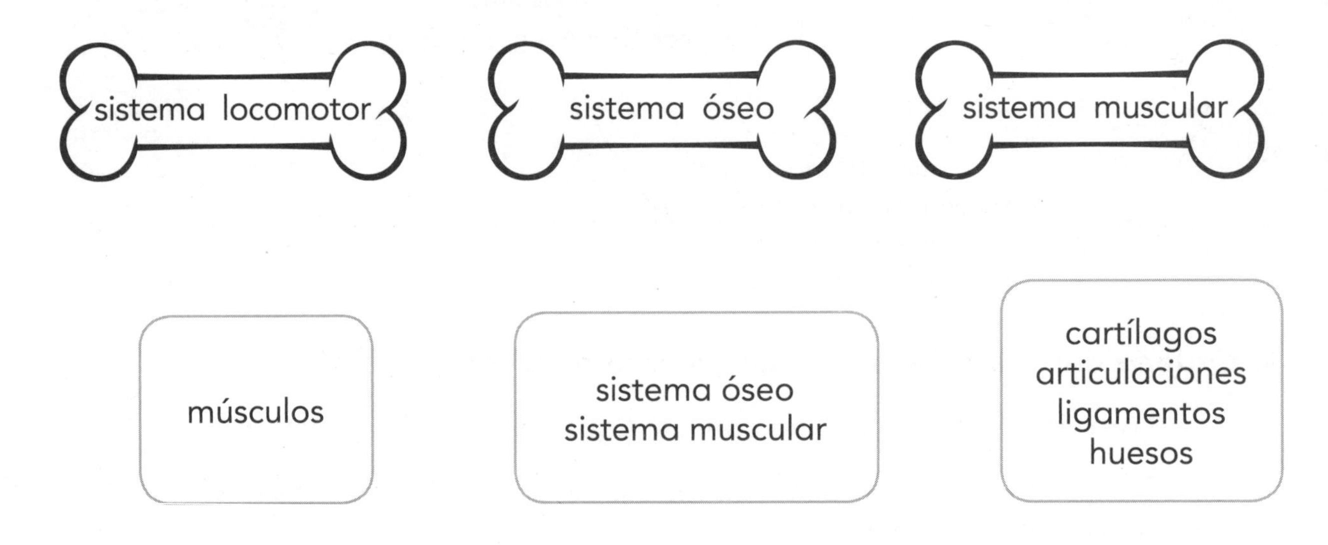

2. Completa las siguientes oraciones.

a) El ______________________________ se constituye por cartílagos, huesos, articulaciones, ligamentos y músculos.

b) El ______________________________ permite el desplazamiento del cuerpo y la adopción de diferentes posturas.

c) El ______________________________ está constituido por músculos que son fibras que cubren a casi todo el esqueleto.

¿A dónde va la sangre?

Aprendizaje esperado. Reconoce que el sostén y movimiento de su cuerpo se deben a la función del sistema locomotor y practica acciones para cuidarlo.

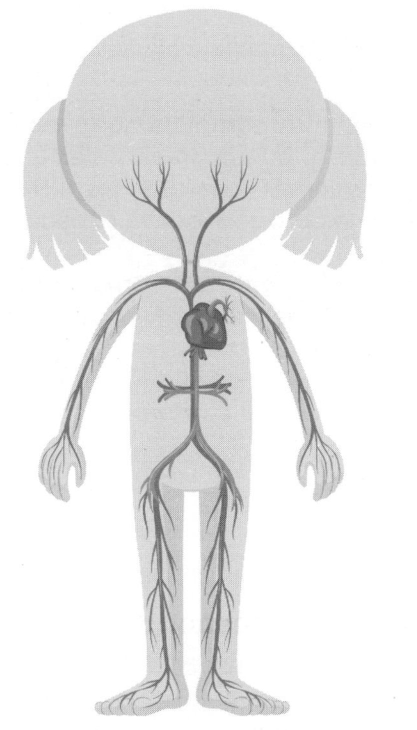

El **sistema circulatorio** distribuye la sangre en todo el organismo. La sangre transporta oxígeno, sustancias nutritivas y sustancias de desecho; es un líquido de color rojo que está formado por plasma y un líquido amarillento en el que se encuentran las células sanguíneas (glóbulos rojos, glóbulos blancos y plaquetas).

Los órganos que componen al sistema circulatorio son:

- El **corazón**: impulsa la sangre para enviarla a todo el cuerpo.
- Las **arterias**: conduce la sangre del corazón hacia todo el organismo, es decir, la sangre oxigenada.
- Las **venas**: transportan la sangre de todo el cuerpo al corazón para ser oxigenada.

1. Colorea con color rojo la función de las arterias, con azul la de las venas y con verde la del corazón.

a) Impulsa la sangre hacia todo el cuerpo.

b) Transportan la sangre del corazón a todo el cuerpo.

c) Llevan la sangre al corazón.

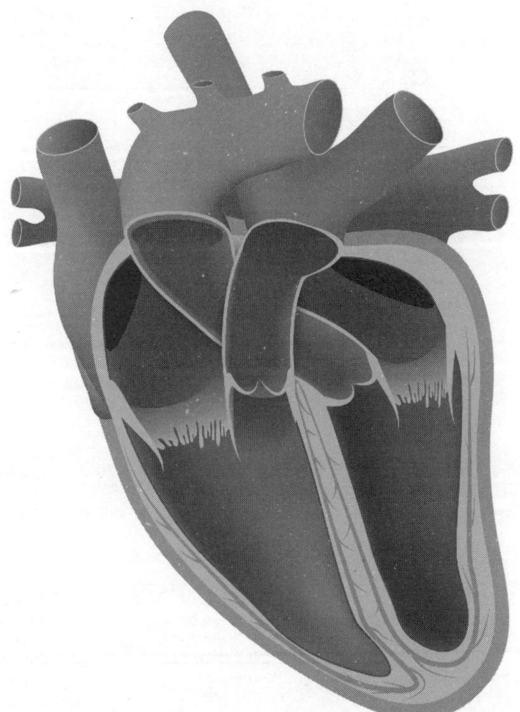

Las señales de mi cuerpo

Aprendizaje esperado. Reconoce que el sostén y movimiento de su cuerpo se deben a la función del sistema locomotor y practica acciones para cuidarlo.

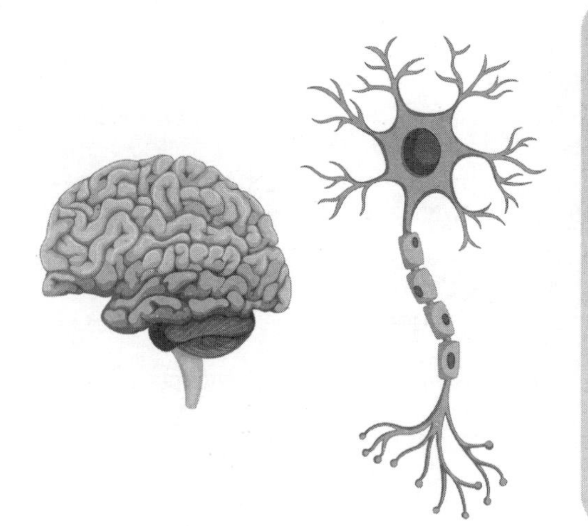

El **sistema nervioso** está formado por el cerebro, la médula espinal y los nervios.

- El **cerebro** es un órgano muy complejo que procesa información ordenando al cuerpo responder a los estímulos del medio; además, coordina las funciones de los sistemas y nos proporciona la capacidad para pensar.
- La **médula espinal** es el puente de comunicación entre el cerebro y el resto del cuerpo y controla los movimientos involuntarios.
- Los **nervios** reciben mensajes de las diferentes partes del cuerpo, los transmite al cerebro y envía las respuestas adecuadas.

1. Identifica y escribe los nombres correspondientes donde corresponda.

nervios | médula espinal | cerebro

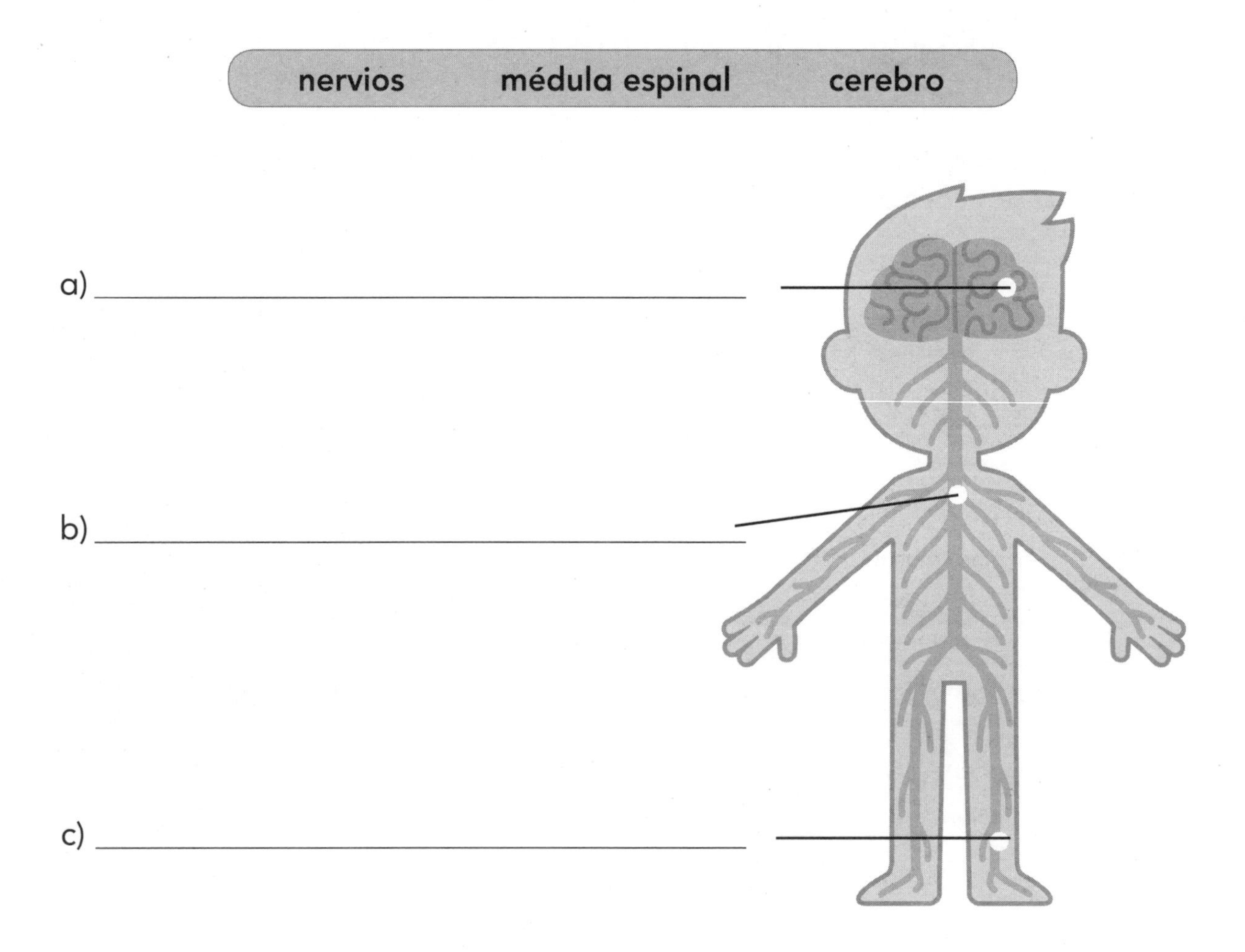

a) ______________________________

b) ______________________________

c) ______________________________

¿Cómo respiramos?

Aprendizaje esperado. Reconoce que el sostén y movimiento de su cuerpo se deben a la función del sistema locomotor y practica acciones para cuidarlo.

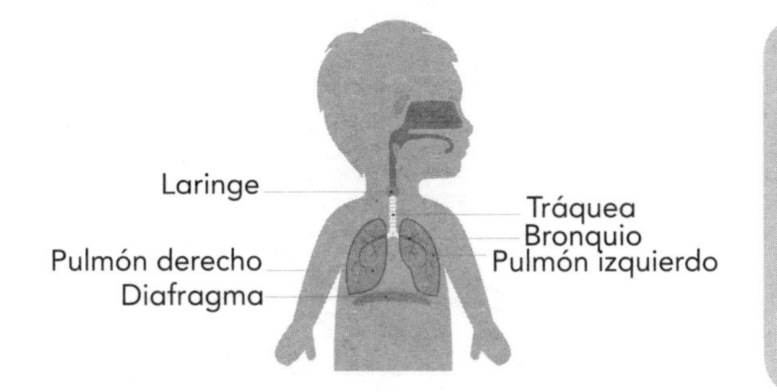

El **sistema respiratorio** se encarga de proporcionar el oxígeno que el cuerpo necesita y de eliminar el dióxido de carbono producido en las células a través del proceso llamado **respiración**.

Los órganos que forman parte del sistema respiratorio son: nariz, faringe, laringe, tráquea, bronquios, bronquiolos, alveolos, pulmones y diafragma.

1. Completa el siguiente crucigrama.

Vertical

a) Órganos localizados en la cavidad torácica que transforman el oxígeno en dióxido de carbono.

b) Se encarga de conducir el aire que va desde la tráquea hasta los bronquios.

c) Músculo que se encarga de separar la cavidad torácica de la cavidad abdominal.

e) Tubo que conecta la nariz y la boca con los pulmones y bronquios.

g) Conducto cuya principal función es la filtración del aire inspirado.

Horizontal

d) Formada por dos cavidades cuya función es permitir la entrada de aire.

f) Conduce el aire que va desde los bronquios y termina en los alvéolos.

h) Estructura situada en el cuello en forma de tubo y con estructura membranosa.

i) Su función es el intercambio gaseoso entre el aire inspirado y la sangre.

a) b) c) d) e) f) g) h) i)

Cuido mi cuerpo

Aprendizaje esperado. Reconoce que el sostén y movimiento de su cuerpo se deben a la función del sistema locomotor y practica acciones para cuidarlo.

1. Reflexiona sobre tus hábitos de limpieza diarios y responde.

a) ¿Te bañas diariamente? ____________________

b) ¿Por qué es importante bañarse? ____________________

____

c) ¿Aseas tus órganos sexuales externos con frecuencia o sólo cuando te bañas?

____

d) ¿Qué ocurre cuando no te aseas con frecuencia? ____________________

____

e) ¿Cómo puedes ayudar a prevenir infecciones en tus genitales? ____________________

____

2. **Escribe cinco consejos para mantenerte sano.**

a) ____

____

b) ____

____

c) ____

____

d) ____

____

e) ____

____

3. **Colorea las imágenes que ayuden a mantener tu cuerpo sano.**

a) b) c)

d)

e)

Cuido mi salud

Aprendizaje esperado. Reconoce que el sostén y movimiento de su cuerpo se deben a la función del sistema locomotor y practica acciones para cuidarlo.

1. Vamos a hacer un calendario donde organices tus actividades para cuidar tu salud y prevenir enfermedades. Sigue las instrucciones.

a) Realiza una lista de las actividades que te ayudan a prevenir todo tipo de enfermedades, entre ellas el sobrepeso y la obesidad.

b) Diseña una tabla donde escribas los días de la semana y tus actividades. Deja un espacio para marcar al final del día lo que hayas hecho.

c) Copia en limpio tu tabla en una hoja tamaño carta. Revisa tu ortografía, que no falten actividades importantes y que tengas buena letra.

d) Lleva tu tabla al salón y compárala con las de tus compañeros. Con apoyo del maestro, agrega, elimina o corrige lo necesario.

e) Cuelga la tabla en tu cuarto o pégala con un imán al refrigerador de tu casa para que la tengas a la vista y recuerdes lo que debes hacer.

f) Ve marcando cada día las actividades realizadas. Al terminar la semana, coloca otra tabla para los siete días siguientes.

- Éste es un ejemplo de tabla:

Día	Me bañé y aseé mis genitales. Lavé mis dientes 3 veces al día	Desayuné, comí y cené alimentos del Plato del Bien Comer para cuidar mi nutrición	Corrí, jugué, salté o bailé para activar mis sistemas óseo y muscular	Platiqué con personas de mi confianza en caso de que alguien me molestara
domingo				
lunes				
martes				
miércoles				
jueves				
viernes				
sábado				

2. Con la orientación de tu maestro, comenta en clase para qué sirve planear y registrar las actividades que fomentan tu salud y previenen enfermedades.

¿Cómo me ejercito?

Aprendizaje esperado. Reconoce que el sostén y movimiento de su cuerpo se deben a la función del sistema locomotor y practica acciones para cuidarlo.

Todos podemos beneficiarnos haciendo **ejercicio** con regularidad. Los niños que llevan una vida activa tendrán:

Huesos y músculos más fuertes; una menor probabilidad de desarrollar sobrepeso y diabetes; niveles de tensión arterial y colesterol más bajos; una actitud positiva ante la vida y una mejor condición al realizar actividades diarias.

1. Escribe cinco deportes que realices o te gustaría realizar.

a) ____________________

b) ____________________

c) ____________________

d) ____________________

e) ____________________

2. Identifica y escribe el nombre de los deportes correspondientes a cada imagen.

a) b) c)

____________ ____________ ____________

¿Qué comemos?

Aprendizaje esperado. Describe las principales semejanzas y diferencias entre plantas y animales.

Los animales son consumidores y dependiendo de lo que comen se les llama:

- **Carnívoros**: Son aquellos que cazan a su presa para luego devorarla; sus garras y dentadura son importantes pues con ellas atrapan fuerte a su presa, la desgarran y la comen con mayor facilidad. Algunos ejemplos son el león, el águila, la hiena, el tiburón y el lobo.
- **Herbívoros**: Son los animales que se alimentan exclusivamente de plantas, como el conejo, la jirafa, la cabra y la vaca, entre otros.
- **Omnívoros**: Se refieren a los animales que comen vegetales y carne. Por ejemplo, el hombre, el cerdo, las ratas y las ardillas.

1. Relaciona los animales con la etiqueta del tipo que les corresponde. Luego coloréalos.

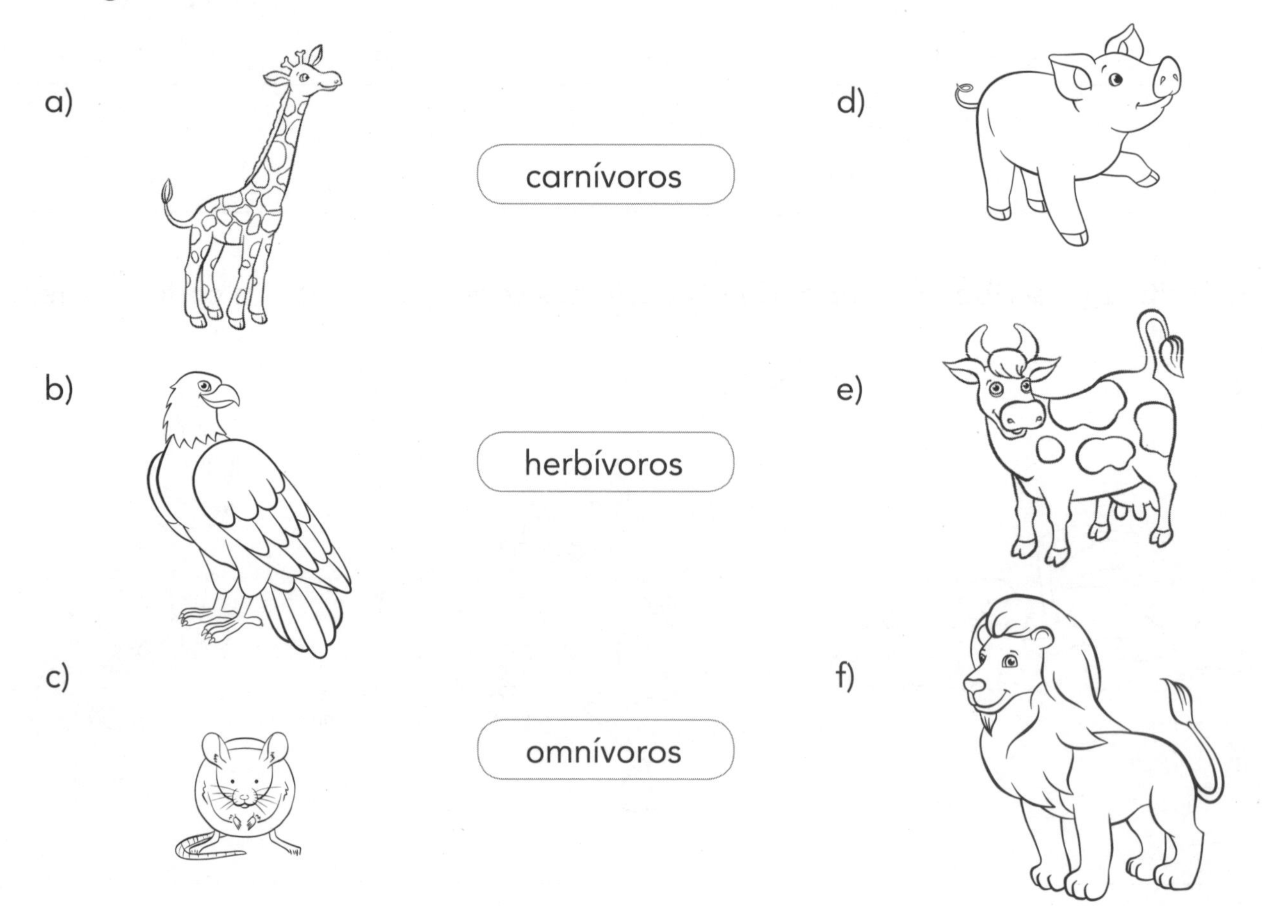

2. Encuentra los nombres de la clasificación de los animales y sus ejemplos.

- carnívoros
- hervíboros
- águila
- léon
- omnívoros
- tiburón
- conejo
- jirafa
- vaca
- humano
- cerdo
- ratas

C	L	B	O	R	G	S	G	J	B	C	K	X	X	G
A	Z	O	Q	S	O	R	O	V	I	B	R	E	H	C
R	N	V	Q	A	G	U	I	L	A	F	C	T	M	J
N	O	M	N	I	V	O	R	O	S	Y	J	E	M	P
I	J	A	R	Q	O	L	F	M	K	F	T	I	J	D
V	T	P	X	O	J	I	E	D	I	C	C	U	A	K
O	A	P	E	F	U	I	C	A	X	O	P	V	H	W
R	A	C	N	R	B	G	S	D	V	S	J	A	J	F
O	I	D	R	C	B	H	U	M	A	N	O	C	P	W
S	K	Q	L	E	O	N	I	R	H	P	A	A	G	O
L	K	L	W	R	R	C	O	J	E	N	O	C	K	S
H	H	B	H	D	N	J	H	N	O	R	U	B	I	T
Z	K	B	D	O	Y	I	F	S	A	T	A	R	E	C
X	E	J	T	N	K	C	H	G	O	D	E	D	A	I
R	N	W	A	F	A	R	I	J	T	G	F	O	L	W

¿Las plantas comen y respiran?

Aprendizaje esperado. Describe las principales semejanzas y diferencias entre plantas y animales.

La **planta** es un organismo vegetal que elabora su propio alimento; está formada por una raíz que absorbe el agua y la fijan en la tierra; un tallo que conduce los nutrientes por toda la planta; hojas que son las que producen los alimentos y realizan la respiración.

1. Lee con atención las descripciones y dibuja.

a) En ellas se realiza la respiración y la alimentación.

b) Lleva los nutrientes a toda la planta.

c) Por medio de ella absorbe el agua y las sales minerales del suelo.

2. **Escribe las partes de la planta y coloréala. Utiliza las palabras de la caja.**

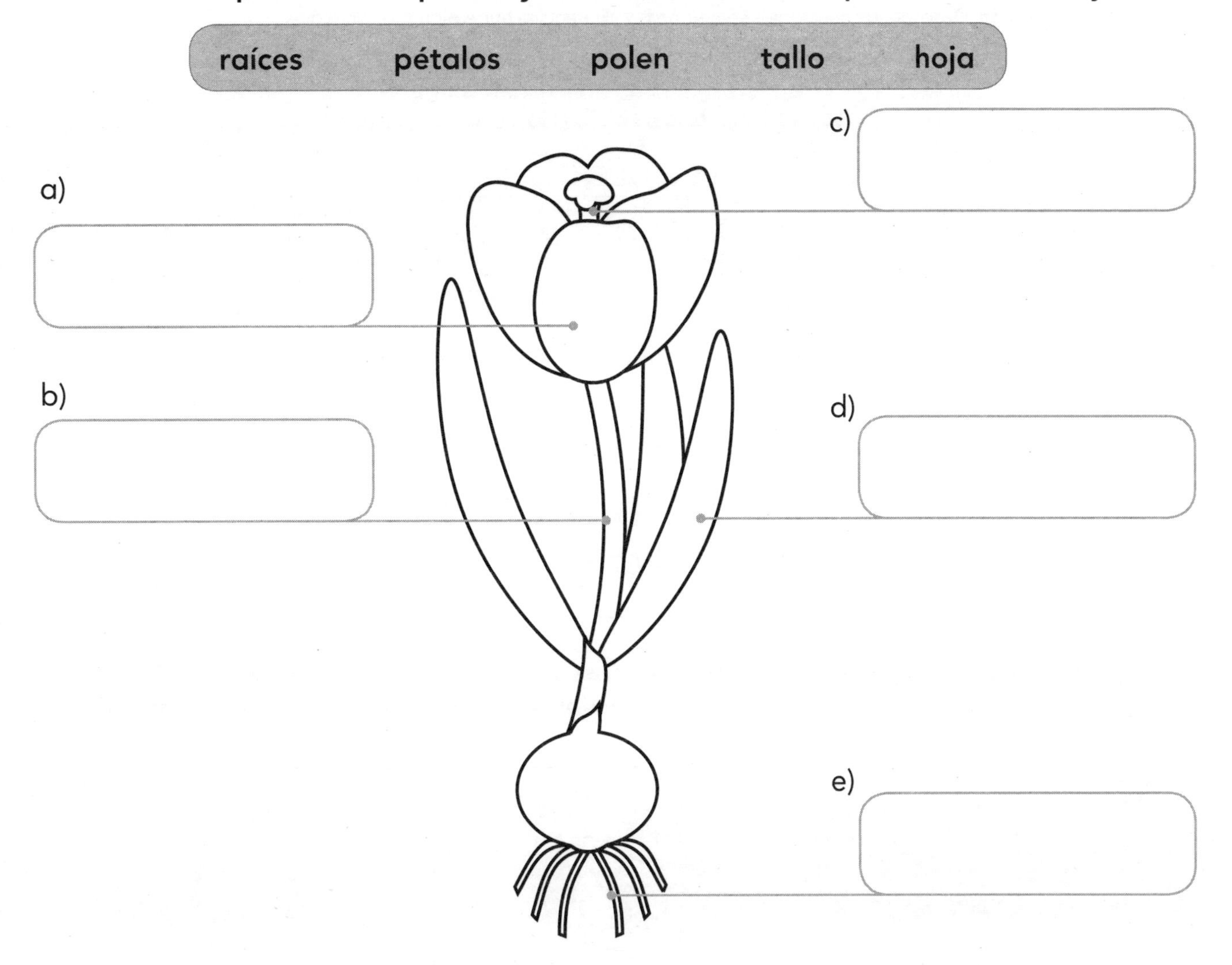

3. **Relaciona cada parte de la planta con su función.**

a) hojas	• Guarda y protege la semilla.
b) raíces	• Producen los frutos.
c) frutos	• Sostiene la planta y transporta el alimento.
d) tallo	• Fijan la planta al suelo.
e) flores	• Fabrican el alimento de la planta.

¿Cómo respiramos?

Aprendizaje esperado. Describe las principales semejanzas y diferencias entre plantas y animales.

Todos los organismos necesitan **oxígeno** para vivir. Así, mediante la **respiración**, los seres vivos lo obtienen y expulsan dióxido de carbono.

Animal	Tipo de respiración	Características
Mamíferos, aves y reptiles	Pulmonar	El intercambio de gases se realiza en los pulmones.
Peces y crustáceos	Branquial	Las branquias extraen el oxígeno del agua.
Gusanos y lombrices	Cutánea	La piel contiene poros mediante los cuales se efectúa el intercambio gaseoso.

1. Elabora una ficha descriptiva de los seres vivos que se muestran en la tabla. Considera la información porporcionada en esta página y de la tabla anterior.

Animal		
Nombre		
Tipo de alimentación		
Tipo de respiración		
Órgano donde se realiza el intercambio de gases		

Los recursos naturales

Aprendizaje esperado. Identifica el aire, agua y suelo como recursos indispensables para los seres vivos.

Nuestros alimentos, bebidas, vestido, casa y casi todo lo que utilizamos para nutrirnos y proteger nuestro cuerpo del frío y del calor excesivo provienen de la naturaleza. Nuestras casas y muebles también son construidos con materiales naturales. Entonces, al tomar los **recursos de la naturaleza**, ésta se transforma y, si no tenemos cuidado, podemos dañarla, lo cual también nos perjudica.

1. Encierra en un círculo las actividades humanas que nos proporcionan recursos naturales.

2. Colorea con color verde los recuadros que contengan afirmaciones verdaderas.

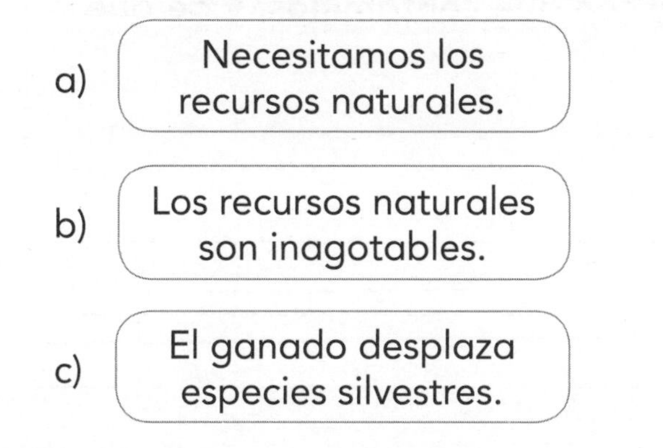

a) Necesitamos los recursos naturales.

b) Los recursos naturales son inagotables.

c) El ganado desplaza especies silvestres.

d) Podemos utilizarlos sin agotarlos.

e) La agricultura cambia el paisaje.

f) Las minas modifican el ambiente.

La importancia del cuidado del medio ambiente

Aprendizaje esperado. Reconoce de qué materiales están hechos algunos objetos de su entorno.

Se les llama **residuos o desechos** a los restos de nuestros alimentos que no se consumen; a los envases vacíos, la ropa y el calzado que ya no podemos utilizar, las cosas gastadas, rotas e inutilizables, es decir, a todo lo que usualmente consideramos **basura**.

El agua y el suelo se contaminan cuando las industrias vacían sus desechos en los ríos; cuando se derraman los excedentes del riego de tierras agrícolas tratadas con pesticidas y fertilizantes, y cuando los drenajes de aguas negras terminan en ríos, lagos y mares. Lo mismo le sucede al aire con los gases desprendidos de industrias y vehículos. Además, nosotros contaminamos cuando tiramos basura en la calle o en los sitios naturales que visitamos.

Sin embargo, podemos realizar ciertas actividades para no contaminar como reducir los desechos que generamos, tratar las aguas usadas, reciclar los residuos, limpiar los lagos y mares, entre otras.

1. **Explica en los siguientes renglones cómo y con qué contaminas, y de qué manera puedes dejar de hacerlo.**

___

___

___

___

2. **Clasifica los desechos orgánicos e inorgánicos. Une cada imagen con el bote que le corresponda y coloréalos.**

a) 

b) 

c) 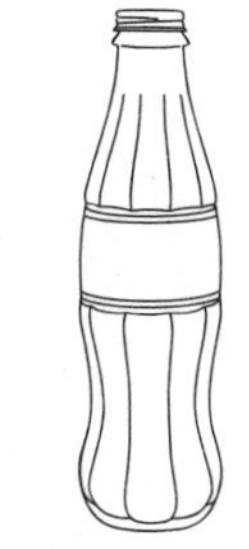

d) 

e) 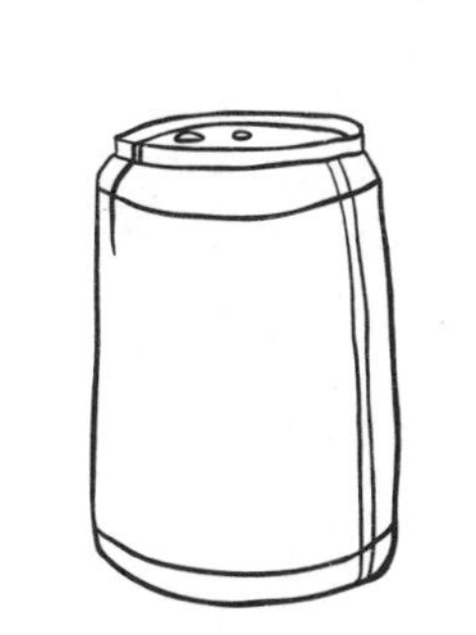

f) 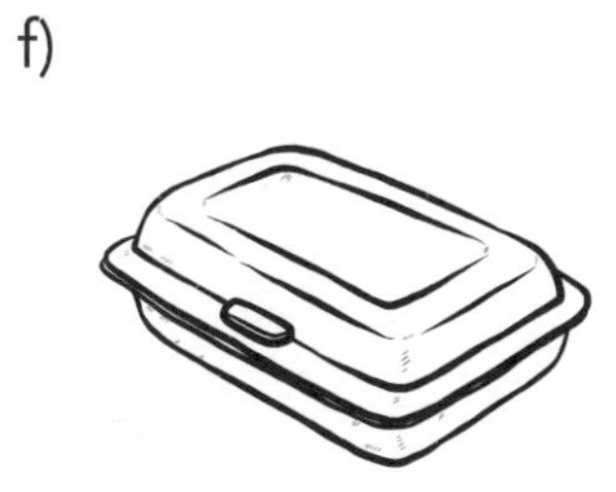

g) 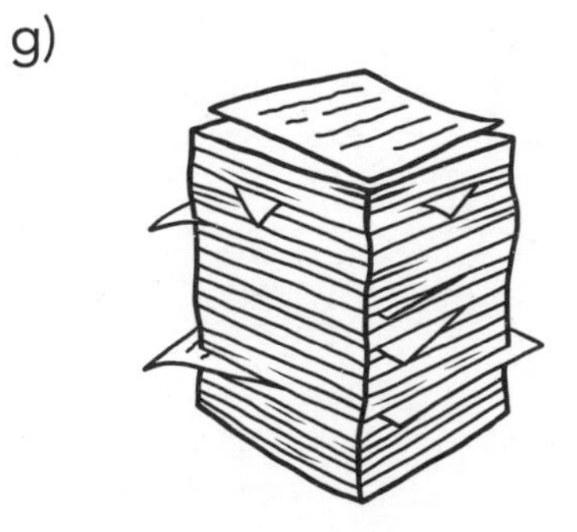

h) 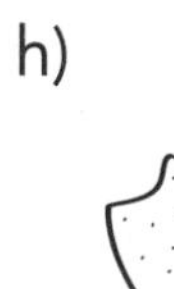

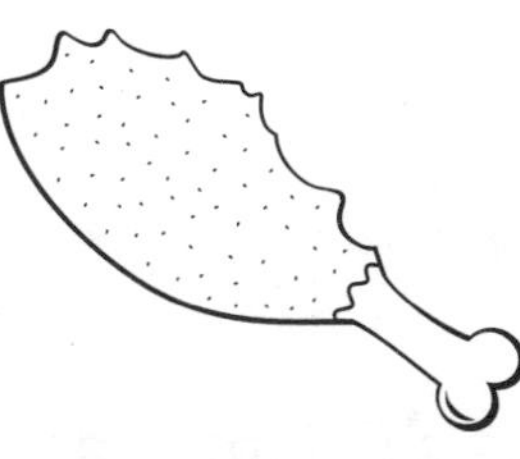

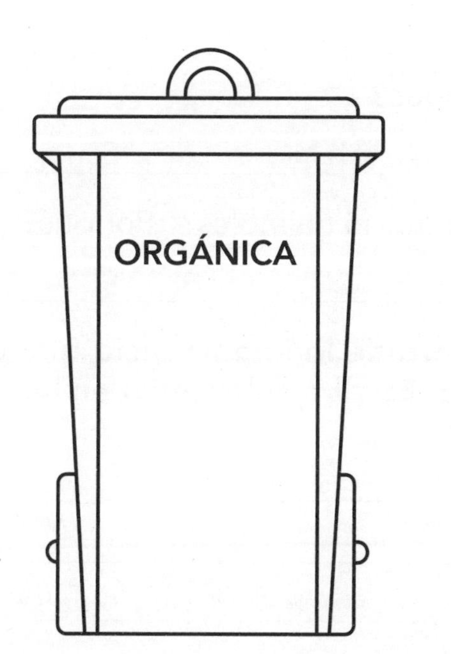

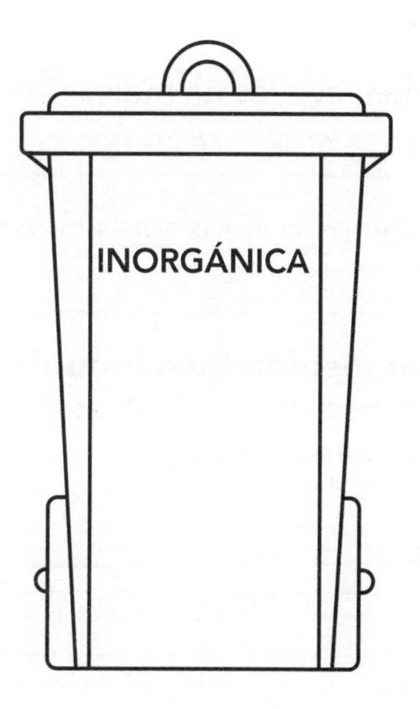

¡Qué importante es cuidar la naturaleza!

Aprendizaje esperado. Reconoce de qué materiales están hechos algunos objetos de su entorno.

La **naturaleza** es el conjunto de seres que no han sido hechos por el hombre, desde el planeta propiamente dicho, hasta las plantas y animales —entre ellos nosotros, los seres humanos—, el espacio exterior y los cuerpos celestes que existen en él.

Sin nuestro planeta, con sus rocas, nubes, atmósfera, aguas, etc., y sin la energía que en forma de luz y calor recibimos del Sol no habría vida. Así que si queremos vivir y perdurar como especie y como individuos, debemos cuidar nuestro ambiente, y además a todos los otros seres vivos con los que compartimos la Tierra.

1. Responde las siguientes preguntas.

a) ¿Podrían vivir las plantas sin luz solar? ¿Por qué? ______________________

____

b) ¿Podrían vivir los animales sin agua? ¿Por qué? ______________________

____

c) ¿Podríamos vivir los seres humanos sin plantas ni animales? ¿Por qué? ______

____

2. Si has contestado bien, podrás darte cuenta de la importancia que tiene la naturaleza para nosotros y nuestra vida. Escribe sobre esto en los siguientes renglones.

____

____

____

La Regla de las 3R

Aprendizaje esperado. Reconoce de qué materiales están hechos algunos objetos de su entorno.

Las sustancias que alteran el equilibrio del medio ambiente se conocen como **contaminantes** y afectan el aire, agua y suelo. Para reducir la emisión de contaminantes, se debe aplicar **la Regla de las 3R**: reducir, reutilizar y reciclar.

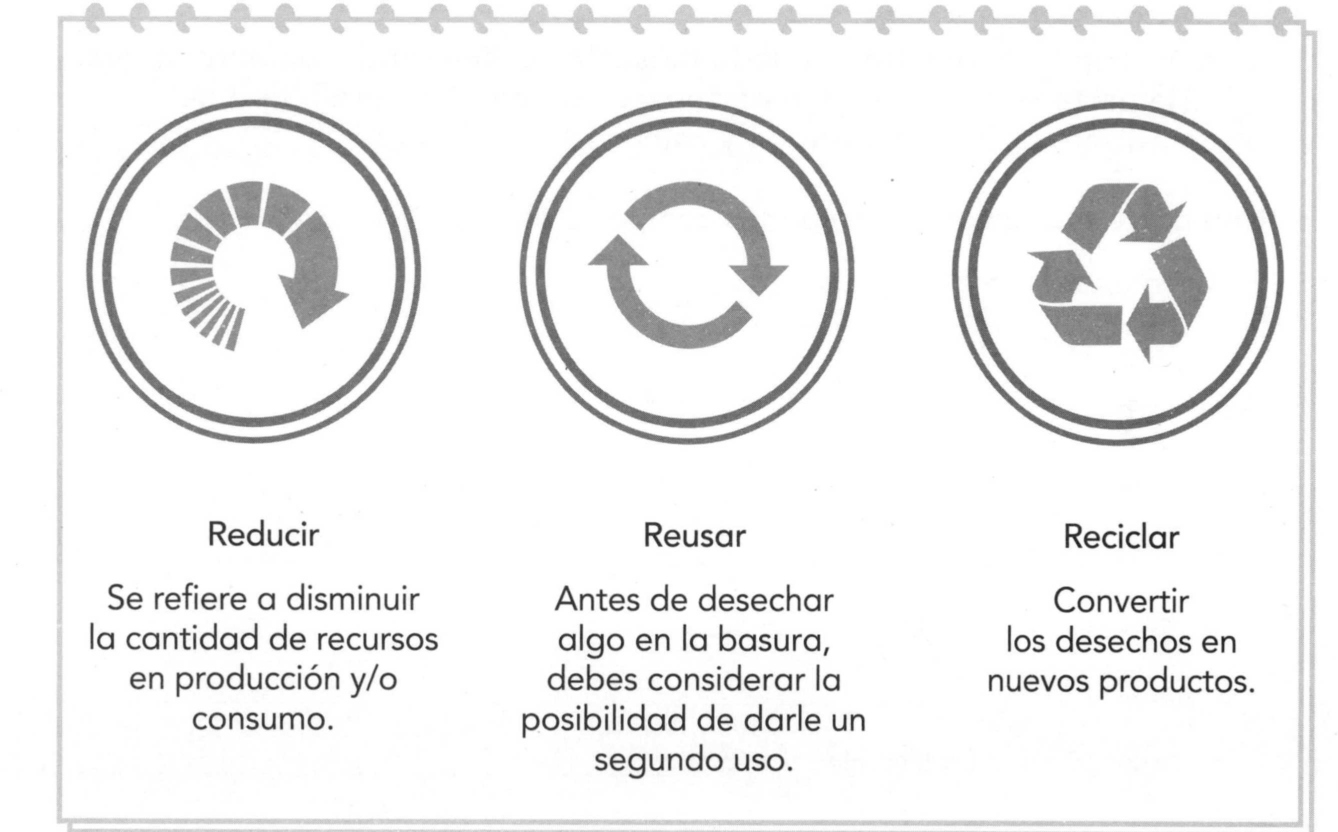

1. **Escribe una actividad donde se aplique el uso de las 3R.**

Reducir	Reusar	Reciclar

Una mascota

Aprendizaje esperado. Describe las principales semejanzas y diferencias entre plantas y animales

1. **Reúnete con uno de tus compañeros. Comenta si tienen alguna mascota.**
2. **Si no tienes una mascota, piensa que sí e imagina cómo sería. Puede ser un animal o una planta.**
3. **Elabora una ficha descriptiva de tu mascota considerando: nombre, a qué especie pertenece, a qué reino pertenece (animal o vegetal), tipo de alimentación, tipo de respiración y cómo debes cuidarla.**
4. **Comparte tus comentarios con tus compañeros.**
5. **Elabora un dibujo de tu mascota.**

El nombre de mi mascota es: ______________________________

Pertenece a la especie: ______________________________

Pertenece al reino: ______________________________

Su tipo de alimentación es: ______________________________

Su tipo de respiración es: ______________________________

Los cuidados que debo tener con ella son: ______________________________

____

____

Mi mascota se ve así:

Repaso

1. Relaciona los sistemas del cuerpo humano con las características que le correspondan.

a) La función de este sistema es absorber las sustancias nutritivas de los alimentos y eliminar los desechos.

b) Este sistema distribuye la sangre en todo el organismo.

c) Se encarga de proporcionar el oxígeno que el cuerpo necesita y eliminar el dióxido de carbono que se produce en todas las células.

d) Este sistema permite el desplazamiento del cuerpo y la adopción de diferentes posturas.

e) Este sistema está formado por el cerebro, la medula espinal y los nervios.

f) Este sistema está constituido por músculos los cuales son fibras que cubren casi todo el esqueleto, y que permiten los movimientos del cuerpo.

- sistema muscular
- sistema nervioso
- sistema circulatorio
- sistema digestivo
- sistema respiratorio
- sistema locomotor

2. Escribe cinco ejemplos de actividades que permitan mantener tu cuerpo sano.

a) ____________________

b) ____________________

c) ____________________

d) ____________________

e) ____________________

3. Subraya la respuesta correcta.

a) Cazan a su presa para luego devorarla; sus garras son importantes pues con ellas atrapan fuerte a su presa, la desgarran y la comen con mayor facilidad. Algunos ejemplos son: el león, el águila, la hiena, el tiburón y el lobo.

- herbívoros
- carnívoros
- omnívoros

b) Son los animales que se alimentan exclusivamente de plantas. Por ejemplo: el conejo, la jirafa, la cabra y la vaca.

- herbívoros
- carnívoros
- omnívoros

c) Comen vegetales y carne (el hombre, el cerdo, las ratas y las ardillas).

- herbívoros
- carnívoros
- omnívoros

4. Completa el crucigrama con el tipo de respiración correspondiente a cada caso.

Vertical

a) La piel contiene poros mediante los cuales se efectúa el intercambio gaseoso.

b) El intercambio de gases se realiza en los pulmones.

Horizontal

c) Las branquias extraen el oxígeno del agua.

5. Explica los siguientes conceptos.

a) reducir: ____________________

____

b) reutilizar: ____________________

____

c) reuzar: ____________________

____

Todo lo que nos rodea está hecho de materia

Aprendizaje esperado. Reconoce de qué materiales están hechos algunos objetos de su entorno.

Todo lo que nos rodea e incluso nuestro cuerpo está hecho de **materia**.

La materia puede presentarse en diferentes estados físicos: sólido, líquido o gaseoso. Por ejemplo, un gas tan transparente e incoloro como el aire que respiras es materia.

1. Marca con una ✗ de color rojo lo que corresponde a un material.

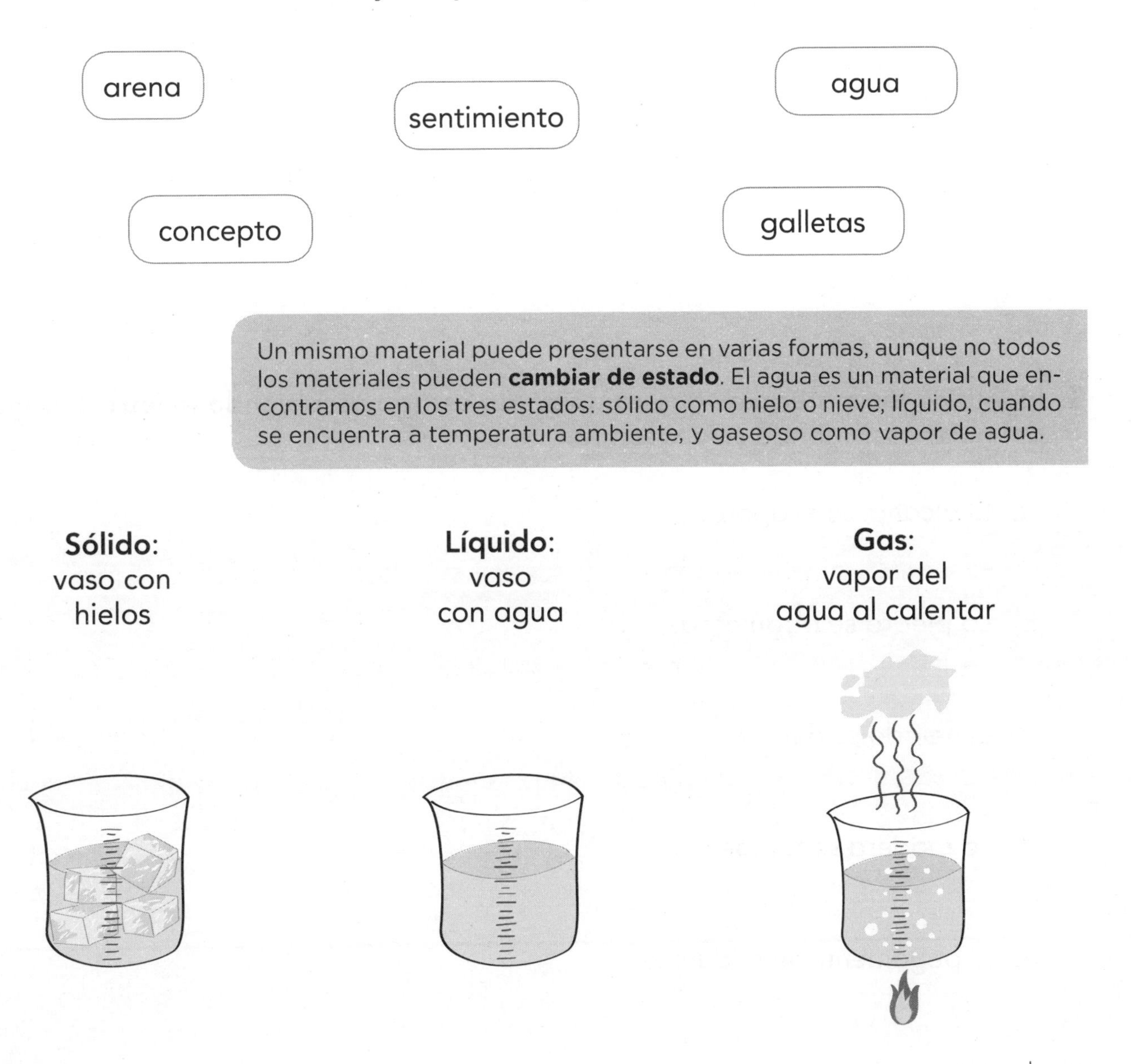

arena

sentimiento

agua

concepto

galletas

Un mismo material puede presentarse en varias formas, aunque no todos los materiales pueden **cambiar de estado**. El agua es un material que encontramos en los tres estados: sólido como hielo o nieve; líquido, cuando se encuentra a temperatura ambiente, y gaseoso como vapor de agua.

Sólido: vaso con hielos

Líquido: vaso con agua

Gas: vapor del agua al calentar

2. Marca con una ✔ la respuesta que corresponda al estado en el que se encuentra cada imagen.

a) ☐ sólido ☐ líquido ☐ gas

b) ☐ sólido ☐ líquido ☐ gas

c) ☐ sólido ☐ líquido ☐ gas

3. Identifica los materiales que cambian de estado escribiendo la letra *C* dentro del paréntesis donde corresponda.

a) El alcohol se evapora. ( )

b) La piedra se fragmenta. ( )

c) El helado se derrite. ( )

d) La madera se rompe. ( )

e) El pegamento se endurece. ( )

El agua: disolvente universal

Aprendizaje esperado. Experimenta y reconoce cambios de estado de agregación de la materia.

El **agua** presente en tu saliva es lo que te permite disolver los alimentos en tu boca. De hecho, el agua es capaz de disolver una gran cantidad de materiales.

1. **Responde las siguientes preguntas con base en tus conocimientos.**

a) ¿Con que disuelves el jabón cuando te bañas?

____

b) ¿Qué disuelve el detergente para lavar la ropa?

____

c) ¿Qué disuelve la leche en polvo para hacerla líquida?

____

d) ¿Con que disuelves la pintura para adelgazarla?

____

e) ¿Con que disuelves el jugo de limón y el azúcar para preparar una limonada?

____

Como te podrás dar cuenta, el **agua disuelve** muchos materiales en nuestra vida cotidiana; pero también lo hace en diferentes situaciones dentro de diversos espacios o contextos.

2. Dibuja un proceso que conozcas en el cual el agua se use como disolvente y explícalo en las líneas.

Las mezclas

Aprendizaje esperado. Experimenta y reconoce cambios de estado de agregación de la materia.

Las **mezclas** son combinaciones de diversos materiales en proporciones determinadas que dan como resultado un producto. Por lo tanto, el resultado de una mezcla no se parece a los materiales que le dieron origen y, además, tienen propiedades diferentes.

Por ejemplo, una limonada es diferente a los ingredientes que se utilizaron para hacerla: el agua, el azúcar y el jugo de limón.

Lo mismo ocurre con los ingredientes de un pastel o con la argamasa o mortero utilizado por los albañiles para construir, el cual está hecho de arena, cal, grava y cemento combinado en proporciones variables.

1. Colorea el producto que corresponda a una mezcla y traza una línea para unirlo con su imagen.

a) agua de sandía

b) jugo de naranja

c) gelatina

d) madera

e) malteada

Estados de agregación

Aprendizaje esperado. Experimenta y reconoce cambios de estado de agregación de la materia.

Ya conoces los tres estados de agregación de los materiales, es decir, de todo lo que está hecho de materia, los cuales son sólido, líquido y gaseoso. Ahora, conoceremos si la **temperatura** de estos materiales es un factor que influye en su estado.

1. Responde lo que se pide.

a) ¿Qué sucede cuando pones un recipiente con agua sobre el fuego de la estufa?

b) ¿Qué ocurre cuando dejas al sol un cubo de hielo?

c) ¿Qué sucede si metes un recipiente con agua al congelador?

Entonces, hemos comprobado que existe una **relación** entre los estados de los **materiales** y la **temperatura**, donde:

- Los **líquidos** se convierten en **gases** cuando se encuentran a una temperatura alta y se vuelven sólidos a una temperatura baja.
- Los **sólidos** se convierten en **líquidos** cuando su temperatura aumenta; aunque en ocasiones se necesite aumentar la temperatura de dicho sólido a millones de grados, como ocurre con las rocas entre los volcanes.

2. Realiza un dibujo que represente cada estado de agregación de la materia.

sólido

líquido

gaseoso

El volumen

Aprendizaje esperado. Cuantifica las propiedades de masa y longitud de los materiales con base en el uso de instrumentos de medición.

Los objetos ocupan un lugar en el espacio, es decir, tienen un **volumen**. La unidad de medida utilizada para el volumen corresponde al **metro cúbico** (**m^3**).

1. Ordena los objetos del 1 al 3 empezando por el más pequeño.

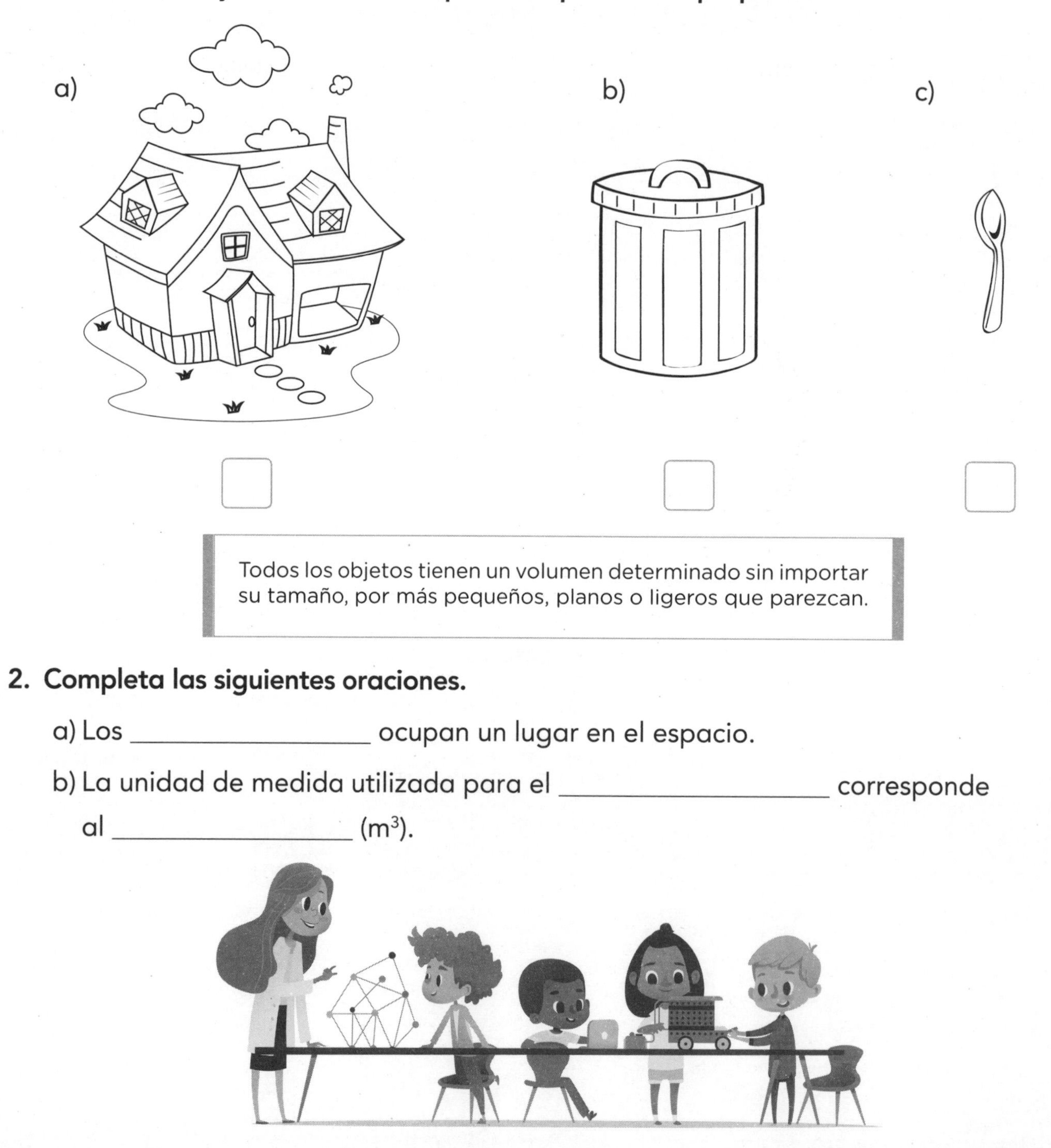

a) ☐

b) ☐

c) ☐

Todos los objetos tienen un volumen determinado sin importar su tamaño, por más pequeños, planos o ligeros que parezcan.

2. Completa las siguientes oraciones.

a) Los ________________ ocupan un lugar en el espacio.

b) La unidad de medida utilizada para el ________________ corresponde al ________________ (m^3).

El termómetro

Aprendizaje esperado. Cuantifica las propiedades de masa y longituf de los materiales con base en el uso de instrumentos de medición.

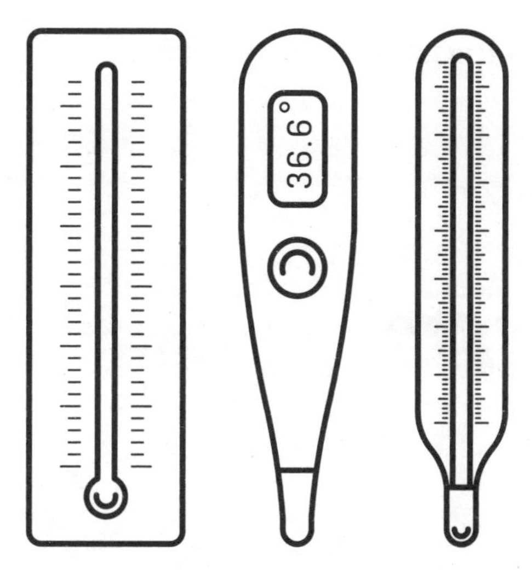

El **termómetro** es un instrumento científico que mide la cantidad de calor existente en un material o cuerpo. Los más comunes emplean alguna de las dos escalas utilizadas mundialmente para la medición de fenómenos ordinarios: la escala de grados Celsius o centígrados y los grados Fahrenheit.

1. Lee y registra la temperatura de los termómetros en °C y °F.

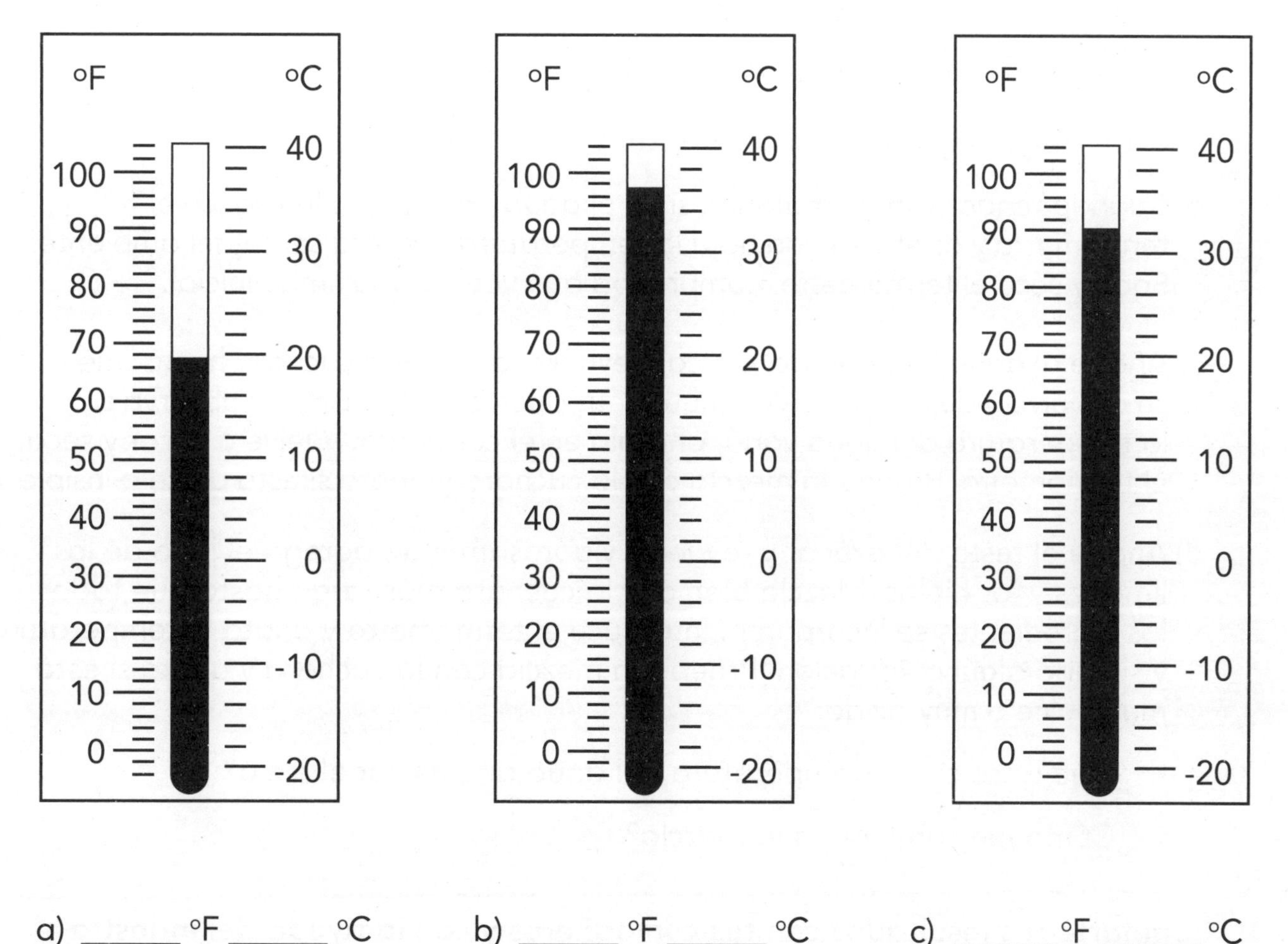

a) ______ °F ______ °C   b) ______ °F ______ °C   c) ______ °F ______ °C

Hagamos una mezcla

Aprendizaje esperado. Cuantifica las propiedades de masa y longitud de los materiales con base en el uso de instrumentos de medición.

1. **Vamos a hacer una mezcla para experimentar con lo que has aprendido. Sigue las instrucciones.**

   a) Primero, consigue los ingredientes. Vas a necesitar:

   - Una jarra con capacidad para más de 1 litro
   - 1 litro de agua
   - 100 gramos de azúcar
   - 8 limones lavados y partidos, y un exprimidor
   - Una charola de cubitos de hielo
   - Un termómetro de cocina
   - 3 cucharas de diversas capacidades
   - Un trapo limpio para secar derrames

   b) Cuando tengas listo el material, sirve el agua en la jarra. Introduce el termómetro y anota en una hoja la temperatura: deberá ser la del ambiente. Saca y seca el termómetro, comprueba que vuelva a su límite inicial.

   c) Añade al agua la mitad del azúcar, revuélvela con una cuchara hasta que se disuelva y deja reposar 1 minuto. Introduce el termómetro y observa si la temperatura del agua varió, anótala en el cuaderno. Vuelve a sacar y secar el termómetro. Prueba la mezcla con la cuchara y anota si está dulce o insípida.

   d) Añade el resto del azúcar y revuelve vigorosamente; agrega el jugo de los limones y los hielos. Mezcla bien con la cuchara más larga hasta que todos los ingredientes se incorporen. Introduce el termómetro y anota la temperatura y si hubo alguna variación. Prueba la mezcla con la cuchara y anota si está muy dulce o muy ácida.

   - ¿Qué pasó con la temperatura del agua al agregar el hielo? ______________
   - ¿Cómo fue cambiando la mezcla? ______________

2. **Comparte tus resultados con tus compañeros y con la ayuda del maestro hagan comparaciones. Al final, ¡disfruten su limonada!**

Utilizando la fuerza

Aprendizaje esperado. Experimenta y describe que las fuerzas producen movimientos y deformaciones.

Una **fuerza** es todo aquello que provoca un efecto o cambio sobre un cuerpo. Es decir, una fuerza puede hacer que los objetos se comiencen a mover, se muevan más rápido o más lento, cambien de dirección o se detengan.

1. Relaciona las columnas de acuerdo con la fuerza aplicada correspondiente.

a)

El objeto cambia de forma.

b)

El objeto se pone en movimiento.

c)

El objeto se detiene.

Empujar, jalar o deformar

Aprendizaje esperado. Experimenta y describe que las fuerzas producen movimientos y deformaciones.

Empujar: Se refiere a hacer fuerza contra una persona u objeto para cambiar su posición.

Deformar: Significa cambiar el estado natural de un objeto.

Jalar: Ocurre al tirar de algo hacia uno mismo.

1. **Escribe sobre la línea la acción que se realiza para mover los siguientes objetos, según corresponda.**

a)

____

b)

____

c)

____

¿El sonido viaja?

Aprendizaje esperado. Experimenta y describe que las fuerzas producen movimientos y deformaciones.

El **sonido** es la forma de energía que emiten los **cuerpos que vibran**; estas vibraciones se producen cuando un cuerpo se golpea, se agita, se sopla, se frota o se rompe.

Por lo tanto, el sonido se propaga en forma de **ondas** que viajan a través del aire, el agua y los cuerpos sólidos. Las ondas sonoras se propagan en todas direcciones y con distintas velocidades, según el medio donde viajan.

La **función del oído** es percibir los sonidos y enviar la información al cerebro.

1. Completa el crucigrama con las palabras correspondientes.

Vertical

a) Se producen cuando un cuerpo se golpea, se agita, se sopla o se rompe.

b) El sonido viaja a través de sólido, líquido y

c) Es emitido por los cuerpos cuando vibran.

Horizontal

d) Vibraciones sonoras que se propagan en forma de...

e) Es el sentido que percibe los sonidos.

Tono, intensidad y timbre

Aprendizaje esperado. Experimenta y describe que las fuerzas producen movimientos y deformaciones.

El **tono**, la **intensidad** y el **timbre** son características sonoras que permiten distinguir los sonidos.

Tono. Puede ser agudo como el llanto de un bebé o el trinar de los pájaros; o grave como el rugido de un león o el ruido de un avión.

Intensidad. Ésta puede ser fuerte como cuando alguien se espanta, grita o levanta la voz; o débil como un susurro o murmullo. Por ejemplo: en la televisión se puede controlar la intensidad de los sonidos con el botón de volumen.

Timbre. Es la cualidad que permite diferenciar un sonido del otro. Por ejemplo: las diferentes voces de las personas, los sonidos de la naturaleza, los sonidos de diversos instrumentos.

1. Escribe si la imagen corresponde a *tono, intensidad* o *timbre*.

a) ____________________

b) ____________________

c) ____________________

Los polos opuestos se atraen

Aprendizaje esperado. Experimenta y describe que las fuerzas producen movimientos y deformaciones.

Un **imán** es un cuerpo con la propiedad de atraer el hierro, el acero y otros metales. Los imanes pueden ser naturales, como el mineral magnetita o piedra imán; mientras que los imanes artificiales son aquellos que se crean al frotar ciertos objetos con un imán poderoso. Por ejemplo, es posible imantar un tornillo frotándolo con un imán.

Las partes de un imán son:

- Un **eje magnético** que une a los dos polos, es decir, los extremos del imán.
- Los **polos** o extremos del imán en los cuales la fuerza de atracción es más intensa.

Uno de los primeros usos del imán fue la brújula y actualmente se utilizan en las puertas de los refrigeradores, en grúas gigantes que atrapan chatarra, en la bobina del aire acondicionado de un automóvil, en los aros de auriculares, en las tarjetas de crédito con banda magnética y como propaganda.

1. Completa el organizador gráfico.

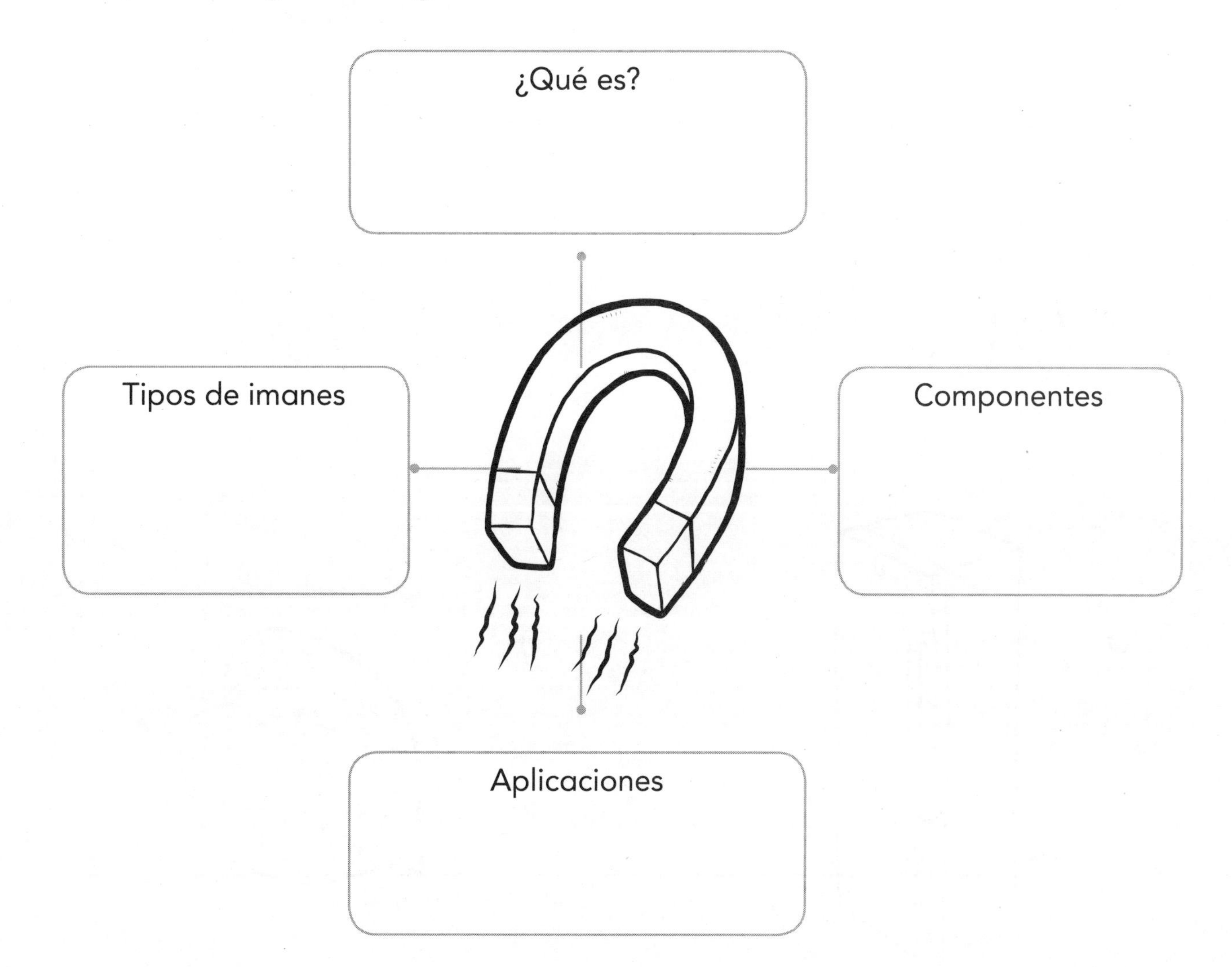

¿Para qué sirve?

Aprendizaje esperado. Experimenta y describe que las fuerzas producen movimientos y deformaciones.

> Los **imanes** se "pegan" a muchos de los materiales con que están hechos los objetos de uso cotidiano siempre y cuando éstos estén fabricados con hierro puro o que contengan hierro, además de otros materiales

1. Observa las imágenes. Encierra en un círculo de color verde los objetos que son atraídos por un imán y marca con una ✗ de color rojo los que no.

a)

d)

b)

e)

c)

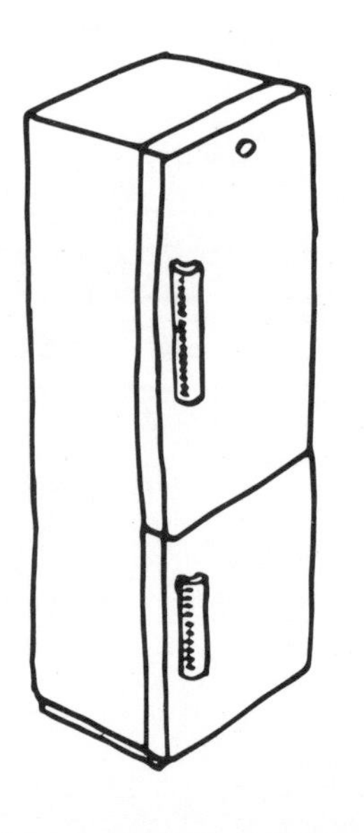

f)

La luz

Aprendizaje esperado. Identifica al sol como fuente de luz y calor indispensable para los seres vivos.

La **luz** es una onda electromagnética compuesta por partículas llamadas fotones, la cual nos permite visualizar los objetos que nos rodean, así como sus formas y colores.

Algunas de las características de la luz son:

- Viaja en línea recta.
- Se refleja en los objetos mediante el fenómeno de **reflexión**.
- Se refracta, es decir, cambia de dirección al pasar de un medio a otro mediante el fenómeno de **refracción**.

1. Subraya la respuesta que complete correctamente cada oración.

a) La luz...

- viaja en una sola dirección.
- cambia de dirección.

b) La luz se mueve...

- en línea recta.
- en líneas curvas.

c) Esta compuesta por...

- botones.
- fotones.

d) Cuando puedes ver fácilmente las cosas que se encuentran detrás de un objeto, este objeto es...

- opaco.
- transparente.

e) Tu cuerpo no deja pasar la luz, por lo tanto tú cuerpo es...

- transparente.
- opaco.

2. **Completa cada oración con las palabras correspondientes.**

parcial	opaco	reflexión	refracción	transparente

a) Es posible percibir lo que se encuentra en una jarra de vidrio porque el material con que está hecha es ______________________ ; en cambio, cuando el material de un jarrón es ______________________ no es posible ver lo que se encuentra dentro de él.

b) Al colocar un objeto dentro de un vaso de plástico éste aún puede verse, aunque no de forma clara; por lo tanto, este material permite el paso de la luz de forma ______________________.

c) Se llama ______________________ cuando la luz se refleja en un objeto y ______________________ cuando la luz pasa de un medio a otro y cambia de dirección.

3. **Dibuja un ejemplo de reflexión y otro de refracción de la luz.**

reflexión	refracción

¿Natural o artificial?

Aprendizaje esperado. Identifica al sol como fuente de luz y calor indispensable para los seres vivos.

Las fuentes de luz pueden ser **naturales** o **artificiales**.

El sol es la fuente principal de luz natural, mientras que los focos son un ejemplo de fuentes artificiales.

1. Escribe en cada recuadro la letra *N* si la fuente de luz es natural o una *A* si se trata de una fuente de luz artificial.

a) 

b) 

c) 

d) 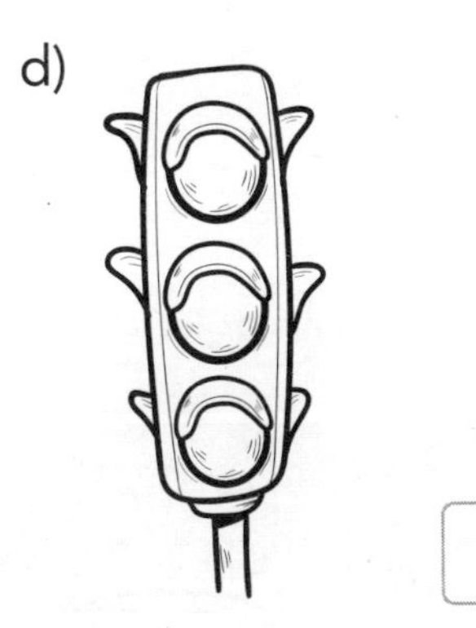

e) 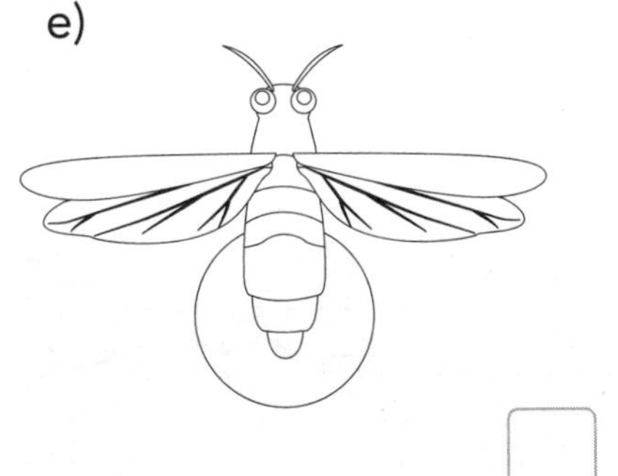

f) 

g)

h)

i) 

Las funciones de la luz

Aprendizaje esperado. Identifica al sol como fuente de luz y calor indispensable para los seres vivos.

La luz tiene diversas funciones como intermediaria entre el hombre y el espacio.

- La **luz ambiental**: la cual nos permite obtener la exposición y luz global.
- La **luz local**: permite observar las cosas y centrar nuestra atención en aquellos objetos que son iluminados.
- La **luz propia**: se deja ver a sí misma.

1. Colorea los objetos que emiten luz y encierra en un círculo los que la aprovechan para poder funcionar.

a)

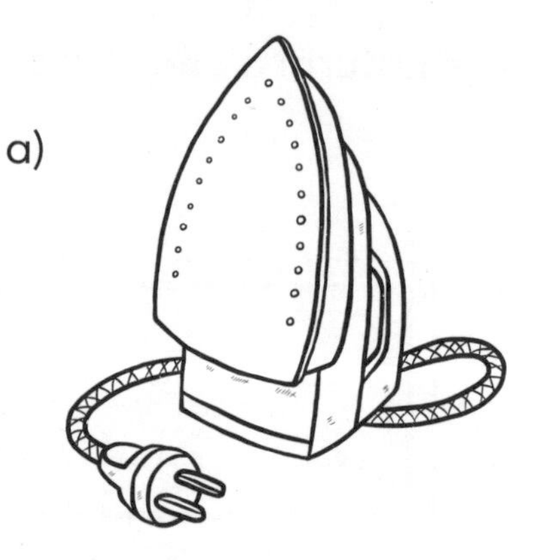

b)

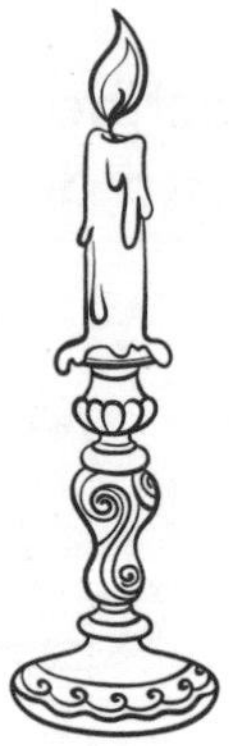

c)

d)

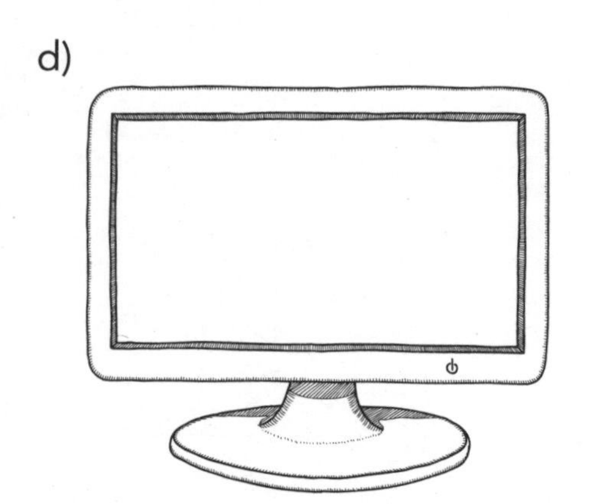

e)

Repaso

1. Completa el párrafo con las palabras correspondientes.

parcial   opaco   reflexión   refracción   transparente

En los ríos encontramos ______________________ y se encuentra en estado ______________________.

Un hielo se encuentra en estado ______________________.

Las nubes son agua en estado ______________________.

2. Dibuja dentro de cada recuadro un ejemplo de lo que se pide.

sólido	gaseoso	agua

3. Colorea los objetos que tienen volumen.

a) 

b) 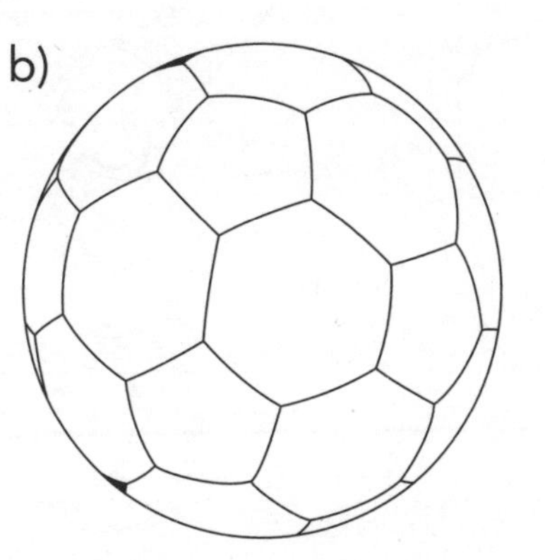

c) 

4. Lee y registra la temperatura en grados centígrados.

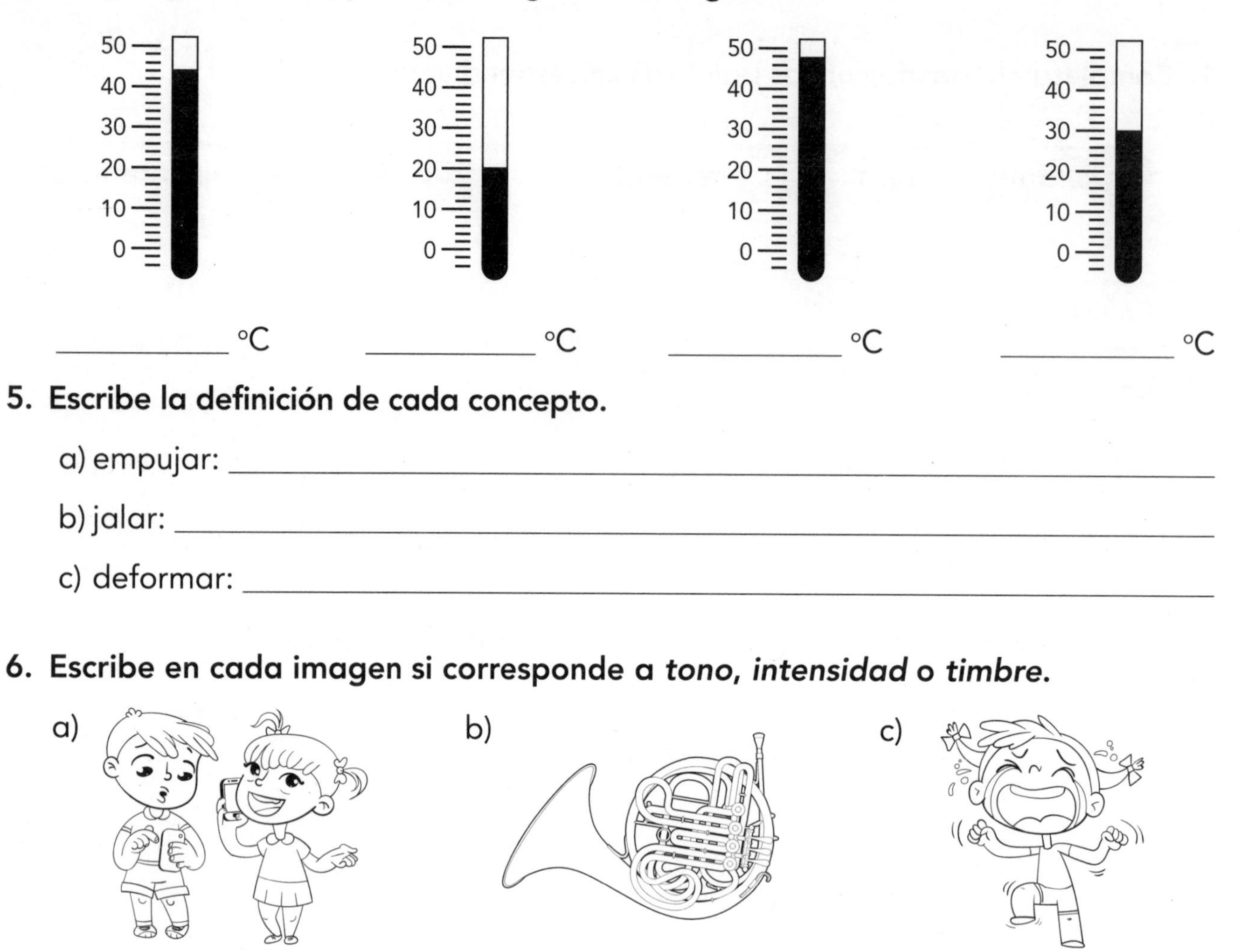

_________ °C _________ °C _________ °C _________ °C

5. Escribe la definición de cada concepto.

a) empujar: ____________________

b) jalar: ____________________

c) deformar: ____________________

6. Escribe en cada imagen si corresponde a *tono, intensidad* o *timbre*.

a) _________ b) _________ c) _________

7. Marca con una ✘ las fuentes de luz natural y encierra en un círculo las fuentes de luz artificial.

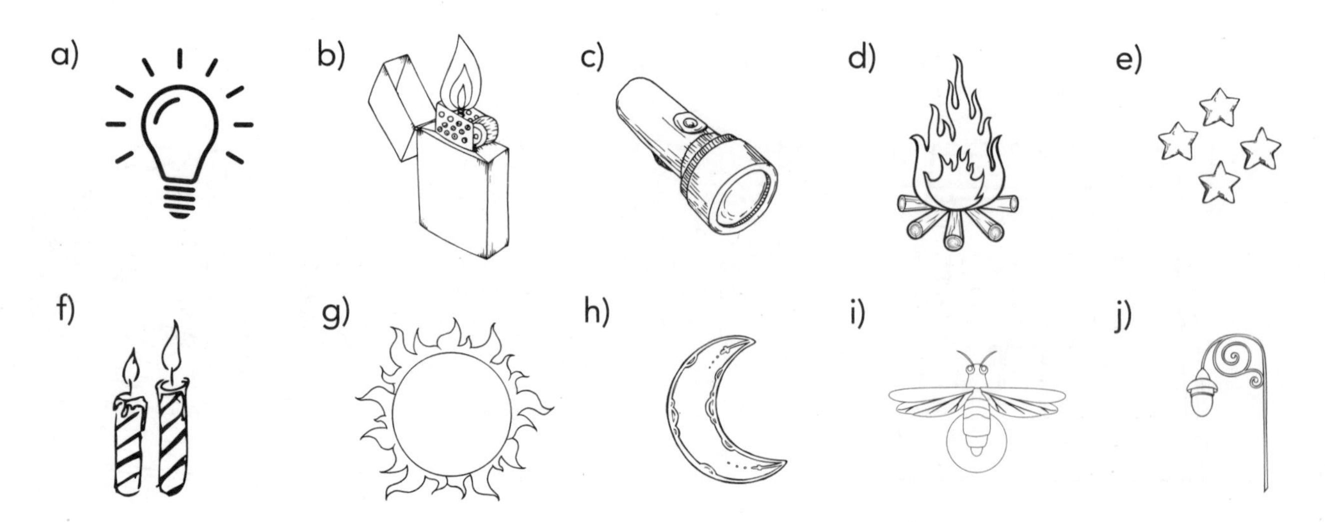

El satélite natural de la Tierra

Aprendizaje esperado. Describe el aparente movimiento del sol con relación a los puntos cardinales.

La **Luna** es un satélite natural que gira alrededor de la Tierra. Completa un ciclo de rotación y traslación cada 28 días, los realiza al mismo tiempo que la Tierra, por eso siempre vemos la misma cara; juega un papel importante en las mareas y eclipses.

1. Completa la ficha de datos de la Luna.

Me llamo: ____.

Soy el ____ de la Tierra.

Hago dos movimientos: ______________________________,

que duran ____

____.

2. Une la imagen con la descripción de la fase de la Luna que le corresponde.

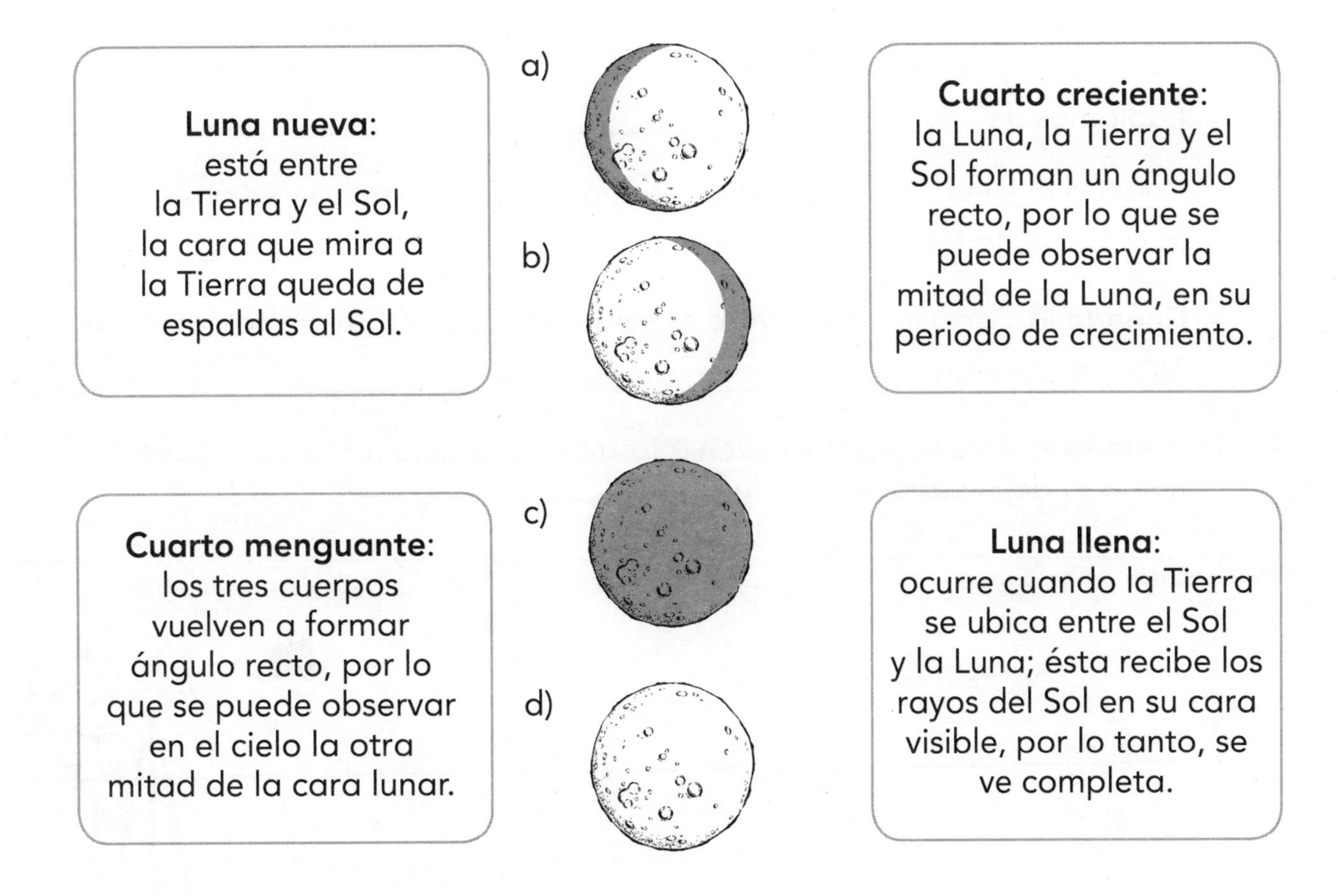

Las fases de la luna

Aprendizaje esperado. Describe el aparente movimiento del sol con relación a los puntos cardinales.

1. Coloca el nombre correspondiente a cada imagen.

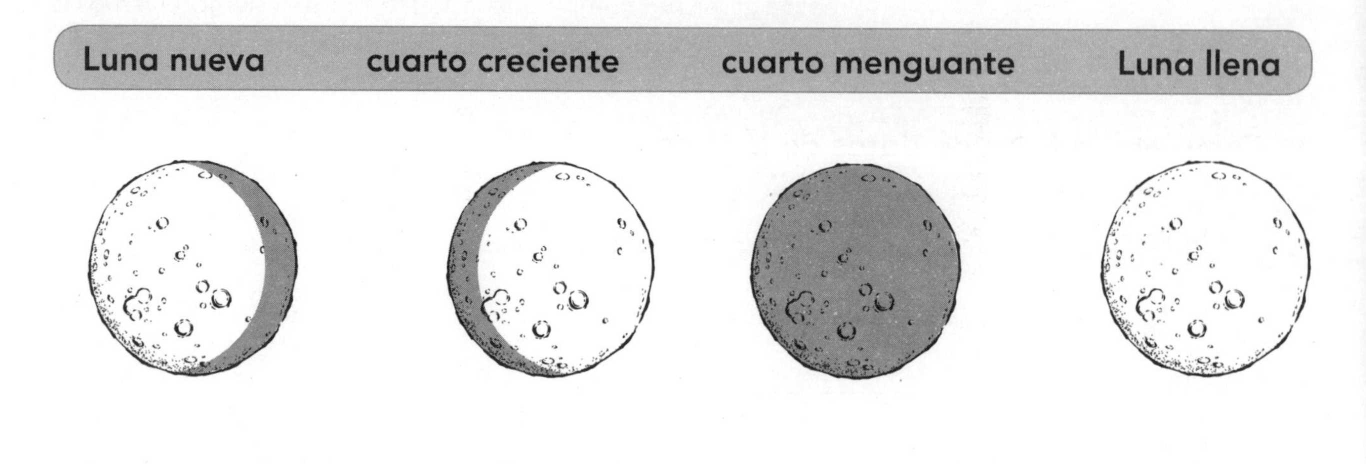

____________ ____________ ____________ ____________

2. Completa las siguientes oraciones.

a) La Luna es un satélite natural que gira alrededor de la ________________.

b) Completa un ciclo de rotación y traslación cada ________________.

c) Cuando la cara de la Luna que mira a la Tierra queda de espaldas al sol hablamos de ________________.

d) Cuando la Luna, la Tierra y el Sol forman un ángulo recto y se observa la mitad de la Luna, la llamamos ________________.

e) Cuando la Tierra se ubica entre el Sol y la Luna y ésta se ve completa se llama

________________.

f) Cuando los tres cuerpos vuelven a formar un ángulo recto y se observa la mitad de la cara lunar se le llama:

________________.

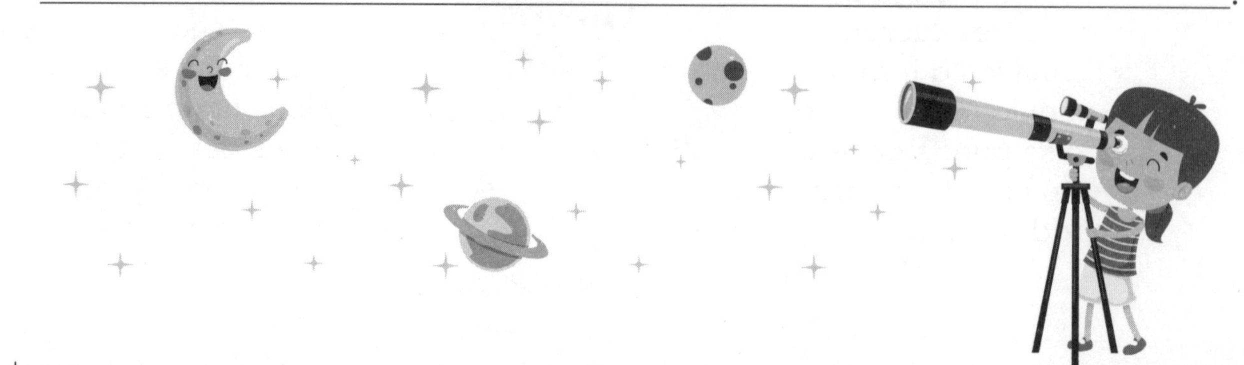

El sistema planetario solar

Aprendizaje esperado. Describe el aparente movimiento del sol con relación a los puntos cardinales.

El **sistema planetario solar** cuenta con ocho planetas que giran alrededor del Sol: Mercurio, Venus, Tierra, Marte, Júpiter Saturno, Urano y Neptuno.

A este sistema pertenece el planeta Tierra que es donde vivimos. La Tierra tiene un satélite natural al que llamamos Luna y siete artificiales que sirven principalmente para las telecomunicaciones. Otros de los planetas que cuentan con lunas son: Marte (2 lunas), Júpiter (63 lunas), Saturno (62 lunas), Urano (27 lunas) y Neptuno (13 lunas).

1. Completa con las palabras de la caja las siguientes oraciones.

Vía Láctea	planetas	Sol
traslación	elípticas	satélites

a) El sistema solar está formado por el ______________________________

y ocho ______________________________.

b) Alrededor de los planetas giran sus respectivos ______________________.

c) El nombre de la galaxia de nuestro sistema solar es ____________________.

d) Los planetas se mueven en órbitas ____________________ alrededor del sol,

este movimiento se llama______________________________.

2. **Encuentra los nombres de los planetas de nuestro sistema solar en la siguiente sopa de letras.**

Mercurio	Venus	Tierra	Marte
Júpiter	Saturno	Urano	Neptuno

O	N	I	L	J	I	Ú	U	O	R	S	P	B
M	M	A	R	T	E	L	I	S	S	I	E	T
E	L	F	E	M	D	S	R	W	U	E	O	A
T	S	E	J	Ú	P	I	T	E	R	I	I	M
F	E	N	E	N	A	Ú	E	C	R	R	A	Y
E	E	I	O	R	R	S	Ñ	U	O	P	O	E
A	R	N	R	O	E	R	C	R	C	S	S	O
P	M	E	E	O	A	R	R	A	A	N	A	I
R	I	V	N	P	E	I	I	N	U	P	T	S
T	L	M	E	M	T	P	C	O	S	R	U	A
U	S	C	U	N	L	U	V	N	U	D	R	C
R	A	E	E	V	U	A	N	R	I	T	N	U
S	U	A	R	A	U	S	S	O	E	E	O	E

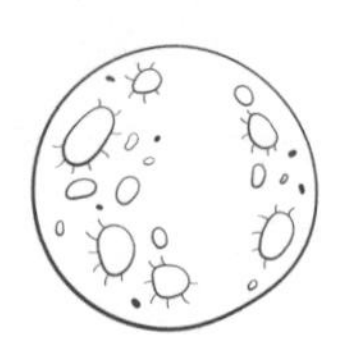

3. Contesta las siguientes preguntas.

a) ¿Cuál es el penúltimo planeta de nuestro sistema solar?

____

____

b) ¿Cuál es la fuerza física que la Tierra ejerce sobre los cuerpos hacia ella?

____

c) ¿Cuál es el único cuerpo celeste del sistema solar que emite luz propia?

____

d) ¿Qué es lo que se encuentra entre Marte y Júpiter que está formado por roca y metal?

____

e) ¿Cuál es el planeta que tiene anillos?

____

f) ¿Cuál es el satélite natural de la Tierra?

____

4. **Completa el crucigrama con las siguientes pistas.**

Vertical

a) El movimiento de traslación da como resultado las __________ del año .

d) Es el movimiento que provoca el día y la noche.

e) Es la estrella más cercana a nuestro planeta que nos da calor y luz.

Horizontal

b) Cuando la Luna se interpone entre el Sol y la Tierra se forma una sombra. Este fenómeno se le llama __________.

c) La Tierra gira alrededor del Sol en aproximadamente 365 días. Esto se conoce como el movimiento de __________.

f) Es el tercer planeta que gira alrededor del Sol. También es donde vivimos.

g) El satélite natural de la Tierra es la __________.

Mis sentidos

Aprendizaje esperado. Reconoce medidas para prevenir el abuso sexual, como el autocuidado y manifestar rechazo ante conductas que pongan en riesgo su integridad.

Llamamos **sentido** a la capacidad para percibir estímulos internos y externos. Se considera que los seres humanos contamos con cinco sentidos, los cuales son:

- La **vista**: A través de ella podemos ver todo lo que nos rodea como las formas, las figuras, los tamaños y los colores de las cosas.
- El **tacto**: Este sentido nos permite disfrutar de las sensaciones mediante las diferentes partes del cuerpo, de tal forma que podemos distinguir características en los objetos.
- El **gusto**: Nos ayuda a distinguir sabores como agrio, amargo, salado, dulce, etc.
- El **olfato**: Permite disfrutar de los olores agradables y alertarnos de los desagradables.
- El **oído**: Mediante éste podemos captar los diversos estímulos de sonidos del medio externo.

1. Dibuja un ejemplo que represente tus preferencias para cada uno de los sentidos.

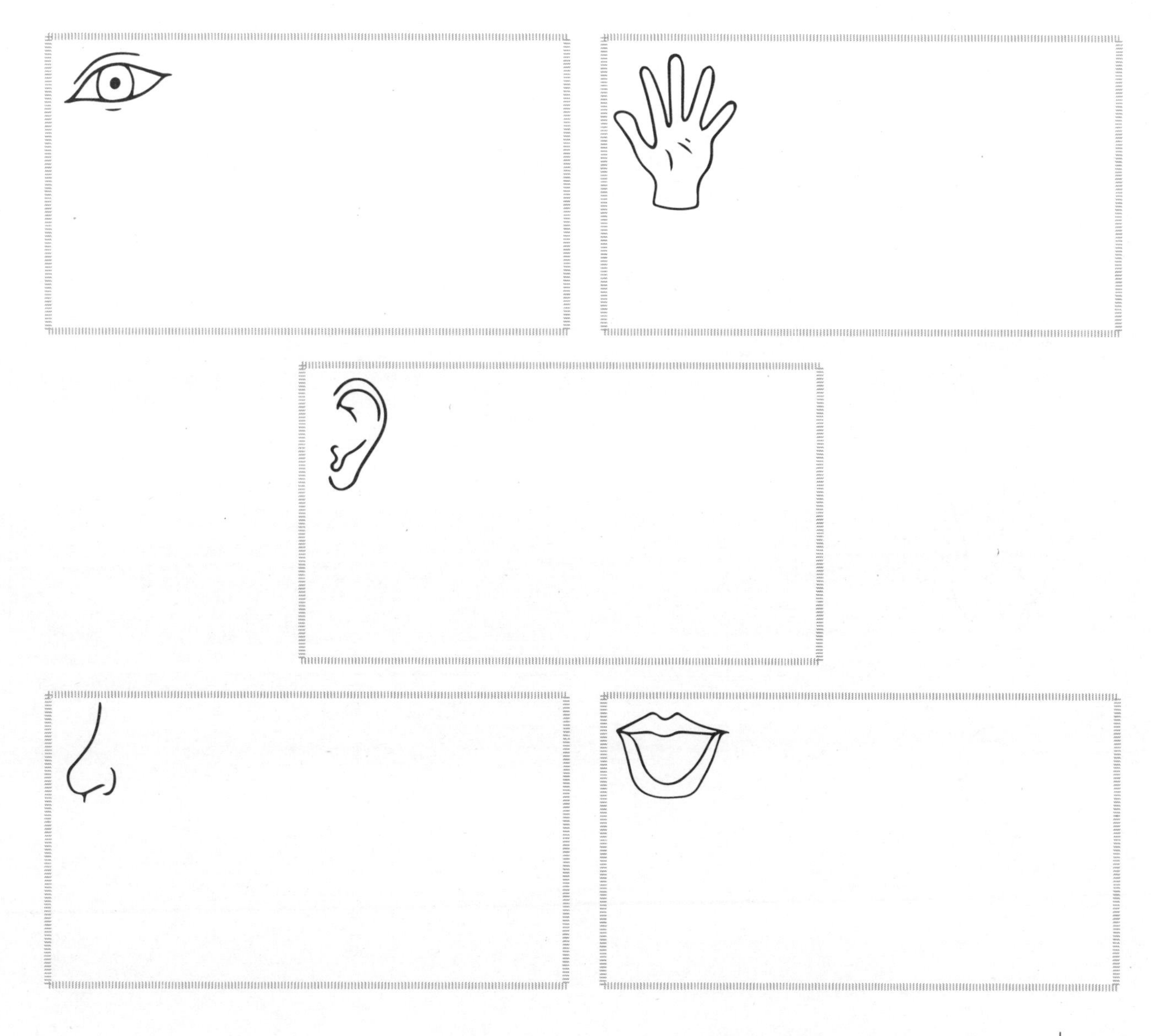

2. Elije el sentido que se relaciona con cada imagen y marca su casilla con una ✗.

Me quiero y me cuido

Aprendizaje esperado. Reconoce medidas para prevenir el abuso sexual, como el autocuidado y manifestar rechazo ante conductas que pongan en riesgo su integridad.

1. Encuentra en la sopa de letras las palabras que ayudan a cuidar tu cuerpo.

- ejercitarse
- alimentarse
- hidratarse
- respetarse
- cepillarse
- saludable
- verduras
- peinarse
- cuidarse
- hábitos
- bañarse
- diario
- frutas
- champú
- jabón
- agua

T	J	A	B	O	N	T	R	G	P	O	O	M	Y	G	P	M	C	W
R	B	M	A	N	W	O	L	H	I	D	R	A	T	A	R	S	E	H
B	T	C	U	I	D	A	R	S	E	K	O	L	D	I	A	R	I	O
A	B	T	B	R	W	U	Q	Y	Y	E	C	Q	E	K	S	N	G	K
S	A	L	U	D	A	B	L	E	W	S	I	V	K	E	S	B	E	S
R	X	X	A	B	V	W	A	Y	G	R	X	E	E	E	R	I	G	L
P	O	X	R	N	T	T	G	H	A	A	D	J	F	S	G	P	A	G
M	F	V	F	E	J	Q	U	E	Q	L	Q	E	O	R	D	H	K	X
E	F	E	A	S	C	K	A	S	M	L	X	R	Q	A	Q	A	O	P
C	U	R	F	R	B	H	R	R	H	I	R	C	U	Ñ	T	B	U	N
U	V	D	R	A	A	Q	E	A	K	P	S	I	F	A	U	I	D	B
T	U	U	U	T	L	I	S	N	E	E	A	T	E	B	Q	T	R	H
S	P	R	T	N	X	K	P	I	L	C	D	A	W	A	J	O	M	V
T	M	A	A	E	Q	H	E	E	L	G	T	R	U	J	H	S	D	S
H	A	S	S	M	B	E	T	P	A	D	A	S	E	Q	V	Q	S	J
O	H	T	T	I	R	X	A	E	A	Y	G	E	R	C	Q	J	A	A
Y	C	L	G	L	M	B	R	G	K	Q	K	E	B	G	R	D	A	O
X	Q	A	L	A	E	W	S	C	A	M	I	Q	M	U	S	Y	C	U
U	K	L	H	K	Q	W	E	Q	P	G	B	Y	H	B	T	Q	T	H

2. Escribe una *V* si la oración es verdadera o *F* si es falsa según consideres.

a) Me cuido cuando juego pesado con mis compañeros. ☐

b) Me quiero cuando respeto mi cuerpo. ☐

c) Me cuido cuando estoy alerta en espacios sociales. ☐

d) Me cuido cuando no sigo las indicaciones de mis padres o maestros. ☐

e) Me quiero cuando permito que otras personas me agredan. ☐

f) Me quiero cuando me acepto tal y como soy. ☐

3. Escribe con tus palabras por qué es importante quererte y cuidarte.

____

____

____

____

____

____

____

____

____

____

¿Cómo prevenir el abuso?

Aprendizaje esperado. Reconoce medidas para prevenir el abuso sexual, como el autocuidado y manifestar rechazo ante conductas que pongan en riesgo su integridad.

Si pensamos en cómo podríamos **prevenir el abuso**, debemos considerar lo siguiente:

- Estar atentos ante las humillaciones, críticas y desvalorizaciones.
- Identificar los comportamientos de las personas.
- Detectar la manipulación y signos de distanciamiento.
- Determinar si se respetan tus límites personales.
- Reconocer cuando las relaciones personales son saludables.
- Solicitar apoyo y/o huir si hay peligro.

1. Escribe una solución que llevarías a cabo al sentirte abusado en los siguientes casos.

a) Durante el recreo, unos compañeros de un grado más alto te quitan tu lunch.

____

____

____

b) Te solicitan fotografías personales y privadas en tus redes sociales.

____

____

____

c) Observas que a un compañero lo golpean frecuentemente.

____

____

____

d) Le intentan dar un beso a una amiga en contra de su voluntad.

____

____

____

2. **Une las acciones que debes realizar y las que debes evitar.**

a) Callar y permitir acciones que no quieres.

b) Contárselo a quien más confianza le tengas.

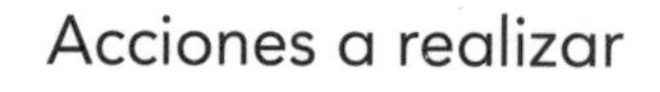
Acciones a realizar

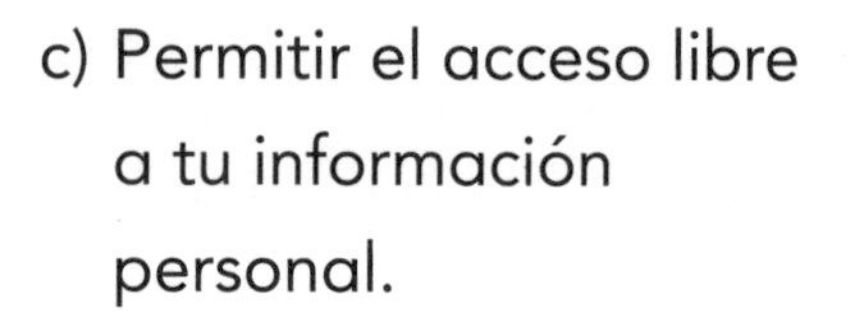
c) Permitir el acceso libre a tu información personal.

d) Respetar las opiniones y decisiones de los demás.

Acciones que se deben evitar

e) Correr si hay peligro a un lugar seguro.

f) Hacer lo mismo que te hicieron por venganza.

Mis derechos

Aprendizaje esperado. Reconoce medidas para prevenir el abuso sexual, como el autocuidado y manifestar rechazo ante conductas que pongan en riesgo su integridad.

Se le llama **derecho** a la capacidad o poder que tiene cada persona de acuerdo con sus necesidades para poder vivir sana y pacíficamente.

1. Une el derecho con la imagen que lo representa.

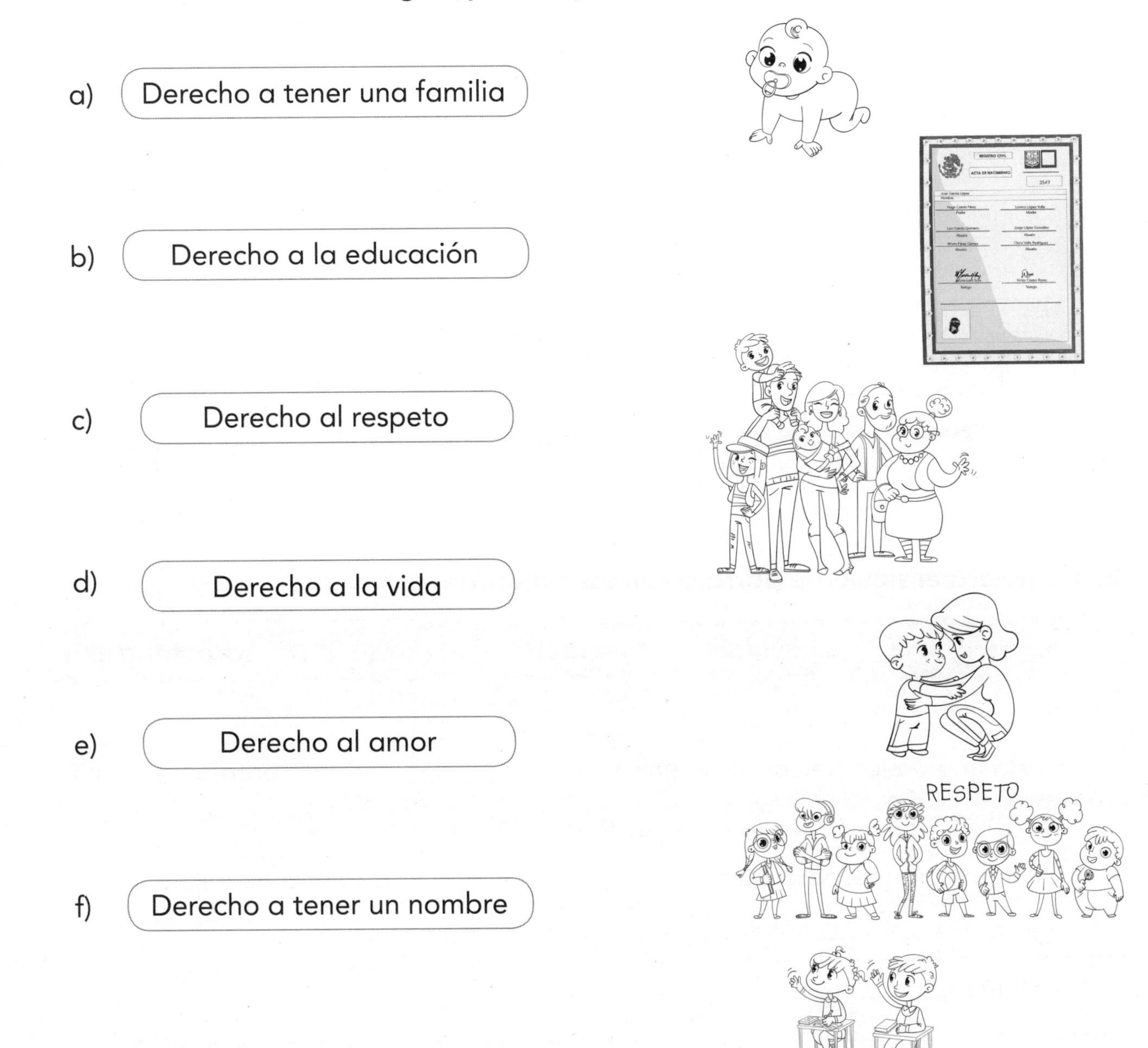

a) Derecho a tener una familia

b) Derecho a la educación

c) Derecho al respeto

d) Derecho a la vida

e) Derecho al amor

f) Derecho a tener un nombre

Repaso

1. Ordena los nombres de los planetas del sistema solar.

Neptuno Tierra Mercurio Júpiter Saturno Venus Marte Urano

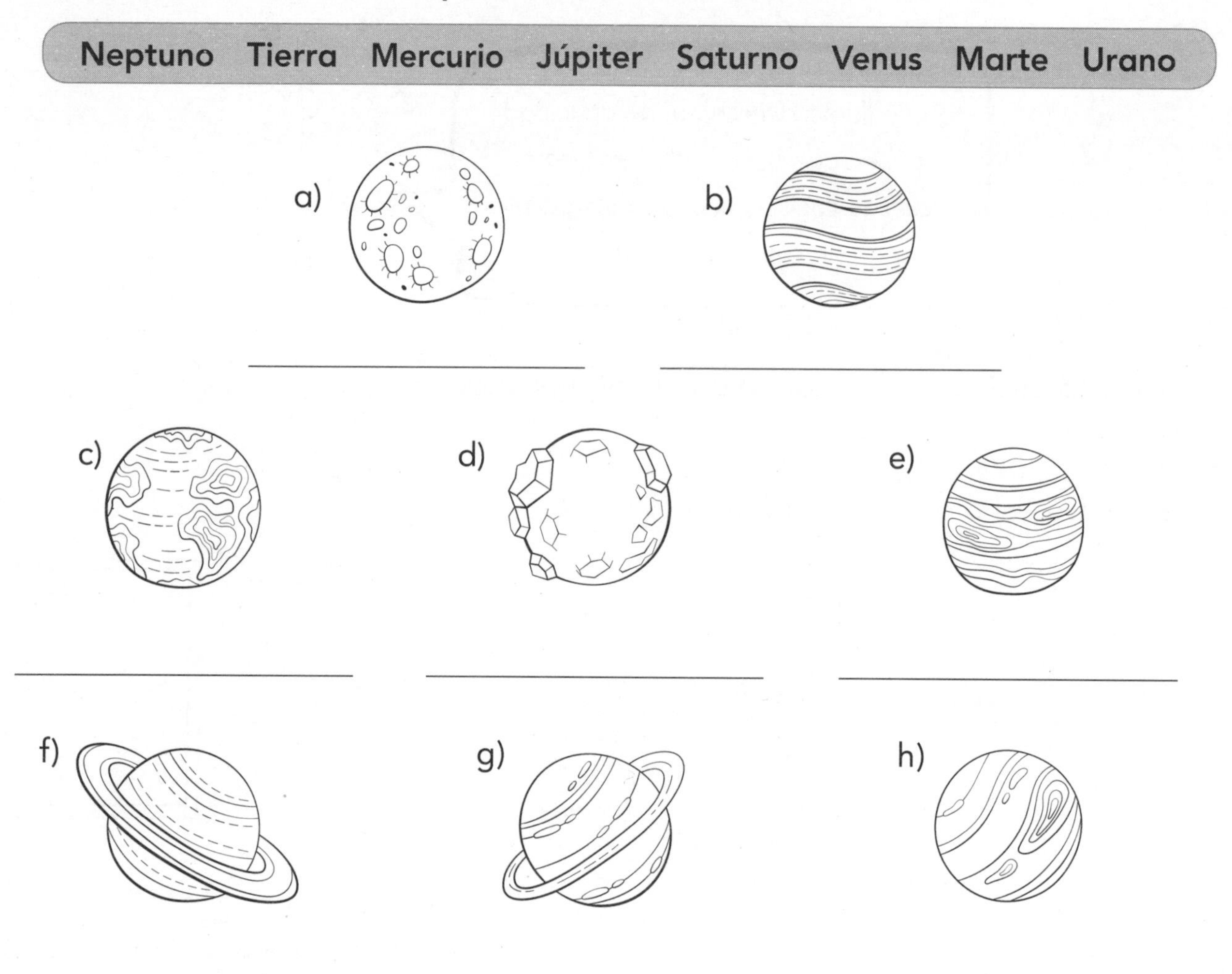

2. Completa el siguiente párrafo con las palabras de la caja.

diferentes individual respetar social características

Cada una de las personas tenemos ____________________ propias que nos hacen ser ____________________ a los demás.

Es importante respetarnos y ____________________ cada una de las ideas, pensamientos, habilidades y destrezas de los demás en lo ____________________ y en lo ____________________.

3. Completa el crucigrama con las pistas.

Vertical

a) Nos ayuda a distinguir los distintos sabores.

c) Nos permite disfrutar de los olores agradables y alertarnos de los desagradables.

Horizontal

b) Este sentido nos permite disfrutar de las sensaciones mediante la piel.

d) Nos permite los diversos estímulos de sonidos.

e) Nos permite ver todo aquello que nos rodea.

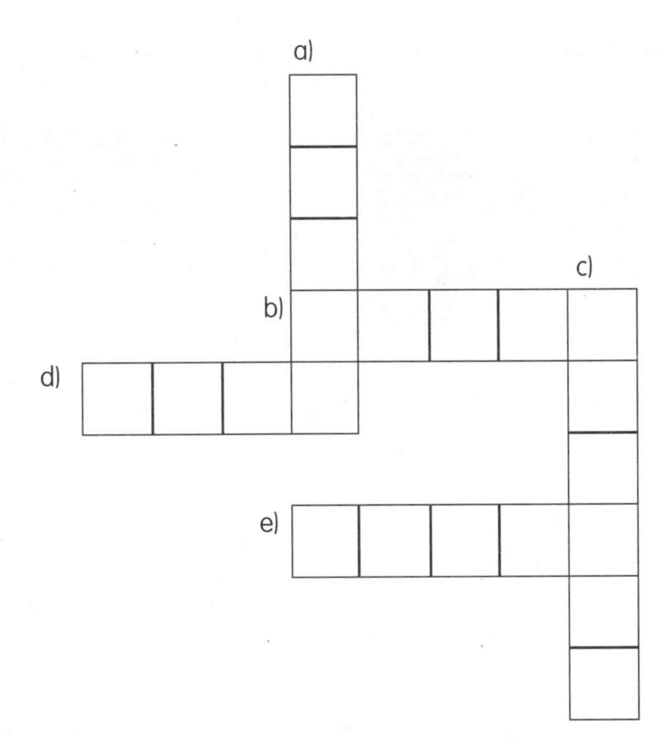

4. Escribe la letra *V* si la oración es verdadera o *F* si es falsa.

a) La Luna es un satélite natural ______

b) La Luna es un planeta ______

c) Cada 28 días, la Luna completa un ciclo de rotación y traslación. ______

d) La Luna llena ocurre cuando está completa. ______

e) La Luna emite luz propia. ______

f) Cuando no podemos ver la Luna, le llamamos cuarto creciente. ______

5. Escribe debajo de cada dibujo la fase de la Luna que corresponde.

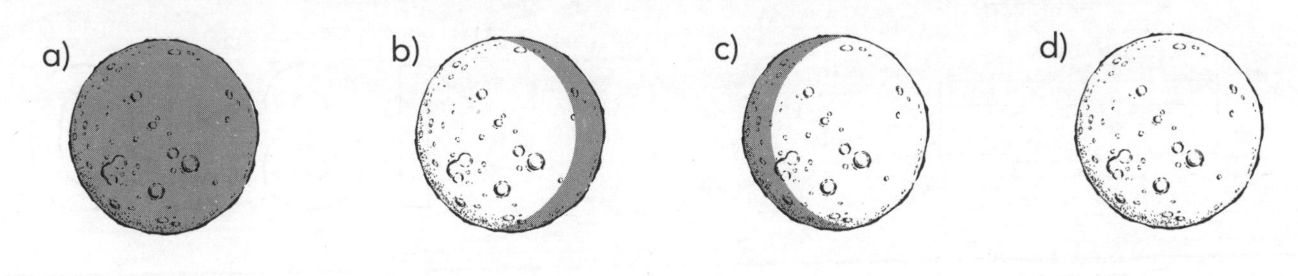

______ ______ ______ ______

Calendario Cívico

Independencia de México

Aprendizaje esperado. Comprende que la historia ocurre en ciertos espacios y en ciertos periodos de tiempo.

La **independencia de México** inició el 16 de septiembre de 1810 cuando Miguel Hidalgo convocó al pueblo a levantarse en armas, tocando la campana de la iglesia de Dolores para liberar a nuestro territorio del dominio español y buscar un gobierno propio. La independencia terminó once años después, el 27 de septiembre de 1821.

1. Colorea todo lo relacionado con la Independencia de México.

Descubrimiento de América

Aprendizaje esperado. Comprende que la historia ocurre en ciertos espacios y en ciertos periodos de tiempo.

1. Une cada frase con el dibujo que la representa.

a) Cristóbal Colón nació en Génova, Italia, en 1451.

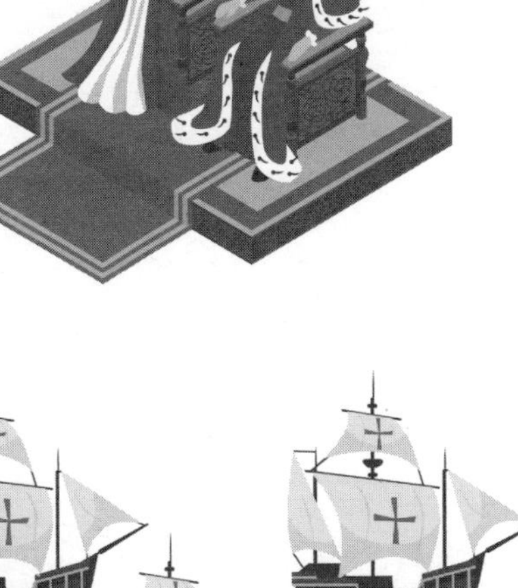

b) Quería encontrar nuevas rutas para ir a la India y pidió ayuda económica a los reyes católicos.

c) Con el dinero que le otorgaron los reyes, Colón consiguió tres barcos: La Niña, La Pinta y La Santa María.

d) El 12 de octubre de 1492 Colón y su embarcación llegaron a la isla de Guanahaní.

Revolución Mexicana

Aprendizaje esperado. Comprende que la historia ocurre en ciertos espacios y en ciertos periodos de tiempo.

Porfirio Díaz fue presidente de México por 35 años. Al haberse reelegido numerosas veces, se le consideraba un dictador. Durante la presidencia de Díaz México tuvo grandes avances en distintos ámbitos, pero también hubieron injusticias y gente viviendo en extrema pobreza.

Entonces, **Francisco I. Madero** se postuló para ser presidente pero fue arrestado. Escapó de la prisión y huyó a Estados Unidos. Después, el 20 de noviembre de 1910 proclamó el plan de San Luis donde llamaba a tomar las armas en contra del gobierno de Díaz. Su lema era: **"Sufragio efectivo no reelección"**.

La guerra de Revolución inició en el norte y su principal líder fue **Francisco Villa**. Más tarde, la guerra se extendió por todo el país teniendo en el sur como principal caudillo a **Emiliano Zapata**.

1. Observa las imágenes y reconoce el evento que representan, ordénalas del 1 al 6, según el orden en el que sucedieron.

a) Francisco I. Madero proclama el Plan de San Luis.

b) Francisco Villa pelea en el Norte.

c) Porfirio Díaz se mantiene 35 años en el poder.

d) Emiliano Zapata pelea en el sur.

e) Francisco I. Madero es encarcelado.

f) Francisco I. Madero se postula para presidente.

Día de la bandera

Aprendizaje esperado. Comprende que la historia ocurre en ciertos espacios y en ciertos periodos de tiempo.

El **24 de febrero** celebramos el **Día de la bandera**. Sus colores son verde, que simboliza la esperanza; blanco, que significa la unidad y rojo, la sangre de los héroes.

1. Colorea la bandera como corresponde.

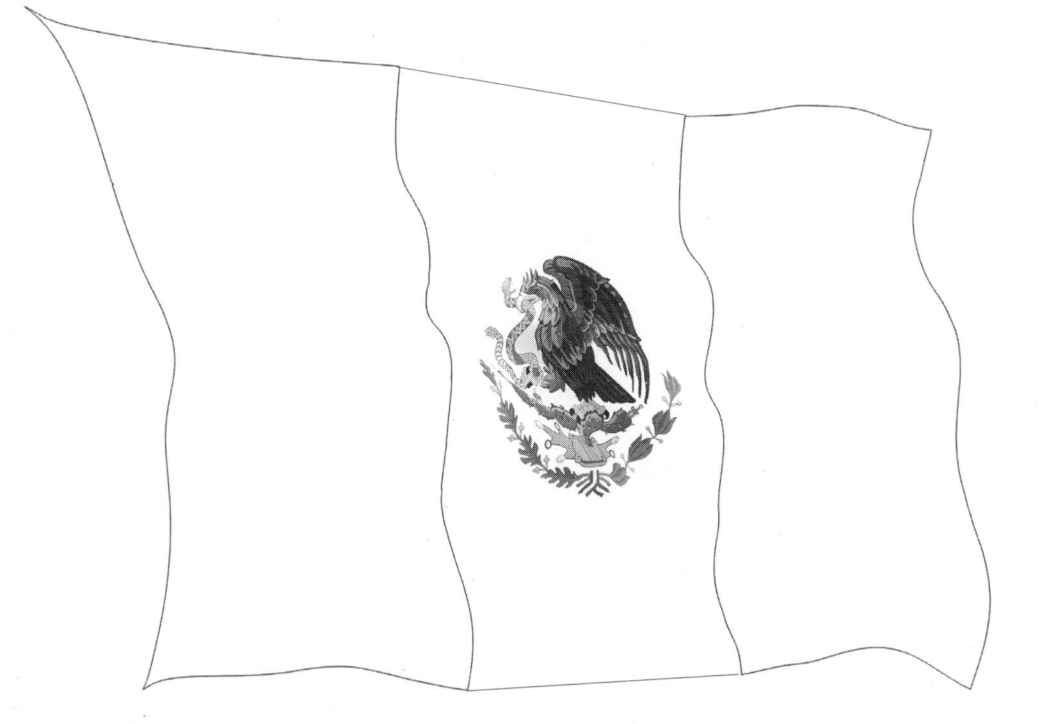

2. Une el color de la bandera con lo que simboliza.

a) Verde

b) Blanco

c) Rojo

La unidad

La esperanza

La sangre de los héroes caídos

Natalicio de Benito Juárez

Aprendizaje esperado. Comprende que la historia ocurre en ciertos espacios y en ciertos periodos de tiempo.

1. Lee la vida de Benito Juárez y después completa el texto.

1)

Benito Juárez nació el 21 de marzo de 1806 en San Pablo Guelatao, Oaxaca.

2)

Se graduó de abogado y defendió a los indígenas.

3)

En 1858 se convirtió en presidente de México.

4)

Pronunció esta gran frase.

a) Benito Juárez nació el ______________________________.

b) Estudió y se graduó de ______________________________.

c) En 1858 se convirtió en ______________________________ de México.

d) Una de sus frases más recordadas es: "Entre los individuos como entre las naciones el ______________________________ al derecho ajeno es la ______________________________".

El día del trabajo

Aprendizaje esperado. Comprende que la historia ocurre en ciertos espacios y en ciertos periodos de tiempo.

El **1° de mayo** es reconocido en la mayoría de los países como el **Día del trabajo**. En este día se celebra la lucha y los logros de los trabajadores por conseguir una jornada laboral más corta, ya que antes trabajaban muchas horas y no tenían días para descansar.

1. Dibuja lo que se pide.

a) Alguno de tus padres trabajando.

b) Tú trabajando cuando seas grande.

Repaso

1. **Une a cada personaje con su nombre.**

Me conozco

Indicador de logro. Reconoce y aprecia sus fortalezas, capacidad de aprender y superar retos.

Cada uno de nosotros tenemos **características** propias que nos hacen ser **diferentes** a los demás. Por lo tanto, es importante **respetarnos** y **respetar** las ideas, pensamientos, habilidades y destrezas de los demás, tanto en lo individual como en lo social.

1. Realiza un dibujo de ti mismo.

2. **Contesta las siguientes preguntas.**

a) ¿Cómo te llamas?

____

b) ¿Cuántos años tienes?

____

c) ¿Cuál es tu sexo? (femenino o masculino)

____

d) ¿Qué actividades se te facilitan? ¿Por qué? ____________________

____

____

e) ¿Qué actividades se te dificultan? ¿Por qué? ____________________

____

____

f) ¿Qué es lo que más te gusta de ti?

____

____

g) ¿Qué es lo que menos te gusta de ti?

____

____

3. **Escribe las características que te hacen único.**

____

____

____

____

____

____

____

Cómo me puedo relajar

Indicador de logro. Emplea técnicas de atención y regulación de impulsos para regresar a un estado de bienestar ante una situación aflictiva.

Existen ocasiones en las que estamos nerviosos y necesitamos **tranquilizarnos**. Para esto, podemos relizar diferentes actividades que pueden ayudar a relajarnos. La siguiente actividad es un ejemplo de como lograrlo.

1. Lee con atención las instrucciones y después une cada indicación con la imagen que le corresponde.

a) Vas a necesitar una vela grande y gruesa, una mesa y una silla.

1) 

b) Coloca la vela en la mesa.

2) 

c) Enciende la vela.

3) 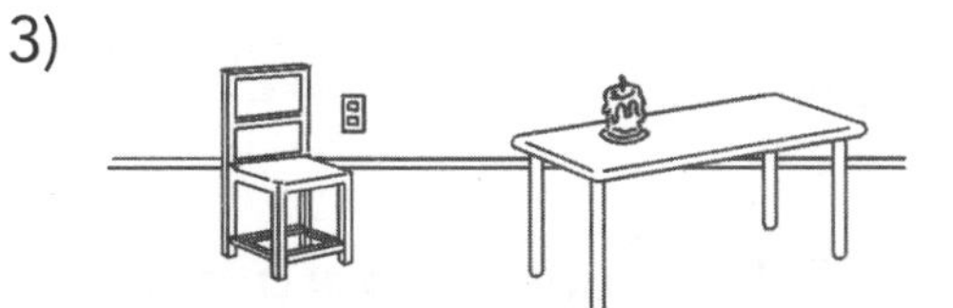

d) Siéntate en la silla a dos metros de la mesa.

4) 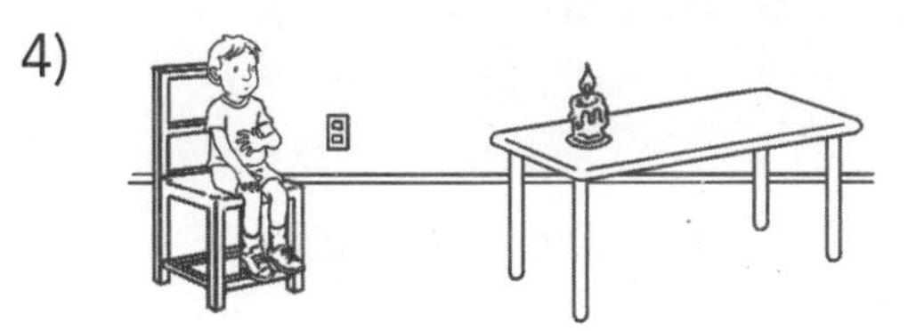

e) Debes respirar por la nariz y sentir como el aire infla tu estómago.

5) 

f) Expulsa el aire por la boca y, sin moverte, intenta apagar la vela.

6) 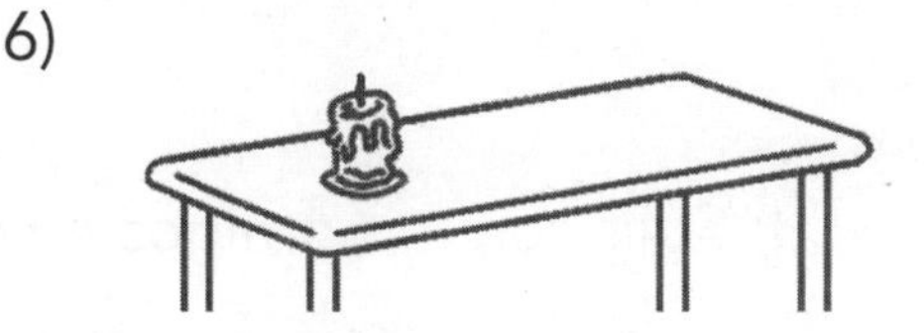

g) Si no la apagas vete acercando poco a poco hasta que lo logres.

7) 

Me gusta y me disgusta

Indicador de logro. Reconoce y aprecia sus fortalezas, capacidad de aprender y superar retos.

1. Dibuja una ☺ para indicar lo que te gusta, o una ☹ para señalar lo que no te gusta.

a) Ir a la escuela.

b) Hacer tarea.

c) Que me abracen personas extrañas.

d) Salir con mis amigos o conocidos.

e) Que me molesten o que molesten a alguien más.

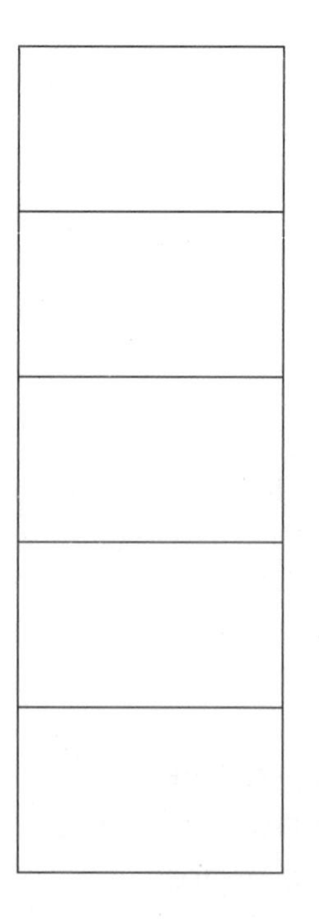

2. **Escribe las actividades que te gustan realizar y explica por qué.**

a) Me gusta ______________________________

porque ______________________________

____

b) Me gusta ______________________________

porque ______________________________

____

c) Me gusta ______________________________

porque ______________________________

____

3. **Escribe las actividades que no te gustan realizar y explica por qué.**

a) No me gusta ______________________________

porque ______________________________

____

b) No me gusta ______________________________

porque ______________________________

____

c) No me gusta ______________________________

porque ______________________________

____

4. **Reúnanse en un círculo de reflexión y comparte con tus compañeros los gustos que tengan en común y los que no.**

Convivo amablemente con mis compañeros

Indicador de logro. Reconoce cuándo las emociones ayudan a aprender y a estar bien, y cuándo dañan las relaciones.

La **convivencia** es la acción de vivir en compañía de otros de forma armoniosa.

Todo ser humano requiere convivir con individuos en diferentes ámbitos como el familiar, escolar y social; pero para que esto sea posible es necesario marcar normas, reglas y límites en los diversos espacios, creando así un ambiente de respeto.

1. **Encierra en un círculo aquellas imágenes donde los niños estén haciendo algo que les permita convivir en armonía con sus compañeros y marca con un ✘ los que no. Compara y comenta tus respuestas con un compañero.**

Escucho tu opinión para llegar a un acuerdo

Indicador de logro. Escucha a sus compañeros para enriquecer los propios procedimientos para resolver un problema.

1. Lee la situación y realiza lo que se indica.

Mario y Lucía son hermanos. Ellos quieren comprar un regalo de cumpleaños para su mamá, así que van a una tienda. Pero cuando llegan, no logran ponerse de acuerdo en qué comprarle porque cada uno quiere algo diferente.

Mario dice —Y ahora, ¿cómo nos vamos a poner de acuerdo?

a) Piensa en diferentes modos de responder a esta pregunta y escríbelos.

____

____

____

____

____

____

____

b) Compara tu respuesta con la de un compañero. Elijan la mejor solución y escríbela en el siguiente espacio.

____

____

____

____

____

____

____

Perseverancia

Indicador de logro. Identifica que se puede aprender del error y la dificultad, y lo vive con optimismo.

EL FESTIVAL DE BAILE

Por fin llegó el gran día, todos se habían preparado para el festival de baile y había una gran expectación.

Paola era una gran bailarina, había tomado clases por varios años y estaba segura de que podría ganar el primer lugar. Cuando subió al escenario con su reluciente vestido largo todos guardaron silencio; empezó la música y ella se dejó llevar. Se imaginó que era una princesa en un castillo y bailó muy bien; pero justo antes de que terminara la pieza musical, Paola se tropezó y cayó del escenario. Hubo un gran silencio, nadie lo podía creer. Ella se levantó lo más rápido que pudo, pero pisó su vestido y tropezó de nuevo. Los jueces no pudieron calificarla ya que las reglas establecían que tenía que bailar una pieza completa, sin pausas.

Después del festival, Paola lloró por varios días. Estaba triste y enojada y dijo que nunca más volvería a bailar. Un día, estando en su habitación, escuchó a lo lejos la canción que había bailado durante el festival y, sin pensarlo, comenzó a bailar y se dejó llevar por la música. Fue en ese momento en que Paola se dio cuenta que bailar era algo que disfrutaba mucho y pensó que no debía renunciar sólo porque en una ocasión le había ido mal.

Entonces, Paola regresó a sus clases de baile, preparándose y practicando en su casa y durante su tiempo libre. Tuvo que esperar todo un año para volver al festival. Esta vez llevó un vestido corto y unas zapatillas planas. Bailó de manera espectacular y, cuando terminó, la gente no podía dejar de aplaudir. Los jueces le otorgaron el primer lugar en seguida.

Ella se dio cuenta que, aunque a veces las cosas no ocurren como uno espera, vale la pena esforzarse para alcanzar una meta.

1. **Contesta las siguientes preguntas.**

a) ¿De qué era el festival en el que participó Paola? ______________________

b) ¿Por qué la descalificaron? ______________________

____

____

c) ¿Cómo se sintió Paola cuando la descalificaron? ______________________

____

d) ¿Qué dijo cuando estaba triste? ______________________

____

____

e) ¿Por qué decidió volver a bailar? ______________________

____

____

Perseverar es cuando eres constante hasta lograr un objetivo o un plan.

2. **Subraya las situaciones en donde Paola fue perseverante.**

a) Cuando tomaba clases de baile.

b) Cuando decidió no volver a bailar.

c) Cuando practicaba en su casa.

d) Cuando ensayaba en sus tiempos libres.

3. **Describe alguna situación en donde hayas sido perseverante.**

____

____

____

____

____

Identifico cómo me siento

Indicador de logro. Evalúa la pertinencia de experimentar las distintas formas de expresión emocional en diversos contextos.

1. Completa las oraciones con la emoción correcta. Luego, completa el crucigrama con las respuestas, según corresponda. Guíate con el ejemplo.

Vertical

a) Si no estoy haciendo nada me siento: aburrido

c) Si un amigo no me invita a su fiesta me siento: ____________

d) Si no estoy seguro de querer ir al cine me siento: ____________

g) Si tengo que hacer un exámen muy difícil me siento: ____________

h) Si la maestra me regaña me siento: ____________

i) Si logro hacer algo muy difícil me siento: ____________

Horizontal

b) Si veo en la tele una película de terror me siento: ____________

e) Si mi hermano me quita mis juguetes me siento: ____________

f) Si me dan permiso de ir al paseo me siento: ____________

Mejora continúa

Indicador de logro. Reconoce que su capacidad de agencia depende de la práctica y el compromiso con el aprendizaje.

1. Analiza los aspectos que muestra la siguiente tabla y complétala después de haber reflexionado con honestidad en cada uno de ellos.

	Me cuesta mucho trabajo...	Creo que podría mejorar si...	Me sentí contento y orgulloso por...
estudio			
trabajo en clase			
trabajo en equipo			
tarea			
exámenes			

2. Destaca con tu color favorito la casilla que refiere el aspecto que más orgullo te da.

Buenas y malas decisiones

Indicador de logro. Toma decisiones en distintos escenarios considerando las consecuencias para sí mismo y los demás.

> Las **decisiones** que tomamos pueden calificarse como buenas o malas, dependiendo si nos hacen bien o mal.

1. Lee las siguientes acciones, piensa si son buenas o malas decisiones. Luego, escribe cada una en el lugar que les corresponde. Guíate por el ejemplo.

2. **Elige dos situaciones de la página anterior que hayas considerado buenas decisiones y explica sus consecuencias. Guíate con el ejemplo.**

a) Situación: Ayudar a un compañero a estudiar.

Consecuencia: Le va a ir mejor en su examen y yo me voy a sentir bien por haber contribuido.

b) Situación: ______

Consecuencia: ______

c) Situación: ______

Consecuencia: ______

3. **Elige dos situaciones de la página anterior que hayas considerado malas decisiones y explica sus consecuencias.**

a) Situación: ______

Consecuencia: ______

b) Situación: ______

Consecuencia: ______

Cuido a las plantas, a los animales y al ambiente

Indicador de logro. Identifica, junto con sus compañeros, acciones de respeto, cuidado y consideración hacia animales, plantas y medioambiente.

1. Los animales y las plantas necesitan cuidados. Marca con una ✔ las acciones que muestran cuidado y con una ✘ las que no.

a) Llevar a mi mascota a que la vacunen. ☐

b) Arrancar flores en un parque. ☐

c) Regar las plantas de mi casa. ☐

d) Pegarles a los animales. ☐

e) No bañar a mi perro. ☐

f) Llevar a mi perro al parque. ☐

g) Sembrar árboles en un parque. ☐

h) Tirar basura en un río. ☐

2. Dibuja una acción en la que cuides a un ser vivo.

3. Es importante cuidar el lugar donde vivimos. Marca con una ✔ las imágenes en las que las personas realizan acciones para cuidar el medio ambiente y con una ✘ donde no lo cuiden.

a)

d)

b)

e)

c)

f)

El abuso

Indicador de logro. Es capaz de pedir, recibir y ofrecer ayuda, y de explicar las emociones que surgen al apoyar y ser apoyado.

Llamamos **abuso** al trato injusto que existe hacia una persona o animal de menor fuerza y/o poder. Existen diversos tipos de abuso:

- Abuso **físico**. Incluye daños o lesiones causadas por agresión física, como golpes.
- Abuso **escolar**. Cualquier maltrato psicológico, verbal o físico provocado entre escolares.
- Abuso **cibernético**. Se utiliza mediante el uso de la tecnología para amenazar, intimidar y/o criticar a alguien.

1. Observa las imágenes y escribe el tipo de abuso que existe en cada caso.

a) ______________________________

____

____

b) ______________________________

____

____

c) ______________________________

____

____

2. **Traza el camino indicado para solucionar una situación donde alguien es víctima de algún tipo de abuso.**

Callar y permitir que el abuso siga ocurriendo.

Agredir a las personas que me molestan.

Pedir ayuda a mis maestros.

Solucionando conflictos

Indicador de logro. Reflexiona acerca de actitudes y comportamientos que conllevan a una situación conciliadora o conflictiva.

1. Observa el análisis del siguiente caso.

Caso: Los vecinos llevan a cabo fiestas ruidosas con frecuencia.

Este conflicto se generó porque: Los vecinos son muy alegres, pero sus fiestas duran toda la noche y no dejan dormir a los vecinos.

La solución es: Que los vecinos lleguen a un acuerdo sobre los días y el horario en que se pueden realizar fiestas y cumplirlo.

2. Analiza los siguientes casos, guíate con el ejemplo anterior.

a) Caso: Dos hermanos quieren ver un programa de televisión distinto.

- Este conflicto se genera porque:

____

____

____

____

____

- La solución es:

____

____

____

____

____

____

b) Caso: Una niña utiliza la blusa favorita de su hermana sin avisarle o pedirla prestada.

- Este conflicto se genera porque:

____

____

____

____

- La solución es:

____

____

____

____

c) Caso: Un grupo no se pone de acuerdo en el baile que van a representar.

- Este conflicto se genera porque:

____

____

____

____

____

- La solución es:

____

____

____

____

____

Ayudo en mi casa

Indicador de logro. Corresponde de manera solidaria a la ayuda y aportaciones que recibe de los demás.

1. **Hoy es domingo. Rafa, Yani y Daniel quieren ir al parque. Les pidieron a sus papás que los llevaran, pero tenían mucho trabajo en la casa por lo que los niños decidieron ayudar.**

a) Escribe las acciones que realizaron para ayudar a sus papás.

____

____

____

b) ¿Por qué crees que debemos ayudar en casa?

____

____

____

c) Escribe alguna tarea que hagas en tu casa para ayudar a tus papás.

____

____

____

____

Pág.	Ejer.	Respuestas
9	1	**a)** Azul: Historia Universal y Ciencias Verde: todos los libros, Amarillo: el Reglamento. **b)** Colocar un tache sobre el dibujo del encargado **c)** Por tema
10	2	**a)** 1 **b)** 4 **c)** 2 **d)** 6 **e)** 3 **f)** 5
	3	Respuesta libre
11	1	**b)** F / H **c)** W / Y **d)** Ñ / P **e)** P / R **f)** Y **h)** C / E **i)** G / I **j)** J / L **k)** L / N **l)** A / C
	2	**b)** Jesús **c)** Lourdes **d)** Ramiro **e)** Teresa **f)** Zaíra
	3	**Por nombre**: Adriana Cáceres, Alejandra Arteaga, Alejandro Sánchez, Alfonso Tinajero, Alma López, América Montoya **Por apellido**: Arteaga Alejandra, Cáceres Adriana, López Alma, Montoya América, Sánchez Alejandro, Tinajero Alfonso.
14	1	**c)**
	2	**a)** **b)** **d)** **e)**
	4	**a)** **c)** **e)**
15	1-2	Respuesta libre
16	1	L / P / pro / E / gue / ll / tra / gro / L / gra / h / gue / bre / ll
	2-3	Respuesta libre
17	1	**a)** **c)** **d)** **f)**
	2	Respuesta libre
18	1	**a)** 2 **b)** 4 **c)** 1 **d)** 3
19	2	**a)** Número, Figuras y cuerpos geométricos **b)** El reloj, El calendario y Medidas de longitud **c)** Páginas 10 y 12
	3	**a)** hábitat **b)** alimentación **c)** hibernación
20	1	panadería, panadero
	2	**b)** accidentar / accidentado **c)** librero / librería
	3	perrote, perros, perrito, perrera, perrita, perrero, perrilla, perrazo
	4	blanqueador / blanquecino, luces / lucecita

Pág.	Ejer.	Respuestas
21	6	Subrayar: desielo, cachoritos, coyares, distansias, kachorros, eladas. **hielo**: deshielo / heladas, **distancia**: distancias **cachorro**: cachorros / cachorritos, **collar**: collares
	7	**radio**: radiofónico, **cerrar**: cerró, **flor**: florista, florales
22	1	cuatro días / luego / una semana / cinco / termina / después / dos semanas / después / finalmente
	2	Respuesta libre
23	2	**a)** Sí / El de qué hacer si una lámpara no prende. Respuesta libre / Ejemplo de respuesta: Me ayuda más el diagrama porque a simple vista sé que debo hacer para resolver el problema. **b)** Respuesta libre. Revisar que se mencione que es difícil manipular un cerebro humano real. El diagrama tiene la información resumida, pero informa lo más importante.
24	1	**a)** Izquierda a derecha: precipita, tierra / Sol, evapora / condensa, nubes / sube, atmósfera **b)** **evaporación**: el agua se calienta y sube en forma de gas o vapor. **condensación**: el vapor se vuelve líquido y forma las nubes. **precipitación**: el agua cae a la tierra en forma de lluvia y el ciclo empieza de nuevo.
25	2	Respuesta libre
26	1	**a)** **c)** **d)** **f)**
	2	Respuesta libre. Ejemplos de respuestas: **b)** ¿Desde cuándo vives aquí? **c)** ¿Tus padres también son de aquí? **d)** ¿Por qué se llama así esta localidad? **e)** ¿Por qué crees que es importante esta localidad? **f)** ¿Hay algún personaje de la historia de México que haya nacido aquí?
27	3-5	Respuesta libre
28	1	Impreso con información breve sobre un tema. También se usa para anunciar un producto, promocionar visitas a lugares o para ofrecer un servicio.
	3	Título / subtítulo / párrafo / ilustración

Pág.	Ejer.	Respuestas
29	4	Respuesta Libre
	5	**a)** **c)** **e)** **f)** **h)** **i)** **j)**
30	1	**a)** espesos / altos / rica / silvestres / húmedos **b)** ideal / cálido / refrescante / famosas / natural **c)** majestuosas / pequeños / grandes / valientes / nevadas
	2	Respuesta libre
31	1	**b)** Respuestas sugeridas: El paisaje es increíblemente bello, la puesta de sol está espectacular. **c)** Respuestas sugeridas: El mango es tan delicioso que no quiero que se acabe.
32	1	**a)** colocar una coma después de "grande", "patas" y "orejas" **b)** colocar una coma después de "tijeras", "pegamento", "lápices" y "plumas"
	3	9 comas
	4	Tachar la coma después de **a)** Ana **b)** artesanía y era **c)** regaló **d)** basta
33	2	**a)** **b)** **d)** **e)**
	3	**a)** a-ca-de-mia **b)** ba-rí-to-no **c)** zo-rri-llo **d)** men-ti-ro-so **e)** co-ma-dre-ja **f)** ri-sue-ño **g)** ga-lli-nas **h)** te-cla-do **i)** ra-ton-ci-to **j)** com-pa-ñe-ro **k)** pro-fe-sor **l)** au-la
34	1	**b)** cá **c)** lo **d)** al **e)** tón **f)** tri
	2	3 tienen acento escrito: árbol, peatón, cámara 3 no tienen acentro escrito: pelota, alma, tripa
	3	**a)** gráfico **b)** prosódico **c)** gráfico
35	4	**Acento gráfico**: sandía, melón, plátano, guanábana, melocotón **Acento prosódico**: uvas, mandarina, fresa, higo, pera
	5	Respuesta libre
	6	bebé / bebe / papá / papa / amplió / amplio / dibujó / dibujo
36	3	**b)** pri-mos **c)** can-ción **d)** pa-pá **e)** re-ga-los **f)** do-mi-nó **g)** so-fá
	4	Andrés, canción, papá, dominó, sofá

Pág.	Ejer.	Respuestas
37	5	**Con acento gráfico**: pantalón, compás, balón, loción, anís, bambú, sofá **Sin acento gráfico**: caracol, codorniz, peral
	7	n, s o vocal
	9	Después / mamá / melón / papá / balón / Andrés / cansó / sentó / sofá / sembró / José
38	1	**a)** bibliotecario/bibliotecaria **b)** orden **c)** públicas
	2	**a)** Conozcamos México **b)** Corazón valiente **c)** Maravillas del mundo **d)** Viaje al centro de la tierra
	3	**a)** Verdadero **b)** Verdadero **c)** Falso
	4	*Conduzca seguro*
	5	*Medidas de seguridad*
39	6	No utilice el celular, Utilice el cinturón de seguridad, Respete los límites de velocidad
	7	Respuesta libre
	8	**a)** pelón **b)** máquina **c)** canción **d)** abrirá **e)** papá **f)** país
	9	**a)** sílaba tónica **b)** ortográfico **c)** última sílaba
	10	Respuesta libre
40	1	**a)** Había una vez una gata, tigresa, Esteban **b)** tigresa, Esteban **c)** se la pasa dormida **d)** Esteban la llama para dar un paseo
	2	**a)-c)** Respuesta libre
41	1	**a)** Dorothy y el perro Toto **b)** El hombre de hojalata **c)** La bruja
	2	**a)** Ejemplo: porque solo él podía despertar con un beso a la princesa **b)** Ejemplo: No habría cuento pues Blancanieves no hubiera escapado
42	3	**a)** El segundo, **b)** Ejemplo: porque es más precisa en los detalles que describe y adentro de la cabaña no se ve
	4	**a)** Ejemplo: porque a los niños les gustan muchos los dulces, **b)** Respuesta libre

Pág.	Ejer.	Respuestas
43	1	**a)** adverbio **b)** adjetivo
	2	**a)** malo **c)** feroz **e)** asustada **f)** azul **g)** feo **h)** hermosa **i)** envenenada
	3	**a)** ferozmente **b)** suavemente
	4	**a)** deprisa **b)** temprano **c)** cerca **d)** mucho
	5	**a)** deprisa **b)** temprano **c)** cerca **d)** mucho
44	1	**Ogro**: feo, malvado, horrible, corpulento, enojón **Bruja**: fea, malvada, aterrador, astuta, narizona, enojona **Pirata**: malvado, feo, aterrador, astuto, bajo
	2	Feo, malvado, aterrador. Porque son villanos
	3	Respuesta libre
45	4	Modo: despacio, alegremente, rápidamente Tiempo: siempre, mañana, nunca Lugar: lejos, allá Cantidad: mucho, algo, todos
	5	**a)** junto **b)** muchos **c)** Respuesta libre: grande, muy
	6	**a)** 2 **b)** 1 **c)** 4 **d)** 3
	7	Respuesta libre
46	2	**b)** ro-co-la **c)** ám-bar **d)** há-bil **e)** ves **f)** Car-la **g)** mú-si-ca **h)** ár-bo-les **i)** Her-nán-dez
	3	ámbar, hábil, Carla, Hernández
47	4	**Con tilde**: difícil, Jiménez, lápiz, césped, árbol, Víctor **Sin tilde**: rocola, verde, joven, examen, frutas, brazo
	5	**a)** sin **b)** con
	6	César, Héctor, fácil, inmóvil, césped
49	1-3	Respuesta libre
50	1	**a)** Subrayar: llegó, asombró, encontró, sentó, deseó, levantó, vio, es, quiero, bajar, cenar, pensó **b)** llegó, asombró, encontró, sentó, deseó, levantó, vio, pensó **c)** reflejaba, estaba, llegaba **d)** es, quiero
	2	**a)** estás **b)** estoy **c)** vamos **d)** hagamos

Pág.	Ejer.	Respuestas
51	3	**Yo**: jugué / jugaba **Tú**: juegas / jugaste **Él**: juega / jugó / jugaba **Nosotros**: jugamos / jugábamos **Ustedes**: juegan / jugaron / jugaban **Ellos**: juegan / jugaron / jugaban
	4	**a)** fuimos **b)** comí **c)** contaba **d)** es **e)** baila **f)** saltábamos, escuchaba **g)** hizo
	5	**a)** copretérito **b)** pretérito **c)** presente **d)** presente **e)** copretérito
52	1	—Cuando, —Cuando, —Qué, —Gracias
53	1	Zoólogos, acuática, Antártida
	2	Antepenúltima
	3	Respuesta libre
	4	Esdrújulas, máquinas, párvulos, círculo, cítrico, ácido
	5	**a)** rígido **b)** bolígrafo **c)** hipopótamo **e)** exótico **g)** carátula **i)** plátano **l)** rápido
54	1	poema, verso, estrofa
	2	**a)** ¿Dónde tejemos la ronda? **b)** estrofas **c)** versos
	3	**a)** cierto **b)** falso **c)** cierto **d)** falso **e)** falso
55	2	Crear, mirar
	3	**a)** flores / colores **b)** azafrán / Satanás
	4	Respuesta libre
	5	asonante
56	1	**b)** noche **c)** el mar **d)** jirafa **e)** zanahoria
	2	Respuesta libre
57	3	**a)** *tilín-tilín* **b)** *run-run* **c)** *ring-ring* **d)** *bum-bum*
	4	**a)** *miau-miau* **b)** *pum-pum* **c)** *crack-crack*
	5	**c)** **d)**
	6	**a)** trigo **b)** oro **c)** carretera **d)** calvo
58	1-3	Respuesta libre
59	3	Respuesta libre
60	1	Rojo: **a)** **d)** **f)** Azul: **b)** **c)** **e)** **g)**
	2	Respuesta libre

Pág.	Ejer.	Respuestas
61	1	**a)** Paranomasia **b)** Jitanjáfora **c)** Calambur **d)** Trabalenguas **e)** Adivinanzas
	2	**a)** z **b)** araña
62	1	**a)** guardan **b)** notiebre **c)** copo **d)** reino **e)** noche **f)** corazón
	3	**a)** la navaja **b)** la sandía **c)** el caracol
63	1	**a)** sapo **b)** ballena **c)** cebolla **d)** doctora **e)** reloj
	2	**a) c) e) f) g) i)**
64	1-3	Respuesta libre
65	1	**a)** vaya / valla / aya **b)** vaya / hallar / baya **c)** halla / valla / haya
	2	**a)** vino: del verbo venir / vino: bebida de uva **b)** llama: del verbo llamar / llama: animal **c)** lima: del verbo limar / lima: fruto **d)** polo: cada extremo de la tierra / polo: deporte a caballo
66	1	**a)** Rojo: león, tigre Azul: *"Te he llamado...", "¿Sacarás...", "Se irán porque..."* Verde: *"El tigre, aún sin estar de acuerdo..."* **b)** Rojo: viejo, joven Azul: "¿Me han...", "Desde luego...", "Te he...", "Uno el..." Verde: dijo el joven, dijo el viejo, dijo, "El viejo con cara..." **c)** Rojo: Abuela, Niña Azul: "Vamos pequeña" Verde: "Niña con su abuela..."
67	1	**a)** espacio: entro comercial / tiempo: el día previo a Navidad **b)** 30 minutos **c)** Ejemplo: berrinchudo, terco
68	2	*-ar*: habitan, alimentar, emigrar, conservar *-ción*: habitación, alimentación, emigración, conservación
	3	Circular-circulación, fecundar-fecundación, inundar-inundación, domesticar-domesticación, comunicar-comunicación

Pág.	Ejer.	Respuestas
69	4	**a)** deformación **b)** población **c)** fabricación **d)** comparación
	5	**a)** preservación **b)** indicaciones **c)** complicación **d)** liberación **e)** transformaciones
	6	Respuesta libre
70	1	**a)** inicio / desarrollo / final **b)** portada **c)** ilustraciones **d)** adjetivos / adverbios **e)** cómo **f)** verbo
	2	Respuesta libre
	3	**Agudas**: nació, pensó, canción **Graves**: débil, azúcar, posible **Esdrújulas**: sábado, catálogo, América
	4	trabajé, trabajaba, trabajo
	5	**b)** borrego **c)** fresa
71	6	contento, luna
	7	**a)** se lanzó al vacío... **b)** el mismo día que... **c)** cuando llamaba a... **d)** que no se pintaba
	8	**a)** figurado **b)** literal **c)** literal **d)** figurado **e)** literal **f)** figurado
	9	**a)** casar **b)** zueco **c)** bello **d)** votar
	10	**a)** terminación **b)** publicar **c)** habitación **d)** invitación
72	1	**a)** Un documento oficial que se tramita en el registro civil. **b)** Un documento oficial que lleva el registro de tus vacunas y salud.
	2	**c)** Padres **d)** paternos **e)** Abuelos **f)** Testigos
	3	**a)** cartilla **b)** acta de nacimiento **c)** registro civil
73	1	Niño: Cartilla de vacunación, Credencial escolar y Pasaporte Adulto: Credencial de elector, Licencia para conducir y Pasaporte
	2	Respuesta Libre
	3	**a)** SER **b)** INE **c)** IMSS **d)** SEP
74	1	Respuesta libre
75	1	Finalmente, Primero, Después
	2	Primero / después / mientras / finalmente
	3	Respuesta Libre

Pág.	Ejer.	Respuestas
76	1	**a)** ; pero **b)** ; sin embargo **c)** ; aunque
	2	Rojo: carácter. Verde: robar. Azul: preciosas. Barbanegra. Piratas. Naranja: años, perlas, oro, piratas, amigables, Amarillo: embargo;
	3	**a)**
77	1	Cultivo, lograron, su, quemados, piel, ayudarles
	2	**b)**
	3	Respuesta sugerida: Se copian genes: Clonación. Para obtener un organismo exactamente igual a otro, los científicos clonan o reproducen sus genes. Así lo hicieron con la famosa oveja Dolly.
	4	Respuesta libre
78	1	infinitivo, futuro, presente
	2	**b)** **c)** **e)** **f)**
	3	**a)-c)** Respuestas libres
79	2	Respuesta libre
80	1	**a)** Primero **b)** Posteriormente **c)** Enseguida **d)** Cuando **f)** Finalmente
	2	**a)** 2 **b)** 4 **c)** 1 **d)** 3
	3	**a)** **b)** **c)-d)** Respuestas libres. Respuesta sugerida: Para empezar..., Después..., A continuación..., Para terminar....
81	1	aplicar, incorporar, dividir, sobar, cocinar, tomar, tener
	2	**b)** Envolver **c)** Calentar **d)** Repetir
	4	**1)** Poner el chile en la lumbre hasta que se caliente **2)** Envolver el chile con un trapo **3)** Poner el chile envuelto sobre el ojo. Colorear: Chile vs. perillas
82	1	Iluminar: R E C E T A R I O
	2	Para coleccionar recetas de cocina y revisarlas o prepararlas después.
	3	**b)**
	4	Verde: Título ingredientes preparación Amarillo: Dolencia, Ingredientes, Preparación Dosificación
83	1	**a)** el nombre del diario **b)** nota periodística **c)** crónica **d)** artículo informativo **e)** entrevista
	2	Respuesta libre

Pág.	Ejer.	Respuestas
84	1	**a)** El Mundo **b)** México **c)** Los Estado **d)** CDMX **e)** Deportes **f)** Espectáculos **g)** Cultura **h)** Ciencia
85	2	**a)** **b)** **c)** **d)-e)** Respuesta libre
87	2	**a)** CDMX **b)** "Revolución Energética..." **c)** "Si se populariza este..." **d)** Formal **e)** "Revolución Energética...", porque es la noticia principal **f)** Hospitec **g)** 68 **h)** Respuesta libre **i)** Respuesta libre
88	1	Subrayar: *Revista Quo Historia*, México, otoño 2012, p.70
	2	**a)** **b)** **c)** **d)** **e)** Respuesta libre
	3	Respuesta libre
89	1	Rojo: **b)** **c)** **d)** Azul: **a)**
	2	**a)** futbolistas **b)** Mona Lisa **c)** policías **d)** América
	3	**a)** El sismo fue sentido por muchos habitantes **b)** El Hospital General fue visitado por la Secretaria de Salud **c)** Una nueva vacuna fue descubierta por los científicos
90	1	Física por doquier
	2	Biodiversidad, Ecosistema, microorganismos, flora, fauna, farmacología
91	1	Título: Conocemos a las tortugas marinas, Subtítulos: Importancia, Adaptación
	2	**b)**
92	1-5	Respuesta libre
93	1	**a)** Respuesta libre **b)** Teléfono, dirección, nombre **c)** Modelo y año del coche, teléfono del vendedor, precio
94	2	Av. Avenida / Div. División / núm. Número / esq. Esquina / Col. Colonia / Sto. Santo / Edo. Estado / tel. teléfono / a.m. antes del mediodía / p.m pasado del medio día
95	4	**a)** Sra., Sin. **b)** Dra., Ver. **c)** Ing., Zac. **d)** Lic., Nay. **e)** Profra., Yuc.
	5	Respuesta libre
96	1	**a)** 2 **b)** 1
	2	**a)** El director o el personal **b)** Para saber que libros hacen falta **c)** Dibujo de un restaurante

Pág.	Ejer.	Respuestas
97	2	3
	3	**a)** Porque las palabras algunos y mayoría ayudan a conocer la cantidad de respuestas en cada opción **b)** Porque el mismo número de niños no desayunan y si desayunan antes de ir a la escuela **c)** Porque son más los niños encuestados
98	1	**a)-e)** Respuesta libre
	2	**a)** C **b)** C **c)** A **d)** A **e)** A **f)** C
	3	**a)-e)** Respuesta libre
99	2	Respuesta libre
100	1	**a)** Fiesta **b)** Verdad **c)** Flojo **d)** Reunión **e)** Caray **f)** Mucho
	2	**a)** 1 **b)** 2 **c)** 3
	3	Respuesta libre
101	2	Todas se escriben con v
	3	A D I V I D I R E D J H D F T K L O D E O L V I D A R J A V D I G K M N C X V O A F L E V A L C O L V O L F G O T E L V A I Y J K G L H S E L W R E S O L V E R C Q F R Y U P W E T A E V B S A T Y S R
	4	**a)** volver **b)** pólvora **c)** polvareda **d)** olvidar
102	1	amaba, soñaba, cantaba, habitaba, trabajaba
	2	*-aba / abe*
	3	**a)** recordaba **b)** paseaban **c)** entraba **d)** cocinaba **e)** compraba
	4	**a)** conversar **b)** soñar **c)** suspirar

Pág.	Ejer.	Respuestas
103	1	**a)** acta de nacimiento **b)** credencial / licencia **c)** autobiografía **d)** primero / finalmente
	2	Enfriar aplicar Tomar Enjuagar cepillar
	3	I N T E R N A C I O N A L A T O M E I A S R E N N S H I R S S A N I N S C O N P A E F I U E M E O L S D O N N S I A O T L U N O D L U A O I N R E C N T C O I N D C O O A Á R T N I C T C U N P R T N E I S A N I I L E I C S L C N D L C C O D L E R N L E I N E R A S A P A O A Á C A E S L E R S R S I T N C Á E R N M E S O N A C I O N A L A
	4	**a)** falso **b)** verdadero **c)** falso **d)** verdadero
104	5	**a)** ¿Cómo se seca el hielo?, Del refrigerador al escenario **b)** Mars Express una súper nave, Hielo en el polo sur marciano
	6	**a)** Sr. **b)** Dra. **c)** Lic. **d)** Srita.
	7	**a)** cerrada **b)** cerrada **c)** abierta
	8	**a)** v **b)** v / b **c)** b **d)** v
	9	Respuesta libre

Pág.	Ejer.	Respuestas
105	1	**b)** novecientos uno **c)** quinientos dieciséis **d)** ciento noventa y siete **e)** doscientos diecisiete **f)** sesenta y cinco **g)** veintiocho **h)** trescientos veintiuno **i)** setecientos treinta y uno
106	2	**a)** 449 **b)** 110 **c)** 756 **d)** 201 **e)** 300 **f)** 600 **g)** 500 **h)** 999
107	1	**b)** 50 **c)** 60 **d)** 90 **e)** 30 **f)** 40 **g)** 10 **h)** 70 **i)** 20 **j)** 80 **k)** 90 **l)** 60 **m)** 50 **n)** 40 **o)** 30
	2	**a)** 47 **b)** 29 **c)** 73 **d)** 86 **e)** 39 **f)** 47 **g)** 58 **h)** 27 **i)** 79 **j)** 86 **k)** 68 **l)** 39
108	1	**a)** 687 **b)** 929 **c)** 499 **d)** 779 **e)** 918 **f)** 982 **g)** 474 **h)** 886 **i)** 778 **j)** 599 **k)** 769 **l)** 867 **m)** 999 **n)** 878 **o)** 990 **p)** 757 **q)** 477 **r)** 385 **s)** 789 **t)** 886
109	1	**b)** 7:20 **c)** 8:45 **d)** 3:50
	2	**b)** **c)** **d)** 
110	1	**a)** 33 **b)** 41 **c)** 21 **d)** 45 **e)** 42 **f)** 4 **g)** 23 **h)** 18 **i)** 23 **j)** 24 **k)** 40 **l)** 33 **m)** 28 **n)** 54 **o)** 22 **p)** 32 **q)** 32 **r)** 60 **s)** 23 **t)** 52 **u)** 14 **v)** 41
111	1	**b)** 300 **c)** 400 **d)** 500 **e)** 300 **f)** 200 **g)** 100 **h)** 300 **i)** 400 **j)** 200 **k)** 500 **l)** 900
	2	**b)** 669 **c)** 943 **d)** 482 **e)** 514 **f)** 701
	3	**b)** 678 **c)** 952 **d)** 491 **e)** 523 **f)** 710
112	1	**a)** **b)** **c)** **d)** **e)** **f)** 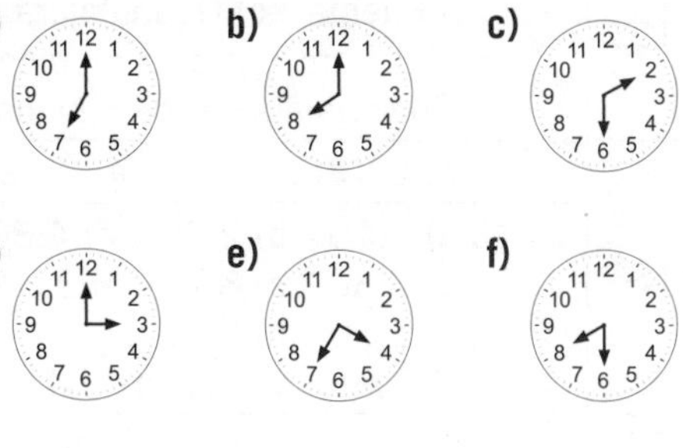

Pág.	Ejer.	Respuestas
113	2	**1)** 6 horas 30 minutos **2)** En dormir **3)** 20 minutos **4)** 30 minutos **5)** 15 minutos
	3	**a)** **b)** **c)** 
114	1	

×	1	2	3	4	5	6	7	8	9	10
1	1	2	3	4	5	6	7	8	9	10
2	2	4	6	8	10	12	14	16	18	20
3	3	6	9	12	15	18	21	24	27	30
4	4	8	12	16	20	24	28	32	36	40
5	5	10	15	20	25	30	35	40	45	50
6	6	12	18	24	30	36	42	46	54	60
7	7	14	21	28	35	42	49	56	63	70
8	8	16	24	32	40	48	56	64	72	80
9	9	18	27	36	45	54	63	72	81	90
10	10	20	30	40	50	60	70	80	90	100

Pág.	Ejer.	Respuestas
115	2	

5	2	3	9	27	6	2	4	1
2	10	5	50	4	3	22	8	6
7	1	6	9	3	7	21	32	7
8	5	9	1	55	5	3	2	42
56	2	4	8	2	9	9	81	32
4	7	36	6	8	8	64	8	1
3	14	50	48	25	7	6	42	56
4	7	28	23	28	31	6	6	36

Pág.	Ejer.	Respuestas
115	3	**b)** 16 **c)** 30 **d)** 24 **e)** 60 **f)** 9 **g)** 20 **h)** 56 **i)** 36 **j)** 7 **k)** 18 **l)** 36 **m)** 32 **n)** 21 **o)** 72
116	1	**a)** México vs Estados Unidos **b)** 7 de julio **c)** 8:00 de la noche **d)** 2 horas 30 minutos **e)** $350, $420 **f)** $800 **g)** Zona Dorada
117	1	**a)** ÓVALO **b)** TRIÁNGULO **c)** RECTÁNGULO **d)** TRAPECIO **e)** ROMBO **f)** CÍRCULO **g)** CUADRADO

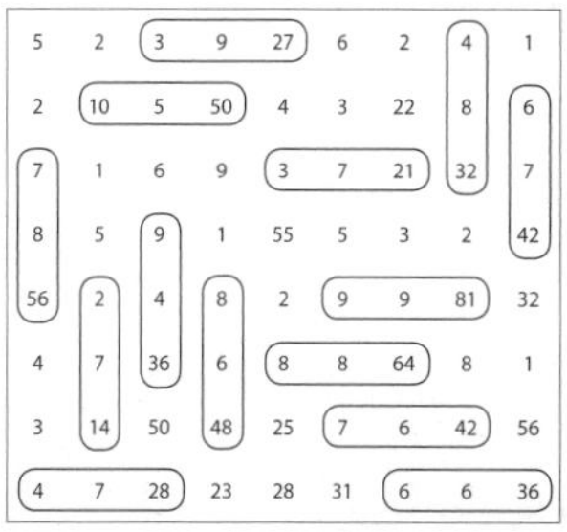

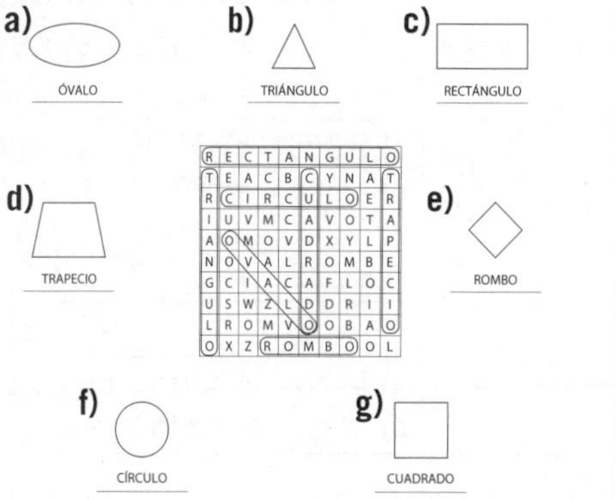

R	E	C	T	A	N	G	U	L	O
T	E	A	C	B	C	Y	N	A	T
R	C	I	R	C	U	L	O	E	R
I	U	V	M	C	A	V	O	T	A
A	O	M	O	V	D	X	Y	L	P
N	O	V	A	L	R	O	M	B	E
G	C	I	A	C	A	F	L	O	C
U	S	W	Z	L	D	D	R	I	I
L	R	O	M	V	O	O	B	A	O
O	X	Z	R	O	M	B	O	O	L

Pág.	Ejer.	Respuestas
118	1	**a)** 9 autos **b)** $200 **c)** $75 **d)** $125
	2	Respuesta libre
119	1	**a)** 101 **b)** $243 **c)** $300
120	1	Lunes: 20 Martes: 10 Miércoles: 35 Jueves: 50 Viernes: 30 Sábado: 45
	2	Respuesta sugerida: multiplicando por 5.
	3	**a)** 1, 2, 3, 4, 5, 6, 7, 8, 9, 10 **b)** 2, 4, 6, 8, 12, 14, 16, 18 **c)** 3, 6,12,15, 21, 24, 30 **d)** 8, 12,16, 28, 32, 40 **e)** 15, 25, 40, 50
121	4	**a)** 36 **b)** 21 **c)** 40 **d)** 81 **e)** 30
	5	**a)** 18, 24, 30, 48 **b)** 14, 21, 42 **c)** 16, 24, 48, 64, 72 **d)** 9, 45, 72, 81 **e)** 20, 50, 80, 100
122	1	**a)** 2, 1, 3, 2 **b)** 4, 2, 3, 5 **c)** 6,4, 0, 7 **d)** 3, 0, 3, 8 **e)** 1, 8, 0, 3 **f)** 5, 0, 5 0
123	1	**g)** 0, 8 0, 5 **h)** 3, 0, 4, 6 **i)** 3, 4, 0, 0 **j)** 2, 5, 0, 2 **k)** 1, 0, 6, 0 **l)** 6, 0, 0, 0
	2	**b)** unidades de millar **c)** unidades **d)** decenas **e)** unidades de millar
124	1	**b)** 8442 **c)** 6290 **d)** 9385 **e)** 2768 **f)** 3571 **g)** 1963 **h)** 7090 **i)** 5851 **j)** 5670
	2	**b)** 5925 **c)** 6489 **d)** 2278 **e)** 3942 **f)** 4907 **g)** 8303 **h)** 7752 **i)** 1900 **j)** 3124
	3	**b)** 5427 **c)** 4941 **d)** 8547 **e)** 9839 **f)** 3074 **g)** 5762 **h)** 9619 **i)** 6075 **j)** 5507
125	1	**a)** 8371 **b)** 8805 **c)** 8009 **d)** 6366 **e)** 9733 **f)** 8350 **g)** 9200 **h)** 7805 **i)** 5877 **j)** 8202 **k)** 5711 **l)** 9034
126	1	**a)** 4 **b)** 2 **c)** 5 **d)** 3 **e)** 1
	2	**a)** largo **b)** corto **c)** largo **d)** largo **e)** corto

Pág.	Ejer.	Respuestas
127	3	**a)** El calendario **b)** Lulú **c)** Hugo y de Pati **d)** Luis **e)** Los libros **f)** Pati **g)** De Hugo a Paco
	4	Respuesta libre
128	1	**a)** 7000, 6000, 5000, 4000, 3000, 2000, 1000, **b)** 5700, 5600, 5500, 5400, 5300. 5200, 5100 **c)** 8500, 8000, 7500, 7000, 6500, 6000, 5500, **d)** 4500, 4450, 4400, 4350, 4300. 4250, 4200 **e)** 7970, 7960, 7950, 7940, 7930, 7920, 7910, **f)** 1285, 1280, 1275, 1270, 1265. 1260, 1255
129	1	**a)** 3337 **b)** 6314 **c)** 4129 **d)** 4407 **e)** 2336 **f)** 3358 **g)** 5317 **h)** 3728 **i)** 4206 **j)** 4166 **k)** 4206 **l)** 3319
130	1	**a)** 215 **b)** 156 **c)** 372 **d)** 531 **e)** 112 **f)** 108 **g)** 468 **h)** 145 **i)** 224 **j)** 270 **k)** 324 **l)** 328 **m)** 162 **n)** 352 **o)** 243
131	2	**a)** $73 \times 2 = 146$ **b)** $49 \times 2 = 98$ **c)** $62 \times 2 = 124$ **d)** $25 \times 2 = 50$ **e)** $38 \times 2 = 76$ **f)** $50 \times 2 = 100$
	3	**a)** $56 \times 3 = 168$ **b)** $72 \times 3 = 216$ **c)** $43 \times 3 = 129$ **d)** $91 \times 3 = 273$ **e)** $67 \times 3 = 201$ **f)** $29 \times 3 = 87$
132	1	**a)** 9 cm / Colorear de café **b)** 7 cm **c)** 4 cm / Colorear de amarillo **d)** 6 cm
133	2	**a)** Cancún y Tijuana **b)** Acapulco y Puebla **c)** Guadalajara **d)** 17 cm **e)** de Acapulco a Guadalajara **f)** de Tijuana a Saltillo
134	1	**a)** 2 **b)** 5 **c)** 1 **d)** 3 **e)** 4 **f)** 6
	2	**a)** 6:10 **b)** 2:40 **c)** 4:30 **d)** 7:30 **e)** 8:45 **f)** 3:30 **g)** 1:30 **h)** 5:15 Colorear: **c)** **d)** **f)** **g)**

<table>
<tr><th>Pág.</th><th>Ejer.</th><th>Respuestas</th></tr>
<tr><td rowspan="3">135</td><td>3</td><td>a) 216 b) 8021 c) 4810
d) 7015 e) 260 f) 3189
Ocho mil veintiuno</td></tr>
<tr><td>4</td><td>Memo: 4 cm Lucía: 5cm
Pepe: 3 cm y Pili: 3 cm</td></tr>
<tr><td>5</td><td>a) Pepe b) Memo y Pepe
c) Respuesta libre d) Respuesta libre
e) Pili y Pepe</td></tr>
<tr><td rowspan="3">136</td><td>1</td><td>a) 1300, 1600, 1700, 1800
b) 2200, 2400, 3000
c) 3100, 3500, 3800
d) 4300, 4600
e) 6000,
f) 6200, 6500
g) 7700
h) 8100, 8400, 8800
i) 9600</td></tr>
<tr><td>2</td><td>Setecientos
mil setecientos
dos mil setecientos
tres mil setecientos
cuatro mil setecientos
cinco mil setecientos
seis mil setecientos
siete mil setecientos
ocho mil setecientos
nueve mil setecientos</td></tr>
<tr><td>4</td><td>Tres mil quinientos
cuatro mil quinientos
cinco mil quinientos
seis mil quinientos
siete mil quinientos
ocho mil quinientos
nueve mil quinientos</td></tr>
<tr><td rowspan="2">137</td><td>5</td><td>a) Milpa Alta b) Respuesta libre
c) Xochimilco</td></tr>
<tr><td>6</td><td><table>
<tr><th>Alcaldía</th><th>Unidad de Millar</th><th>Centenas</th><th>Decenas</th><th>Unidades</th></tr>
<tr><td>Milpa alta</td><td>0</td><td>9</td><td>9</td><td>0</td></tr>
<tr><td>Xochimilco</td><td>2</td><td>0</td><td>7</td><td>8</td></tr>
<tr><td>G. A. Madero</td><td>8</td><td>0</td><td>1</td><td>0</td></tr>
<tr><td>V. Carranza</td><td>4</td><td>2</td><td>0</td><td>3</td></tr>
</table></td></tr>
<tr><td>138</td><td>1</td><td>a) 7094 b) 8488 c) 9265
d) 5901 e) 9766 f) 9960
g) 7741 h) 8083 i) 7750
j) 8363</td></tr>
</table>

<table>
<tr><th>Pág.</th><th>Ejer.</th><th>Respuestas</th></tr>
<tr><td>139</td><td>1</td><td>1) b) 2929 c) 3855 d) 2728
e) 4759 f) 2929 g) 3855
h) 678, Pingüino
2) a) 4186 b) 3726 c) 1637
d) 1808 e) 2689 f) 2018
g) 3425 h) 1648, Avestruz</td></tr>
<tr><td>140</td><td>1</td><td>a) 9, 18, 27, 36, 45, 54, 63, 72, 81, 90, gato
b) 6, 12, 18,24, 30, 36, 42, 48, 54, 60, león
c) 8, 16, 24, 32, 40, 48, 56, 64, 72, 80, conejo
d) 7, 14, 21, 28, 35, 42, 49, 56, 63, 70, oveja</td></tr>
<tr><td>141</td><td>2</td><td>a) 1406 < 2526
b) 7792 > 1476
c) 3787 > 2445
d) 5004 > 2485
e) 2292 < 4383
f) 2214 < 2895
g) 3292 > 1985
h) 1692 > 1340</td></tr>
<tr><td>142</td><td>1</td><td><table>
<tr><th></th><th>Carrusel</th><th>Rueda de la fortuna</th><th>Casa de los sustos</th><th>Montaña rusa</th><th>Total</th></tr>
<tr><td>Tomy</td><td>25</td><td>10</td><td>35</td><td>80</td><td>150</td></tr>
<tr><td>Paola</td><td>50</td><td>8</td><td>63</td><td>19</td><td>140</td></tr>
<tr><td>Carlos</td><td>10</td><td>22</td><td>27</td><td>71</td><td>130</td></tr>
<tr><td>Mariana</td><td>15</td><td>30</td><td>15</td><td>20</td><td>80</td></tr>
<tr><td>Total</td><td>100</td><td>70</td><td>140</td><td>190</td><td>500</td></tr>
</table>a) Tomy b) 500 c) 70 d) 220</td></tr>
<tr><td>143</td><td>2</td><td>Carrusel, Rueda de la fortuna, Casa de los sustos, Montaña rusa
200, 190, 180, 170, 160, 150, 140, 130, 120, 110, 100, 90, 80, 70, 60, 50, 40, 30, 20, 10
a) Rueda de la fortuna b) Montaña rusa c) Carrusel, Casa de los sustos Montaña rusa d) Carrusel</td></tr>
<tr><td>144</td><td>1</td><td>a) 2988 b) 4540</td></tr>
<tr><td>145</td><td>1</td><td>c) 908 d) $7951 e) $2352, $895, $747, $546 f) A Querétaro, Veracruz o Guadalajara</td></tr>
</table>

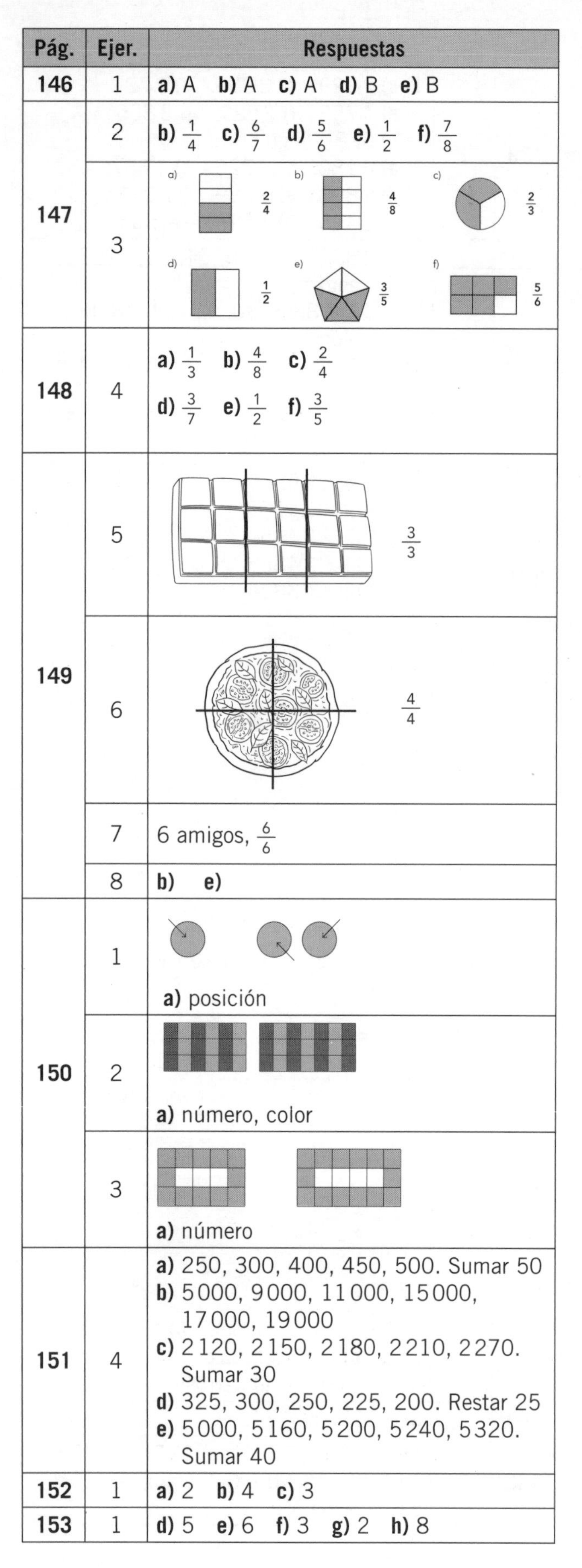

Pág.	Ejer.	Respuestas
146	1	**a)** A **b)** A **c)** A **d)** B **e)** B
147	2	**b)** $\frac{1}{4}$ **c)** $\frac{6}{7}$ **d)** $\frac{5}{6}$ **e)** $\frac{1}{2}$ **f)** $\frac{7}{8}$
	3	a) $\frac{2}{4}$ b) $\frac{4}{8}$ c) $\frac{2}{3}$ d) $\frac{1}{2}$ e) $\frac{3}{5}$ f) $\frac{5}{6}$
148	4	**a)** $\frac{1}{3}$ **b)** $\frac{4}{8}$ **c)** $\frac{2}{4}$ **d)** $\frac{3}{7}$ **e)** $\frac{1}{2}$ **f)** $\frac{3}{5}$
149	5	$\frac{3}{3}$
	6	$\frac{4}{4}$
	7	6 amigos, $\frac{6}{6}$
	8	**b)** **e)**
150	1	**a)** posición
	2	**a)** número, color
	3	**a)** número
151	4	**a)** 250, 300, 400, 450, 500. Sumar 50 **b)** 5000, 9000, 11000, 15000, 17000, 19000 **c)** 2120, 2150, 2180, 2210, 2270. Sumar 30 **d)** 325, 300, 250, 225, 200. Restar 25 **e)** 5000, 5160, 5200, 5240, 5320. Sumar 40
152	1	**a)** 2 **b)** 4 **c)** 3
153	1	**d)** 5 **e)** 6 **f)** 3 **g)** 2 **h)** 8

Pág.	Ejer.	Respuestas
154	1	**a)** 12 **b)** 22 **c)** 23 **d)** 23 **e)** 11 **f)** 34 **g)** 12 **h)** 12 **i)** 10 **j)** 32 **k)** 14 **l)** 11
155	1	**a)** 4 **b)** 9 **c)** 7 **d)** 8
156	2	**a)** 7000 **b)** 280 **c)** 760 **d)** 9000 **e)** 1520 **f)** 6300 **g)** 3200 **h)** 4390 **i)** 600 **j)** 20 **k)** 5000 **l)** 300 **m)** 8000 **n)** 400 **o)** 70 **p)** 900
157	2	**a)** Reyna: \$350, Tere \$520, Flor: \$680 **b)** Reyna: \$700, Tere \$1040 Flor: \$1360 **c)** Flor **d)** Reyna: \$1050, Tere \$1560, Flor: \$2040
157	3	**a)** 8600 **b)** 9600 **c)** 640 **d)** 8000 **e)** 8400 **f)** 500
158	1	**a)** en dos partes **b)** $\frac{1}{2}$
	2	**a)** en cuatro partes **b)** $\frac{2}{4}$
	3	**a)** en ocho partes **b)** $\frac{4}{8}$
	4	**a)** Con Mayra porque pintaron lo mismo
159	1	**b)** $\frac{2}{8} = \frac{1}{4}$ **c)** $\frac{2}{6} > \frac{2}{8}$ **d)** $\frac{5}{5} = \frac{4}{4}$ **e)** $\frac{4}{6} > \frac{2}{6}$ **f)** $\frac{1}{3} < \frac{1}{2}$ **g)** $\frac{2}{6} < \frac{2}{3}$ **h)** $\frac{7}{8} > \frac{3}{5}$ **i)** $\frac{4}{8} = \frac{3}{6}$
160	1	**b)** P **c)** P **d)** I **e)** I **f)** P
	2	**b)** $3\frac{1}{2}$ **c)** $1\frac{1}{5}$ **d)** 2 **e)** $2\frac{2}{3}$ **f)** 3
161	3	**b)** 7 **c)** 9 **d)** 9 **e)** 4 **f)** 8
	4	Respuesta libre
162	2	**a)** 640 **b)** 873 **c)** 660 **d)** 475
	3	**a)** 150 **b)** 100 **c)** 200 **d)** 111
163	1	**a)** No **b)** \$377 **c)** \$123 **d)** 102 **e)** \$320 **f)** \$420 **g)** \$610
164	1	**b)** $\frac{1}{3} + \frac{1}{3} = \frac{2}{3}$ **c)** $\frac{3}{6} + \frac{1}{6} = \frac{4}{6}$ **d)** $\frac{2}{4} + \frac{2}{4} = \frac{4}{4}$

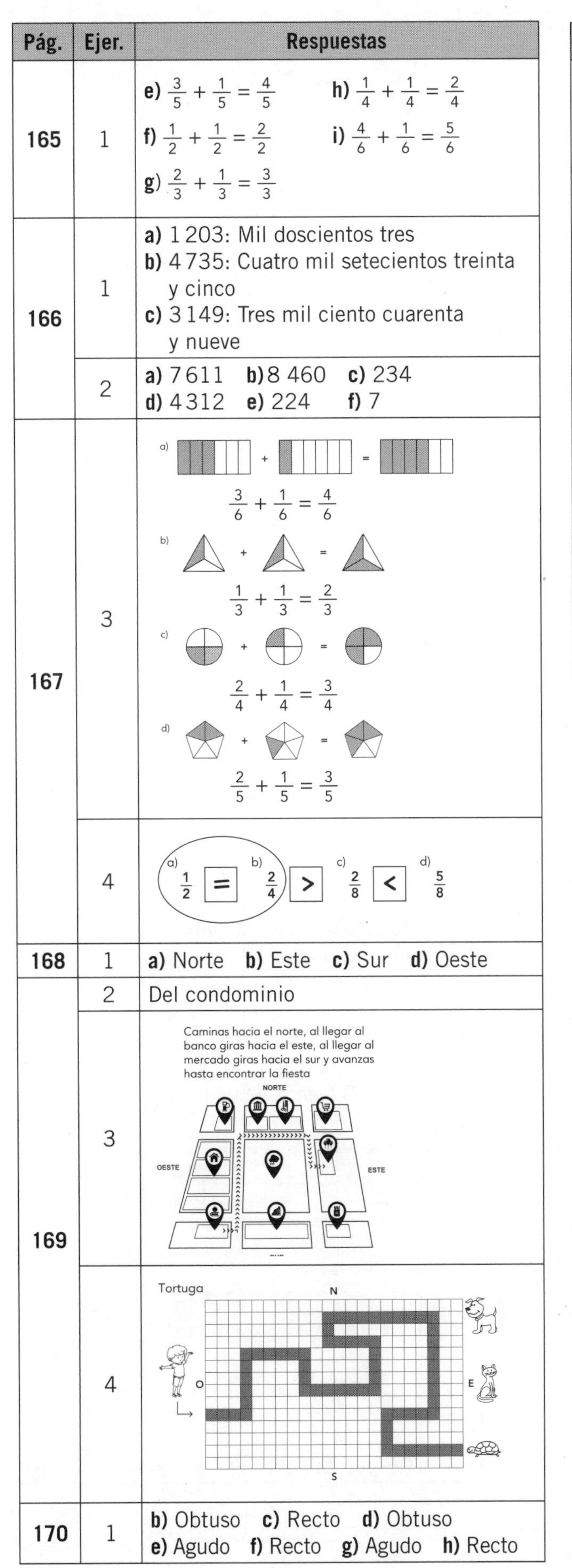

Pág.	Ejer.	Respuestas
165	1	**e)** $\frac{3}{5}+\frac{1}{5}=\frac{4}{5}$ **h)** $\frac{1}{4}+\frac{1}{4}=\frac{2}{4}$ **f)** $\frac{1}{2}+\frac{1}{2}=\frac{2}{2}$ **i)** $\frac{4}{6}+\frac{1}{6}=\frac{5}{6}$ **g)** $\frac{2}{3}+\frac{1}{3}=\frac{3}{3}$
166	1	**a)** 1 203: Mil doscientos tres **b)** 4 735: Cuatro mil setecientos treinta y cinco **c)** 3 149: Tres mil ciento cuarenta y nueve
	2	**a)** 7 611 **b)** 8 460 **c)** 234 **d)** 4 312 **e)** 224 **f)** 7
167	3	a) $\frac{3}{6}+\frac{1}{6}=\frac{4}{6}$ b) $\frac{1}{3}+\frac{1}{3}=\frac{2}{3}$ c) $\frac{2}{4}+\frac{1}{4}=\frac{3}{4}$ d) $\frac{2}{5}+\frac{1}{5}=\frac{3}{5}$
	4	a) $\frac{1}{2}$ = b) $\frac{2}{4}$ > c) $\frac{2}{8}$ < d) $\frac{5}{8}$
168	1	**a)** Norte **b)** Este **c)** Sur **d)** Oeste
169	2	Del condominio
	3	Caminas hacia el norte, al llegar al banco giras hacia el este, al llegar al mercado giras hacia el sur y avanzas hasta encontrar la fiesta NORTE OESTE ESTE
	4	Tortuga N O E S
170	1	**b)** Obtuso **c)** Recto **d)** Obtuso **e)** Agudo **f)** Recto **g)** Agudo **h)** Recto

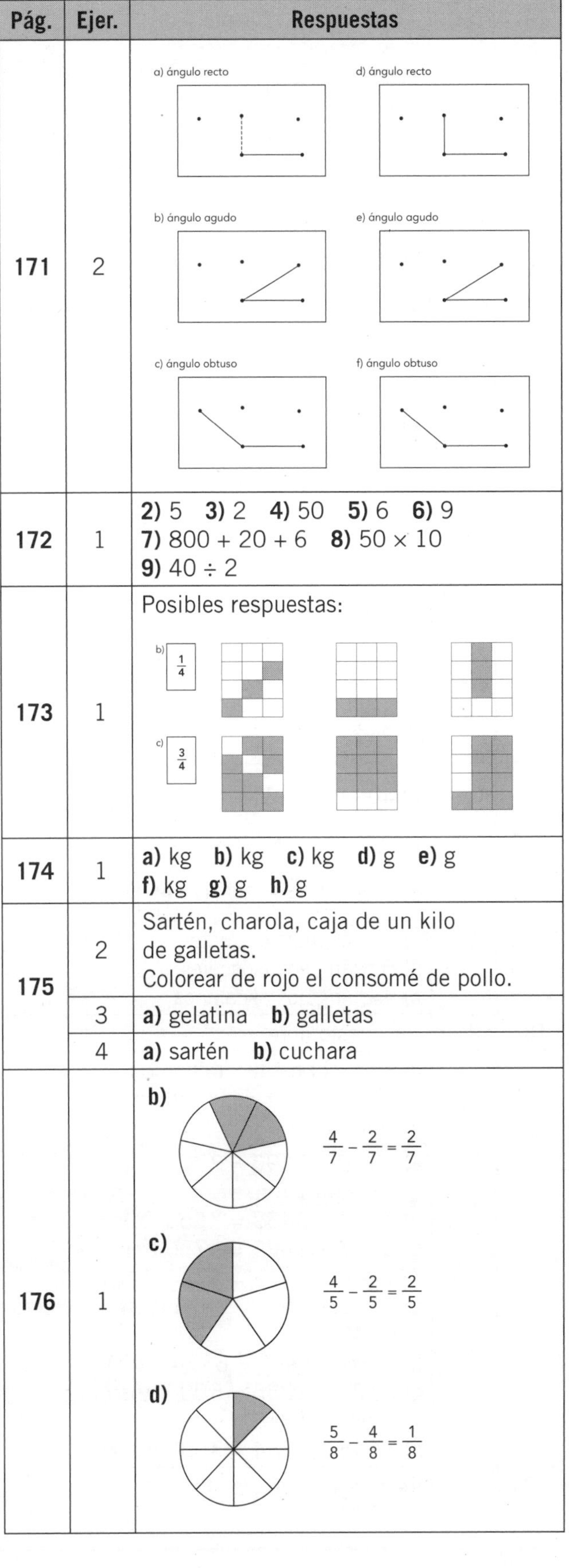

Pág.	Ejer.	Respuestas
171	2	a) ángulo recto d) ángulo recto b) ángulo agudo e) ángulo agudo c) ángulo obtuso f) ángulo obtuso
172	1	**2)** 5 **3)** 2 **4)** 50 **5)** 6 **6)** 9 **7)** 800 + 20 + 6 **8)** 50 × 10 **9)** 40 ÷ 2
173	1	Posibles respuestas: b) $\frac{1}{4}$ c) $\frac{3}{4}$
174	1	**a)** kg **b)** kg **c)** kg **d)** g **e)** g **f)** kg **g)** g **h)** g
175	2	Sartén, charola, caja de un kilo de galletas. Colorear de rojo el consomé de pollo.
	3	**a)** gelatina **b)** galletas
	4	**a)** sartén **b)** cuchara
176	1	**b)** $\frac{4}{7}-\frac{2}{7}=\frac{2}{7}$ **c)** $\frac{4}{5}-\frac{2}{5}=\frac{2}{5}$ **d)** $\frac{5}{8}-\frac{4}{8}=\frac{1}{8}$

Pág.	Ejer.	Respuestas
177	2	**a)** $\frac{5-3}{3} = \frac{2}{3}$ **b)** $\frac{8-3}{4} = \frac{5}{4}$ **c)** $\frac{7-2}{8} = \frac{5}{8}$ **d)** $\frac{9-2}{6} = \frac{7}{6}$ **e)** $\frac{5-1}{7} = \frac{4}{7}$ **f)** $\frac{6-3}{8} = \frac{3}{8}$ **g)** $\frac{8-4}{5} = \frac{4}{5}$ **h)** $\frac{5-2}{6} = \frac{3}{6}$ **i)** $\frac{11-2}{2} = \frac{9}{2}$ **j)** $\frac{8-2}{5} = \frac{6}{5}$
178	1	**a)** $\frac{2}{6}, \frac{5}{6}, \frac{1}{6}$ **b)** 8, $\frac{3}{8}, \frac{1}{8}, \frac{7}{8}$
179	2	**a)** 40 **b)** $\frac{3}{2}$ ó $1\frac{1}{2}$ **c)** $\frac{5}{4}$ ó $1\frac{1}{4}$, pagó $50 **d)** $\frac{14}{8}$ ó $1\frac{6}{8}$, gastó $70 **e)** $\frac{2}{8}$
180	1	**a)** 3 triángulos equiláteros **b)** 5 triángulos isósceles **c)** 4 triángulos escalenos
181	2-4	Respuesta libre
182	1	**b)** arpa **c)** flauta **d)** batería **e)** armónica **f)** violín **g)** piano **h)** guitarra
183	1	**a)** 2110 + 1596 = 3706 (triste) correcto 1 890 **b)** 4214 + 3439 = 7653 (feliz) **c)** 6927 + 2829 = 9756 (feliz) **d)** 1808 + 1946 = 3754 (feliz) **e)** 6149 + 2527= 8676 (triste) correcto 6049 **f)** 4578 + 1996 = 6574 (feliz) **g)** 2122 + 2885 = 5007 (triste) correcto 1818 **h)** 1648 + 1384 = 3032 (feliz)
184	1-6	Respuesta libre

Pág.	Ejer.	Respuestas
185	7	**a)** 2 horas **b)** de 20 a 30 segundos **c)** alrededor de 20 minutos **d)** 2 horas y 15 minutos
	8	**a)** 115 minutos o 1 hr con 55 minutos **b)** No, porque necesita más tiempo **c)** a las 6:15 o antes
186	4	**b)** c3 **c)** d4 **d)** b6 **e)** g7 **f)** e6 **g)** g5 **h)** f1
187	1	**a)** 3), 352 chocolates **b)** 2), 84 estampas **c)** 4), 22 **d)** 1), 92
188	1	**a)** $\frac{3}{5}, \frac{2}{5}$ **b)** $316 **c)** 4 **d)** $400, $600
189	2	**e)** $18 **f)** **g)** **h)** Respuesta libre **i)** 60, 79, 140, 260 **j)** No, faltan $39
190	1	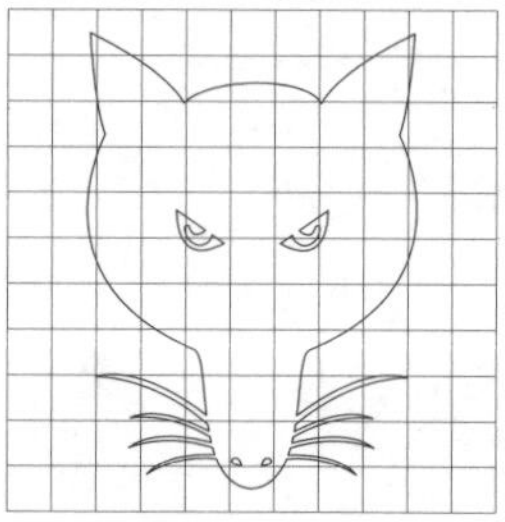
191	1	**a)** $\frac{7}{6}$ impropia **b)** $\frac{6}{8}$ propia **c)** $\frac{10}{7}$ impropia **d)** $\frac{3}{8}$ propia
	2	**a)** escaleno **b)** equilátero **c)** isósceles
	3	Respuestas sugeridas: **a)** Menos de un día **b)** Menos de 5 minutos **c)** Más de una semana **d)** Más de una hora **e)** Más de un año **f)** Menos de un mes
192	4	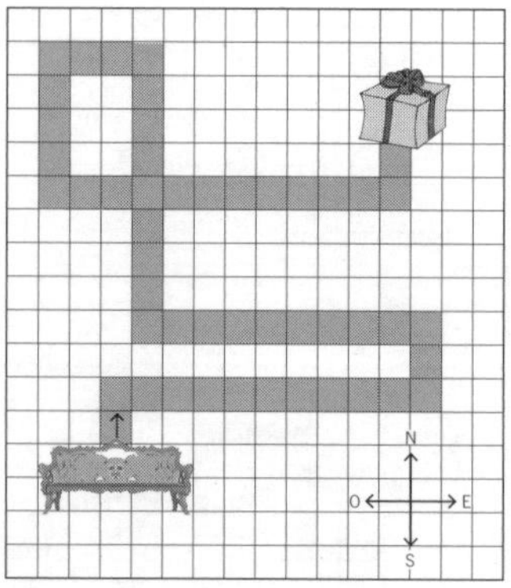
	5	Respuesta libre

Respuestas de sección: **Conocimiento del Medio**

Pág.	Ejer.	Respuestas
193	1	**a)** Debe comer frutas y verduras. **b)** Debe comer cereales y tubérculos. **c)** Debe comer leguminosas y alimentos de origen animal. **d)** Debe comer frutas y verduras.
194	1	Respuesta libre
195	1	3 4 2 1 5
	2	Masticar bien los alimentos, evitar alimentos irritantes, comer alimentos con fibra vegetal.
196	1	Sistema óseo: cartílagos, articulaciones, ligamentos y huesos. Sistema locomotor: sistema óseo y sistema muscular. Sistema muscular: músculos.
	2	**a)** sistema óseo **b)** sistema locomotor **c)** sistema muscular
197	1	Rojo: transportan la sangre del corazón a todo el cuerpo. Azul: llevan la sangre al corazón. Verde: impulsa la sangre hacia todo el cuerpo.
198	1	**a)** cerebro **b)** médula espinal **c)** nervios
199	1	**a)** pulmones **b)** bronquio **c)** diafragma **d)** nariz **e)** tráquea **f)** bronquiolos **g)** laringe **h)** faringe **i)** alvéolo
200	1	Respuesta libre
201	2	Respuesta libre
	3	**a)** dormir **b)** hacer ejercicio **d)** comer frutas y verduras
202	1	Respuesta libre
203	1	Respuesta libre
	2	**a)** natación **b)** básquetbol **c)** ciclismo
204	1	carnívoros: **b)** **f)** herbívoros: **a)** **e)** omnívoros: **c)** **d)**

Pág.	Ejer.	Respuestas
205	2	C L B O R G S G J B C K X X G A Z O Q S O R O V I B R E H C R N V Q A G U I L A F C T M J N O M N I V O R O S Y J E M P I J A R Q O L F M K F T I J D V T P X O J I E D I C C U A K O A P E F U I C A X O P V H W R A C N R B G S D V S J A J F O I D R C B H U M A N O C P W S K Q L E O N I R H P A A G O L K L W R R C O J E N O C K S H H B H D N J H N O R U B I T Z K B D O Y I F S A T A R E C X E J T N K C H G O D E D A I R N W A F A R I J T G F O L W
206	1	**a)** hojas **b)** tallo **c)** raíz
207	2	**a)** pétalos **b)** tallo **c)** polen **d)** hojas **e)** raíces
	3	**a)** Fabrican el alimento de la planta. **b)** Fija la planta al suelo. **c)** Guarda y protege las semillas. **d)** Sostiene la planta y transporta el alimento. **e)** Producen los frutos.
208	1	Vaca, herbívoro, pulmonar, pulmones Hombre, omnívoro, pulmonar, pulmones
209	1	Tractor, vacas, personas en la piedra y camión en los árboles
	2	**a)** **c)** **e)** **f)**
210	1	Respuesta libre
211	2	**Orgánica**: **a)** **b)** **d)** **h)** **Inorgánica**: **c)** **e)** **f)** **g)**
212	1	**a)** No, donde no hay luz solar tampoco hay plantas. **b)** No, aunque sea en mínimas cantidades, todos consumen agua. **c)** No, porque no tendríamos con que comer ni con que vestirnos para protegernos de la intemperie.
	2	Respuesta libre
213	1	Respuestas sugeridas: **Reusar**: Utilizar las hojas por los dos lados. **Reducir**: Apagando los aparatos y las luces que no se estén utilizando. **Reciclar**: Separando la basura.
214	1-5	Respuesta libre

Pág.	Ejer.	Respuestas
215	1	**a)** sistema digestivo **b)** sistema circulatorio **c)** sistema respiratorio **d)** sistema locomotor **e)** sistema nervioso **f)** sistema muscular
	2	Respuesta libre
216	3	**a)** carnívoros **b)** herbívoros **c)** omnívoros
	4	**a)** cutánea **b)** pulmonar **c)** branquial
	5	**a)** disminuir la cantidad de recursos en producción y/o consumo. **b)** antes de desechar algo en la basura, debes considerar la posibilidad de darle un segundo uso. **c)** convertir los desechos en nuevos productos.
217	1	arena, agua, galletas
218	2	**a)** líquido **b)** gas **c)** sólido
	3	**a) c) e)**
219	1	Todas las respuestas son: agua
220	2	Respuesta libre
221	1	**a) c) e)**
222	1	**a)** Empieza a hervir y si la dejo más tiempo se convierte en vapor, el cual es agua en estado gaseoso. **b)** Se derrite poco a poco hasta convertirse en líquido. **c)** El agua se enfría y se endurece, es decir, se convierte en hielo o agua en estado sólido.
223	2	Respuesta libre
224	1	**a)** 3 **b)** 2 **c)** 1
	2	**a)** objetos **b)** volumen / metro cúbico
225	1	**a)** 76°F – 20°C **b)** 96°F – 35°C **c)** 90°F – 32°C
226	1	**d)** Bajó / se enfrió, se fue endulzando y acidificando
227	1	**a)** El objeto se detiene. **b)** El objeto cambia de forma. **c)** El objeto se pone en movimiento.
228	1	**a)** empujar **b)** jalar **c)** deformar
229	1	**a)** vibraciones **b)** gas **c)** sonido **d)** ondas sonoras **e)** oído
230	1	**a)** intensidad **b)** timbre **c)** tono

Pág.	Ejer.	Respuestas
231	1	**¿Qué es?** Es un cuerpo con la propiedad de atraer el hierro. **Componentes**: eje magnético y polos. **Aplicaciones**: puerta del refrigerador, grúas gigantes. **Tipos de imanes**: naturales y artificiales.
232	1	Encerrar: **a) c) e)** Tachar: **b) d) f)**
233	1	**a)** cambia de dirección. **b)** en línea recta. **c)** fotones. **d)** transparente. **e)** opaco.
234	2	**a)** transparente / opaco **b)** parcial **c)** reflexión / refracción
	3	Respuesta libre
235	1	*N*: **b) e) f) g) h) i)** *A*: **a) c) d)**
236	1	Colorear: **c) b)** Encerrar: **a) d) e)**
237	1	agua / líquido / sólido / gaseoso
	2	Respuesta libre
	3	Colorear los tres objetos
238	4	44° C, 20° C , 48 °C, 32° C
	5	**a)** Realizar fuerza contra una persona u objeto para cambiar su posición. **b)** Tirar de algo hacia uno mismo. **c)** Cambiar el estado natural de un objeto.
	6	**a)** tono **b)** timbre **c)** intensidad
	7	Tachar: **b) d) e) f) g) h) i)** Encerrar: **a) c) j)**
239	1	Luna / satélite natural / rotación y traslación / 28 días
	2	**a)** cuarto menguante **b)** cuarto creciente **c)** luna nueva **d)** luna llena
240	1	luna llena, cuarto menguante, luna nueva, cuarto creciente
	2	**a)** Tierra **b)** 28 días **c)** luna nueva **d)** cuarto creciente **e)** Luna llena **f)** cuarto menguante
241	1	**a)** Sol / planetas **b)** satélites **c)** vía láctea **d)** elípticas / traslación

Pág.	Ejer.	Respuestas
242	2	O N I L J I Ú U O R S P B M M A R T E L I S S I E T E L F E M D S R W U E O A T S E J Ú P I T E R I I M F E N E N A Ú E C R R A Y E E I O R R S Ñ U O P O E A R N R O E R C R C S S O P M E E O A R R A A N A I R I V N P E I I N U P T S T L M E M T P C O S R U A U S C U N L U V N U D R C R A E E V U A N R I T N U S U A R A U S S O E E O E
243	3	**a)** urano **b)** gravedad **c)** Sol **d)** cinturón **e)** saturno **f)** Luna
244	4	**a)** estaciones **b)** eclipse **c)** traslación **d)** rotación **e)** Sol **f)** Tierra **g)** Luna
245	1	Respuesta libre
246	1	Olfato: flor, Gusto: helado, Vista: televisión, Tacto: masa, Oído: notas musicales
247	1	T J A B O N T R G P O O M Y G P M C W R B M A N W O L H I D R A T A R S E H B T C U I D A R S E K O L D I A R I O A B T B R W U Q Y Y E C Q E K S N G K S A L U D A B L E W S I V K E S B E S R X X A B V W A Y G R X E E E R I G L P O X R N T T G H A A D J F S G P A G M F V F E J Q U E Q L Q E O R D H K X E F E A S C K A S M L X R Q A Q A O P C U R F R B H R R H I R C U Ñ T B U N U V D R A A Q E A K P S I F A U I D B T U U U T L I S N E E A T E B Q T R H S P R T N X K P I L C D A W A J O M V T M A A E Q H E E L G T R U J H S D S H A S S M B E T P A D A S E Q V Q S J O H T T I R X A E A Y G E R C Q J A A Y C L G L M B R G K Q K E B G R D A O X Q A L A E W S C A M I Q M U S Y C U U K L H K Q W E Q P G B Y H B T Q T H
248	2	**a)** F **b)** V **c)** V **d)** F **e)** F **f)** V
	3	Respuesta libre
249	1	Respuesta libre
250	2	Acciones que realizar: **b)** **d)** **e)** Acciones que debe evitar: **a)** **c)** **f)**
251	1	**a)** imagen de familia **b)** niños en pupitre **c)** imagen de niños **d)** bebé **e)** niño con mamá **f)** acta de nacimiento

Pág.	Ejer.	Respuestas
252	1	**a)** Mercurio **b)** Venus **c)** Tierra **d)** Marte **e)** Júpiter **f)** Saturno **g)** Urano **h)** Neptuno
	2	características / diferentes / respetar / individual / social
253	3	**a)** gusto **b)** tacto **c)** olfato **d)** oído **e)** vista
	4	**a)** V **b)** F **c)** V **d)** V **e)** F **f)** F **g)** F
	5	**a)** luna nueva **b)** cuarto creciente **c)** cuarto menguante **d)** luna llena
254	1	**b)** **d)** **e)** **f)**
255	1	**a)** Colón y mapas **b)** reyes **c)** tres calaveras **d)** Cristobal Colón y un barco
256	3	**a)** 4 **b)** 5 **c)** 1 **d)** 6 **e)** 3 **f)** 2
257	1	Verde, blanco y rojo
	2	**a)** La esperanza **b)** La unidad **c)** La sangre de los héroes
258	1	**a)** 21 de marzo de 1806 **b)** abogado **c)** presidente **d)** respeto / paz
259	1	Respuesta libre
260	1	**a)** Emiliano Zapata **b)** Francisco I. Madero **c)** Porfirio Díaz **d)** Cristóbal Colón **e)** Benito Juárez **f)** Miguel Hidalgo

Respuestas de sección: **Educación Socioemocional**

Pág.	Ejer.	Respuestas
261	1	Respuesta libre
262	2-3	Respuesta libre
263	1	**a)** 3 **b)** 6 **c)** 5 **d)** 7 **e)** 4 **f)** 1 **g)** 2
264	1	Respuesta libre
265	2-3	Respuesta libre
266	1	Encerrar en círculo**: a) c) f) h) i)** Colocar ✗: **b) d) e) g) j)**
267	1	Respuesta libre
269	1	**a)** Festival de baile. **b)** Porque se cayó y tenía que bailar una pieza completa sin pausas. **c)** Triste y enojada. **d)** Que nunca volvería a bailar. **e)** Porque se dio cuenta que era algo que disfrutaba mucho y que no debía renunciar sólo porque en una ocasión le había ido mal.
	2	**a) c) d)**
	3	Respuesta libre
270	1	**b)** asustado **c)** triste **d)** dudoso **e)** enojado **f)** contento **g)** nervioso **h)** avergonzado **i)** sorprendido
271	1-2	Respuesta libre
272	1	Buenas decisiones: **a) e) g) h) j)** Malas decisiones: **b) c) d) f) i)**
273	1-2	Respuesta libre
274	1	✔: **a) c) f) g)** ✗: **b) d) e) h)**
	2	Respuesta libre
275	3	✔: **b) c) e) f)** ✗: **a) d)**
276	1	**a)** abuso escolar **b)** abuso físico **c)** abuso cibernético

Pág.	Ejer.	Respuestas
277	2	
278	2	Respuesta libre
279	2	Respuesta libre
280	1	**a)** Limpiar los vidrios, limpiar la mesa, regar las plantas, barrer, limpiar las hojas, trapear, sacudir. **b)**–**c)** Respuesta libre

Esta obra se terminó de imprimir en el mes de Febrero de 2020
en los talleres de Infagón Web, S.A. de C.V.,
en Alcaicería No 8, Zona Norte Central de Abastos,
Iztapalapa C.P. 09040